思库文丛
汉译精品

强社会与弱国家

第三世界的国家社会关系及国家能力

Joel S.Migdal

Strong Societies and Weak States

[美]乔尔·S.米格代尔 著
张长东 朱海雷 隋春波 陈玲 译

江苏人民出版社

图书在版编目(CIP)数据

强社会与弱国家:第三世界的国家社会关系及国家能力/(美)乔尔·S.米格代尔著;张长东等译.--南京:江苏人民出版社,2022.11(2023.2重印)
(思库文丛·汉译精品)
ISBN 978-7-214-24618-9

Ⅰ.①强… Ⅱ.①乔…②张… Ⅲ.①第三世界-研究 Ⅳ.①D501

中国版本图书馆 CIP 数据核字(2020)第 031567 号

Strong Societies and Weak States
Copyright © 1988 by Princeton University Press
Chinese simplified translation copyright © 2009 by Jiangsu People's Publishing House
All rights reserved. No part of this book may be reproduced or transmitted in any form or by any means, electronic or mechanical, including photocopying, recording or by any information storage and retrieval system, without permission in writing from the Publisher.

江苏省版权局著作权合同登记:图字 10-2008-067

书　　名	强社会与弱国家:第三世界的国家社会关系及国家能力
著　　者	[美]乔尔·S.米格代尔
译　　者	张长东　朱海雷　隋春波　陈　玲
责任编辑	刘　焱　朱晓莹
特约编辑	都　健
装帧设计	潇　枫
责任监制	王　娟
出版发行	江苏人民出版社
地　　址	南京市湖南路1号A楼,邮编:210009
照　　排	江苏凤凰制版有限公司
印　　刷	南京爱德印刷有限公司
开　　本	890 毫米×1 240 毫米　1/32
印　　张	12.625　插页 4
字　　数	270 千字
版　　次	2022 年 11 月第 1 版
印　　次	2023 年 2 月第 2 次印刷
标准书号	ISBN 978-7-214-24618-9
定　　价	76.00 元

(江苏人民出版社图书凡印装错误可向承印厂调换)

目 录

中译版序言　*1*

致谢　*1*

前言　*1*

第一部分　国家与社会

第一部分导言　*3*

第一章　国家-社会关系的一个模型　*12*
    对国家的高期望值的产生　*12*
    国家取得强势地位的动力　*19*
    国家-社会关系的模型化　*30*
    国家与网状社会　*42*
    国家与强人争夺社会控制　*49*

第二部分　危机与重建：资本主义和殖民主义的影响

第二部分导言　55

第二章　社会控制的削弱　64
同世界经济间的纽带　64

土地所有权法　70

税收　82

新的交通模式　91

社会变迁与社会控制　100

危机与制度变迁　112

离开理论，回到历史　114

旧式社会控制的衰败　117

第三章　为弱国家奠基：塞拉利昂的英国殖民统治与社会控制的碎片化　122
谁是受益者？　122

政治霸权与社会控制的新分布　128

重造社会控制：小民与领袖　134

英国的多元利益　147

为何殖民官员不寻求集中社会控制　157

新的社会结构对独立后的国家政治的影响　163

国家与新精英　170

殖民主义、社会碎片化与弱国家　176

第四章　为强国家奠基：巴勒斯坦的英国人与犹太复国主义者　180

　　重建社会控制的不同情况　180

　　在巴勒斯坦建立犹太人社会的背景　182

　　英国建立犹太机构的主张　187

　　犹太人之间的争斗　193

　　犹太人自治与英国的共谋　211

　　作为强国家的以色列　219

　　建立强国家的条件　222

第三部分　国家与社会冲突的环境的持续影响

　第三部分导言　227

　第五章　埃及国家改造社会的尝试　232

　　社会影响国家的图像　232

　　纳赛尔与埃及土地改革　235

　　纳赛尔建立强国家的两步走进程　241

　　中央集权制的国家机构　245

　　富农和中农的关键作用　248

　　纳赛尔削弱了自己的机构　258

　　国家失败的恶性循环　262

　第六章　生存的政治：弱国家为何无法战胜强社会及其后果　267

　　国家领导者与国家机构　267

　　国家领导者的两难选择　269

生存政治　277
国家领导者与社会的权力中心：国家与资本　294
作为权术家与计谋家的国家领导者　305

第七章　相互妥协的三角关系：政策执行者、政客与强人　307
政策执行者　307
职位本位、风险与政策执行　309
CONASUPO 个案　316
相互妥协与地方政府被俘获　319
国家对社会的影响与社会对国家的影响　331

第八章　结论　334
打乱社会：建立强国家的必要条件　347
建立强国家的充分条件　350

附录一　评估社会控制　358

附录二　关于19世纪分裂程度的争论　367

译后记　371

中译版序言

自本书英文版于 20 年前出版起,每当看到其中的许多思想被那么多论述国家及国家-社会关系的著作所引用,我都由衷地高兴。这些著述涉及的地域十分广泛,从南太平洋(Dauvergne, Peter 1998)、日本(Haddad, Mary Alice 2007),到伊朗(Smith, Benjamin 2007)。在这些著述中,我在本书中提出的国家嵌于社会中的思想得到了新一代比较社会科学研究者们的共鸣。从韩国,到土耳其,再到英国,年轻一代学者运用并改进了本书提出的分析路径。

《强社会与弱国家》一书的目标之一是提出一个对国家进行比较研究的新模型,这个模型应该不同于基于欧洲历史——至少是许多学者所认为的欧洲历史——得出的国家模型。我很高兴地看到,许多新研究都开始脱离欧洲模型而寻求更为动态的分析模式。美国、欧洲、韩国和其他地区的年轻一代学者们都开始弃用决定论色彩浓厚的分析路径(approach),而转向历史的、过程导向的研究路径①,以分析(社会发展的)非决定性和不可预测的结果。

虽然存在着各种问题,但我们还是不能彻底抛弃欧洲模型。不论好坏,欧洲模型在全球范围内形成了一种期望:国家应该做什么,国家应该包含哪些机构(如议会、法院、公立学校等)。这种期望在全球范围产生了作用,使各个国家看起来十分相似。迈耶(John Meyer)等人将此类国家机构(制度)的复制视为"在资源和传统截然不同的环境中的结构性相似"(Meyer, John W. 1997, p.145),而我则简单称之为"国家的形象"(image of the state)②——一个关于国家应该做什么的规范性理解。

国家的形象包含什么内容呢?它包含了两个相悖的基本要素,它们同时很好地描绘了国家作为统治者和乞求者的双重角色。统治者的角色是由韦伯对国家的描述——国家是通过宣称"在一固定领土内合法地垄断武力"而实现"人统治人的关系"——引申而来的(224 Gerth, H. H. 1958)。国家对嘲弄其权威的人——无论是本国国民还是外国国民——施以可怕的威胁。在这一图像下,国家是复杂但一元的——整合的、有凝聚力的、自主的,并且在

---

① 和历史的、过程导向的研究方法相对立的是比较的、静态的研究(comparative static),这是近年来被广泛采用的一种分析思路和定性的研究方法。相对于比较的、静态的研究方法,历史的、过程导向的研究方法更强调发展过程中的偶然性、多个自变量之间的相互作用(interaction)、内生性(自变量和因变量之间并非是单向的因果关系,而是互相影响)。一些重要的概念,如路径依赖、时机和顺序(timing and sequence)等被广泛运用于这种研究方法。——译注

② image 一词意思较多,翻译较为困难。作者选用 image 一词受到 Bendict, Imagined Community(中译《想象的共同体》)一书的影响,但"想象"一词亦可作为动词,用在这里也不是很适合下文,故选用"形象"一词。——译注

任何领域都(能有效)发挥作用。就像一台开足了马力的机器,国家拥有广泛的社会控制能力。国家最根本的工具是暴力。

国家的第二个形象,也就是它作为乞求者的形象,却体现了国家更多地是生长于社会之中,而非仅仅是高高凌驾于社会之上的(如其统治者形象所描绘的那样)。在这里,我将以现代社会科学的另一个奠基人涂尔干(Durkheim)为例来说明。对涂尔干而言,国家是"所有事物聚集在一起"的中心点。国家联合了"由社会集体在长时间内酝酿产生、并在每个社会成员之中散播的情感、理想和信念"(Durkheim, E. 1986)。在这个意义上,民族制造了国家。用安东尼·马科斯(Anthony Marx)的话来说,则是"大众间最广泛的忠诚都聚集在一起,服务于国家,由国家提供"(Marx, A. W. 2003)。此处,最根本的工具是忠诚或者合法性。

综上所述,最流行的国家形象由矛盾的、不可调和的两个部分构成:一方面它运用权威去驯服截然不同的信念,另一方面,它却同时从"公意"中提取人们的忠诚。权威涉及获得民众的服从,而忠诚意味着取得民众的支持——通常是指自愿的支持。运用权威和获取忠诚者都向国家提出了类似的挑战:首先,国家该如何治理一个高度异质的社会——由多个经常是公开争斗的宗教、种族、部落、语言、文化、经济和民族群体,或者是由拥有不同偏好、情感和需求的个体构成? 其次,国家如何能取得民族所具有的忠诚,而让其民众支付维持国家和保卫国家所需的费用?

如果国家的一元形象有助于社会科学家们比较研究国家如何面对这些普遍的问题的话,那么,正如我之前提到过的那样,作为一个分析模型,这种形象同样有其局限性。正如这一形象所一直暗示的那样,国家在和其所要统治、代表的社会互动的方式上,以及统治和代表的真实程度上,都存在巨大的差异。虽然国家的机构——行政首脑、官僚机构、立法机构、司法机构、学校、监狱、军队等——都在表面上惊人地相似,或者至少都可归入某些基本的类型,从而使得不同的国家之间极具可比性。但是进一步分析这些机构后,我们却发现,这些机构千差万别。按照一个单一标准或者形象比较国家,将使我们注重国家的形式,忽视其实际功能。国家的外壳可能相像,但内在的东西却惊人地不同。

我将表现现实国家的多样性特征命名为"国家的实践"(practice of the state)。这个术语比我 20 年前写《强社会与弱国家》时所表达的意思更进了一步。我指出,无论是整个国家还是单个的官僚机构,其各个组成部分和不同的国内外的群体或组织结盟,往往是内部分裂的而不是铁板一块。国家的各个碎片(缺乏整合的部分)和其(在国内外的)盟友们往往同国家的其他部分,乃至整个国家及其盟友相互敌对。这些被疯狂地联结起来的联盟和帮派,使得参与其中的国家机构经常违背国家整体逻辑而行事,最终无法履行其职责。而那些团结国家、社会各部分并使得不同联盟间相互对立的纽带,则会摧毁以下观念:国家是一个有公认的目标的统一机构。无数发生在 20 世纪和 21 世纪的各种各样的例子,都推翻了国家是一个一元化、有特定目的、高度整合且具有内聚力的机构的观念。

在过去的十年中,许多比较政治学的著作都一方面在努力维护"国家"概念——其被神圣化了的形象——的普遍性,另一方面则同时研究国家在现实中惊人的多样性和这些国家在 19 世纪和

20世纪兴起时所处的截然不同的条件——国家的实践。正如一群欧洲社会科学家们在2006年举办的一个研讨会①上所提到的那样:"一些醒目的标题,诸如国家的失败(state failure)、弱国家(weak states)或善治(good governance),都显示了人们试图抓住全球范围内日益复杂化的政治权威的实质的各种努力。"这些"醒目的标题"指出了将理想化的西方国家的单一标准或其他单一标准简单应用于比较分析时所面临的局限性,但同时也认可了一个单一现代国家种系的存在——至少是在普通人心目中的存在。

视野更开阔的关于国家的比较政治学研究需要超越一个单一的国家形象所包含的局限性。但我认为,矫枉过正,简单地将把国家作为一个形象的分析工具彻底抛弃,也是错误的。毕竟,它提供了有关国家应当做什么这样一幅图景,不止是被学者,还被全世界普通民众广泛接受,而且还包涵了当代国家在外形上的高度相似性这一现状。但这一规范性的形象必须被放在国家的令人发狂的现实多样性的背景之下。国与国之间在各个方面都可能会截然不同:从执行其领导者宣称的政策的有效性,到它与民众的关系。简而言之,任何关于国家的可行的定义,都需要考虑理想型的一元国家模型的二元性:它的形象,以及它的实践——其日常生活中的多样性。以下关于国家的定义是我在长期思考中逐渐形成的,可以追溯到本书最早出版的时候(1988年)。这个概念试图把握国家的两面性:一方面指出其同质

---

① 丹麦国际关系研究所、洪堡大学(柏林)社会科学研究所和马科斯·普朗克社会人类学研究所举办的系列研讨会之一。

性——形象上的普遍一致性,另一方面指出国家在其行政管理、与民众的关系,以及和其他国家、跨国组织的关系等方面的实践的多样性。

> 国家是一个权力场,其特征是通过使用或威胁使用武力而试图控制人们的行为。它具有两个相互联系的方面:(1)一个在一定领土上的有内聚力的支配性组织,这个组织从其所辖领土内生长出来并代表领土内的所有人民;(2)该组织各组成部分的实践。(Migdal 2001)

我非常高兴地看到,《强社会与弱国家》一书的中文版即将面世。在我努力学习发生在中国的一切并思考其状况时,我开始归纳出一些问题,这些问题推动我从事本书的写作。我希望本书中文版的出版,将使我能和更多希望了解本国和他国社会的中国年轻一代的学者及学生进行对话。

乔尔・S. 米格代尔
2007 年 11 月 25 日于华盛顿州西雅图

参考文献

Dauvergne, Peter, and Australian National University. Dept. of International Relations. 1998. *The Rise of an Environmental Superpower? : Evaluating Japanese Environmental Aid to Southeast Asia.* Acton, A. C. T.: Australian National University, Dept. of International Relations.

Durkheim, Émile, and Anthony Giddens. 1986. *Durkheim on Politics and the State.* Cambridge: Polity.

Weber, Max, Hans Heinrich Gerth, and C. Wright Mills. 1946. *From Max Weber: Essays in Sociology*. New York: Oxford University Press.

Haddad, Mary Alice. 2007. *Politics and Volunteering in Japan : A Global Perspective*. Cambridge ; New York: Cambridge University Press.

Meyer, John W. 1997. *World Society and the Nation-State, American Journal of Sociology* vol. 103, 1997, 1.

Marx, Anthony W. 2003. *Faith in Nation: Exclusionary Origins of Nationalism*. Oxford; New York: Oxford University Press.

Migdal, Joel S. 2001. *State in Society: Studying How States and Societies Transform and Constitute One Another*. Cambridge; New York: Cambridge University Press.

Smith, Benjamin B. 2007. *Hard Times in the Lands of Plenty : Oil Politics in Iran and Indonesia*. Ithaca: Cornell University Press.

致　谢

本书从酝酿到出版经历了很长的时间。本书的最初想法来自我1974—1975年在特拉维夫大学的一个研究生讨论课。在那个时候,写这样一本雄心勃勃的书看起来是力不从心的,所以我最终将之后几年时间花在了写《巴勒斯坦的社会和政治》(*Palestinian Society and Politics*)一书之上(该书1980年由普林斯顿大学出版社出版)。该书在一个更小的分析框架之内论述了相似的一些观点。在哈佛大学,我重新开始写作本书,其间亨廷顿担任主任的国际事务研究中心的支持使我受益匪浅。

1980年我转到了华盛顿大学,在亨利·杰克逊国际关系学院建立并领导一个新的、现在已非常成功的国际研究项目上花费了大量时间。1985—1986年在耶路撒冷的希伯来大学度过的一年最终给了我充分的时间来完成本书的手稿。我对希伯来大学的哈里·杜鲁门和平研究所及其所长哈罗德·希夫林(Harold

Schiffrin)深表谢意。

从以色列海法,到美国加州的斯坦福,到墨西哥城,在无数个教师研讨会上,我也将本书书稿呈上讨论。因为得到参与会议的同行们——人数太多以至于我无法一一致谢——的帮助,本书质量得以大大提高。在过去十年里本书引起了很多同行的兴趣,他们写了长篇的评论,我得以从中受益。虽然有时我的自负受到打击,但我还是要对他们表达我的谢意:迈克尔·巴尼特(Michael Barnett)、迈伦·格莱兹(Myron Glaze)、佩尼娜·格莱泽(Penina Glazer)、梅里丽·格林德尔(Merilee Grindle)、芬·汉普森(Fen Hampson)、里萨特·卡萨巴(Resat Kasaba)、巴鲁克·基默林(Baruch Kimmerling)、戴维·莱廷(David Laitin)、彼得·兰格(Peter Lange)、亚瑟·利布曼(Arthur Liebman)、约翰·蒙哥马利(John Montgomery)、埃里克·诺德林格(Eric Nordlinger)、丹尼尔·皮尔逊(Daniel Pearson,)、达夫·罗南(Dov Ronen)、霍华德·斯波多克(Howard Spodok)、马克·特斯勒(Mark Tessler),以及于1985年去世的好友特德·斯坦(Ted Stein)。迈伦·阿罗诺夫(Myron Aronoff)不仅阅读了书稿,还要求他的讨论课上的学生写论文评论此书。

阿伦·克利曼(Aaron Klieman)、艾伦·朱克曼(Alan Zuckerman)和约翰·沃特伯里(John Waterbury)三位同事阅读了整部书稿并给了我长篇评论,对此我心存感激。我还要对克里·伯杰(Kerry Berger)、萨缪尔·卡拉丹(Samuel Carradine)、吉尔·克里斯特尔(Jill Crystal)、玛丽·邓恩(Mary Dunn)、唐娜·埃伯温(Donna Eberwine)、玛丽·菲克塞尔(Mary Fiskel)、迈克尔·弗塔多(Michael Furtado)、安·戈尔茨坦(Ann Goldstein)、玛丽·希尔德布兰德(Mary Hilderbrand)和托德·拉森(Todd Larson)在本书研究过程中提供的帮助表示感谢。南希·艾奇逊(Nancy Acheson)是一个杰出的打字员(以及编辑)。此书中部分内容的早期版本形成了两篇论文,一篇是《一个国家-社会关系的模型》,收入霍华德·J.威亚尔达(Howard J. Wiarda)主编的《比较政治学的新方向》(New Directions in Comparative Politocs)一书。另一篇则是《强社会与弱国家:权力和妥协》,收入了魏纳(Myron Weiner)和亨廷顿主编的《理解政治发展》(Understanding Political Development)一书。

在我开始以一种新方式思考第三世界国家与社会关系的时候,我的孩子塔马和阿姆拉姆尚未出生,另一个孩子阿里拉还在襁褓之中。我的妻子马西为此付出了很多。她是我生命中的伴侣,经常给我带来新的能量、好奇和理解力。在此,我将本书献给她。

前　言

在法国的某个地区,长久以来,农民们夜晚的祈祷词里都有这么一句诗:"请将我们从罪恶和司法中解救出来。"①很显然,并非只有法国农民才体会到"正义"和代表正义原则的国家之间的模棱两可甚或敌对的关系。在下面的章节里,我将展示民众和寻求以正义统治(rule)人民生活的国家之间的几对主要关系。

国家是否确实对它们试图统治和管理的民众生活造成了影响?毫无疑问,是的。即使在新成立的国家的最偏远角落里,国家的职员、机构和资源都重塑了政治与社会的图景。这些社会的大致轮廓在多大程度上是按照领导人的愿景而描绘的?在此我必须辩明:只有少数国家在部分特定领域做得比其他国家好。本书为分析为何在实现其领导者的愿景时,一些国家比另外一些国家做

---

① 转引自 Eugen Weber, *Peasants into Frenchmen*: *The Modernization of Rural France* (Stanford: Stanford University Press, 1976), p. 50。

得更好这一难题,提供了一套工具——一个模型和一种理论。

关键问题在于是否具备国家能力——国家领导人运用国家机构让人民去做领导人希望他们做的事情的能力。① 仅仅注意国家对社会的影响,只能给我们提供一个人民与国家关系的片面的视角,而忽视为何一些国家比其他国家国家能力更强这一重要问题。社会同样影响国家。在本书中,我们将分析社会结构如何影响国家能力。我们还将分析社会如何影响那些在动员其民众追随其领导人时面临巨大困难的国家的特征和类型。同时,全面分析民众与国家关系还需要将目光超出国内社会。我们将会看到,国家与社会关系的复杂学问因为受社会外部各种力量的影响而大为改观。

所有的国家在某些时刻,或在面对某些群体时,或在某些问题上能力有限。最近有一个对某个边缘群体——Posse Comitatus②——的描述。这伙人无视美国法律的存在:"如果你加入这伙人,你无需随身携带驾照;也可以扔掉出生证明和结婚证书;你无需银行账户,可以不让孩子上学……你携带枪支弹药,既可以自卫,也可以

---

① 我的国家观与马克斯·韦伯的国家观念是契合的。韦伯认为国家是至少部分通过暴力的垄断来实现制度化实施规制(regulation)的组织。国家可能居于接近理想形态的不同程度。我将在第一章扩展关于国家的定义。在这里,有必要引述伯兰德·巴迪(Berrand Badie)和皮埃尔·伯恩鲍姆(Pierre Birnbaum)对"国家概念和国家能力的关系是怎样发展起来的"这一问题的初步分析:
  国家建设的过程可以通过执行部门的发展来测量,发展执行部门的目的是使国家的行动卓有成效:例如行政部门、法院和军队。显而易见,执行部门发展的复杂程度越高,国家就越有能力影响环境并自主实现集体目标而独立于从社会中产生的私人目标。在这种情形下,国家自主性反映了确定的现实。[Badie and Birnbaum, *The Sociology of the State* (Chicago: University of Chicago Press, 1983), p.35]
② 20世纪60年代后期的一个美国极右运动组织。——译注

在周末练习枪法。"①不过,国家能力的缺乏——包括征税能力和规制个人行为的能力,对亚非拉国家的领导人来说,尤其突出。只有少数国家(和地区)——中国、古巴、以色列、日本、朝鲜、韩国、中国台湾②以及越南——成功地使自己跻身国家能力测量表上端的"强国家"行列了。本书将集中分析这些大陆(亚非拉)的国家与社会,分析为何这么多国家无法使其民众按其领导人颁布的法律和法令行事,为何少数几个国家(和地区)却成功地使自己强大起来。

本书源于我阅读众多政治学文献,尤其是分析第三世界国家政治的文献时,备受困惑的两个悖论。③第一个悖论,在上一代,即使是在亚非拉国家最偏远的山村,其政治图景也发生了令人难以置信的巨变。在每个地区,从卫生机构到市场管理组织等所有国家机构,都永久性地在其民众之中建立起来了,并对收入转移、生活质量、新的社会等级制度等各方面产生了影响。另一方面,如果我们进一步检查这些机构的实际绩效,我们将发现它们实际上在按与其远在首都的机构创立者们的初衷迥然不同的原则运作。第二个悖论则更为诡异。如果我们认真分析国家高层领导者们的政治行为,就会发现

---

① *The Economist*, Norvermber 2, 1985, p.22.
② 在本书多个地方,作者将中国台湾地区作为一个国家来论述,这是错误的。译文保留这一说法仅为尊重原著者的分析需要,并不代表译者赞同著者观点。——译注
③ 我尝试综合并批判性地回顾此类文献。Joel S. Migdal, "Studying the Politics of Development and Change: The State of Art," in Ada W. Finifter, ed., *Political Science: The State of the Discipline* (Washington, D.C.: American Political Science Association, 1983). "第三世界"在这里作为一个松散且具包容性的概念使用,覆盖非洲、亚洲(苏联和日本除外)、墨西哥以南的美洲以及大洋洲(不包括澳大利亚和新西兰)。如我们将在第二章及之后看到的那样,世界经济范围日益广泛,强度日益增大,并导致了第一次世界大战,这些都不断深入而广泛地影响着第三世界的社会。后面我将阐述,社会中的变化深刻地影响着国家与社会的关系,并持续到现在。

一个很奇怪的现象:这些领导者往往会持续地、有意地削弱国家机构自身——而这些机构正是它们赖以增强其能力和政策效果的工具。我的首要目的是找到这两个悖论的解释或者解决方案。

我发现我读过的文献往往都是不可或缺的,同时也是令人沮丧的。它们不可或缺,是因为它们帮助我建构理解困难而复杂的现实过程的分析框架。众多的书和文章——其中许多我在后面的章节里未能一一提到——包含着对国家与社会的重要的、敏锐的洞察力,为我提供了无穷的灵感,我于此受益良多。然而这些文献同样也充满了许多未解决的矛盾,而我也努力注意这些问题,不让自己被其(尤其是那些理论自觉性很强的文献)误导。我摆脱了对这些文献和研究第三世界政治社会发展旧有路径(approach)的长篇大论的批评(我想这样做是非常妙的),而将目标定在寻求一种用以解释社会和政治组织及二者关系的新理论,该理论具有与旧理论不同的内在逻辑和内容。熟悉第三世界政治社会变迁文献的读者将会发现我的理论路径是如何区别于近几十年来的主流理论的。

譬如说,我拒绝了现代化理论的目的论和单一路线发展预设。现代化理论致力于解释新出现的各种类型的政治与社会组织。我含蓄地指出,现代化理论的关注点只在于中心对边缘的影响,而忽视了边缘对中心的影响。我同样还指出,强调碎片化的社会组织及其对政治的影响,减少了阶级概念——马克思主义者和其他一些人所热衷使用的——在解释第三世界社会发展动力时的种种限制。虽然我借鉴了世界体系论的一些概念,但我的理论还是拒绝承认第三世界社会组织和政治发展动力存在于中心国家和首都的发展进程中——这些观点为世界体系论和依附论者所持有。如第二章到第四章所述，世界性的经济和政治力量既为一国发展提供了机遇，也对其施加了限制，但是，国家与社会关系的动力学则远远超出了中心和边缘互动的影响。我力图证明，与强调资本主义的影响的学说不同，由世界经济扩张带来的社会混乱并不能自动解释社会是如何被重塑的。

我的理论路径同样和经验主义者们——那些自称缺乏预先设定的概念和路径、往往只是简单地描述其所见所闻的区域专家和历史学家——相悖。不可否认，所有观察者都有意无意地、或多或少地受其精神构建所支持和限制。但是这些经验主义者的著作，尤其是那些只关注首都或者宫廷政治——有时甚至是那些关注穷乡僻壤——的通俗读物，都忽视了偏远地区国家、社会之间剧烈的斗争，以及来自社会之外的各种力量的压力。

总的说来，研究第三世界的文献可归为两大类。第一类从社会的底层着眼，关注诸如农村村落、庇护-依附关系、城市邻里关系等类似话题。这些研究，虽然偶尔会提及国家政策和资源，但往往陷于错综复杂的地方社会生活而不能自拔。第二类则关注最有影响力的部分——强力的精英、大资本、外国投资等。这类研究往往流于表面，认为这些身居政治金字塔顶层者能够有效地镇压、改造或者改革社会的其他部分。

我对现代化理论、马克思主义理论、依附论和世界体系论等既有理论以及经验描述的主要批评在于，它们都过于相信顶层人物的权力，同时它们过于倾向于国家中心论。至少对于第三世界国家而言，采用国家中心论的路径犯了类似于只关注捕鼠器的设计而不了解老鼠的实际情况的错误。不知何故，许多文献都把我所质疑的问题——国家拥有自主性和能力——视为当然。我同样质疑近年研究欧洲的学者们的"重新发现国家"理论(或译为"找回国家",bringing the state back in)对分析这一问题的帮助有多大。这些学者无视欧洲和北美之外的国家,要么认为这些(第三世界国家的)社会都是没有国家的社会,要么直接把欧美国家的国家自主性毫无区别地运用于第三世界。

国家中心论的路径确实对分析第三世界国家有直觉上的吸引力。国家都是基于首都的,而首都看起来总是各种活动发生的地方——时髦的小汽车、高级政治的各种阴谋、军队和警察的安全系统的运作、国内外资本的集聚。但在本书中,作者试图使读者们相信,即使是首都政治,也只有在一个人放宽视野的时候才能得到最好的理解,虽然这种说法看起来有悖直觉。我们必须认识到社会的组织状况——即使是在偏远地区——决定着中心地区政治的特征和能力,以及国家是如何(以一种无意的方式)改变社会的。我对我最后阅读的文献中那些涉及本书所形成的理论路径的著作(其中有些尚未发表)深表谢意。① 这些研究同时关注国家和地方

---

① Frances Hagopian, "The Politics of Oligarchy: The Persistence of Traditional Elites in Contemporary Brazil" (Ph. D. Diss., M. I. T., 1986); Akhil Gupta, "Technology, Power and the State in a Complex Agricultural Society: The Green Revolution in a North Indian Village" (Ph. D. Diss., Standford University, 1987); Richard H. Adams, Jr., *Development and Social Change in Rural Egypt* (Syracuse: Syracuse University Press, 1986); Sevket Pamuk, "Government Policies and Peasant Resistance in Turkey during World War II" (Paper presented at the annual meeting of the Middle East Studies Association, Boston, November 1986); Vivienne Shue, *The Reach of the State: Sketches of the Chinese Body Politic* (Stanford: Stanford University Press, 1988); Donald Rothchild and Naomi Chazan, eds., *The Precarious Balance: State and Society in Africa* (Boulder, Colo.: Westview Press, 1987); and Victor Azarya and Naomi Chazan, "Disengagement from the State in Africa: Reflections on the Experience of Ghana and Guinea," *Comparative Studies in Society and History* 29 (January 1987): 106 - 31.

社会,有些著作研究在触及地方社会时,国家政策是如何被扭曲而偏离初衷的,国家资源是如何被重新分配的。这些著作同样分析了国家和社会是如何无意地影响对方的。

要让读者们改变他们看待政治和社会变迁及惯性的思维,的确是一个雄心勃勃的计划。为此,我将此书写成一本完整的概要性的著作,更注重启发性而非论断性。它总揽全局的视野迫使我把许多重要问题留待再论。① 借此我能够形成一个政治事件(特别是"二战"后的)多样性的综合性理论,并能够得其部分精义。

如果我提出的模型和理论是成功的,那么就能提供一个理解所有现代国家能力的路径。但在本书中,我再三从五个国家——埃及、印度、以色列、墨西哥和塞拉利昂——的经验中找寻论据。这些国家并非代表性的抽样样本,而毋宁说是有意的选择。② 它们

---

① 此类理论可视为系统调查的前言。本书所提出的论题中,我觉得有必要充分研究的论题如下:(1) 国家在国家与社会关系中的领导作用;(2) 战争的影响和战争对国家与社会的威胁;(3) "二战"前跨国公司所统治的世界经济对国家-社会关系的影响;(4) 在外部的悲剧性力量已经造成主要的社会变化之后,旧的社会结构对新的社会结构的产生所起的作用;(5) 在殖民地和非殖民地以及经历不同殖民模式的社会之间,社会和政治变化的模式的差异;(6) 按照不同政策,国家能力的分级;(7) 不同类型的政府(如民主制)对国家与社会关系的影响,以及相反,不同类型的国家与社会关系对政府类型的影响。由于我对用于阐述重要关系的术语感到不满意,我间或会间接论及其他论题。例如,除非在一些独立的场合中,我避免使用"政治腐败"和"民族主义",虽然读者可能立刻会把它们与本书中的概念联系起来。关于民族主义,我同意亚瑟·瓦尔德伦(Arthur Waldron)的观点,他写道:"民族主义作为解释性概念毫无用处,这种质疑并没有被充分解释。"["Theories of Nationalism and Historical Explanation," *World Politics* 37 (April 1985): 416]

② 参见 Gabriel A. Almond, Scott C. Flanagan, and Robert J. Mundt, *Crisis, Choice, and Change: Historical Studies of Political Development* (Boston: Little, Brown, 1973), p. 23. 也见 Adam Przeworski and Henry Teune, *The Logic of Comparative Social Inquiry* (New York: Wiley-Interscience, 1970)。

的经验有助于提供简单展示一个抽象理论所无法提供的多变、微妙且复杂的资料。我并未系统地比较这五个国家,也未从理论的各个层面对它们的每个方面进行观察。我的目标不是讲述和解释每个国家的故事。这里,故事就是理论,它们解释了国家能力的不同和弱国家的特征。这五个国家只是例证,用以突出论点的各个部分。

为何我们从众多国家中选择了它们五个,而非其他?坦率地说,我对这五个国家的国家和社会的了解多于其他国家,或者至少是更有兴趣进行进一步的研究。我的选择同样是基于从一个国家能力的光谱中选择多样化的例子。因此,五个国家展示了从很弱的国家(塞拉利昂)到强大国家(以色列)之间的各种例子。

埃及、印度和墨西哥都是展示了各自在不同领域国家能力强弱的显著例子。譬如说,墨西哥被很多学者视为法团主义或者官僚制威权倾向的强国家例子。类似地,研究者们同样提及埃及国家历史上就具有的高度渗透(社会)的能力,或者印度文官的超强能力。这三个国家都建立了无数新的政府机构,无可抗拒地改变了其城镇和乡村的日常生活。然而,当它们试图动员和运用资源去改变民众的日常行为习惯时,却显得十分脆弱。例如墨西哥的国家汲取能力十分薄弱,只能提取到国内生产总值的10%左右。[1]所有这三个国家都发现在其乡村,富裕的农民改变了国家资源的使用和配置,造成了和国家法律和政策制订者的初衷相违背的结果。因此,这三个国家的国家能力介于以色列和塞拉利昂之间。

---

[1] 关于墨西哥国家领导人制定不受社会限制的政策的任意权力的争论,见 Fen Osler Hampson, *Forming Economic Policy: The Case of Energy in Canada and Mexico* (New York: St. Martin's Press, 1986), p. 26。

五个国家一起提供了丰富理论所需要的国家能力上的差异性。

我挑选这五个国家同样还因为它们在其他一些重要的方面也各不相同。作为一个"尽量多的不同"的研究设计，我挑选出在一些重要方面差异很大的个案。这些差异和国家能力的差异并不相关，因而可以排除将这些差异作为国家能力差异的可能的解释。这些个案包含族群高度多元化的印度，也包含种族同质性很高的埃及；包含人口很少的塞拉利昂和以色列，也包含人口大国印度。同样，这些地区的文化差异也很大。虽然我尚未开始检验这些具体个案，但这些差异都显示了本书的分析路径的适用性。

选择这些国家同样还考虑到了殖民主义对其后的国家-社会关系的深刻影响。我集中分析英国这一最大的殖民者对殖民地的影响。这五个国家中有四个历史上深受英国殖民的影响。英国在19世纪末20世纪初的欧洲世界体系的扩张中扮演了一个领导性的角色。正如我在第二、三、四章里所指出的那样，这个扩张及其采用的各种直接或间接的方式，对理解各国当前国家能力有重要意义。虽然其他欧洲国家的影响可能和英国的截然不同，英国殖民所具有的巨大影响使得只研究英国也具有重要意义。在20世纪初期，英国统治了三分之二的殖民地人口。在"二战"前夕，英帝国更是拥有全球四分之一的人口和土地。我们的五个个案中，只有墨西哥未受英国的直接或间接统治。尽管如此，我认为有必要找一个主要的拉美国家一起分析。同样需要指出的是，在19世纪，英国控制了墨西哥的对外经济联系。

本书同时提供了理解第三世界国家-社会关系的模型和理论。第一部分提供了一个模型，一个分析第三世界中多样且复杂的社会的路径。模型强调社会控制是如何在社会中那些形形色色的试图制订人们据以行事的规则的各种组织之间分布的。第二部分和第三部分则提出了一个旨在回答本书中心问题——为何一些第三世界国家在形成社会行为规则时面临如此众多的困难——的理论。第二部分深入研究了关键的历史时期,以了解造成社会控制如此分布的环境。主要的关注点是国际力量的起伏,它们为世界经济体系的扩张和欧洲对非欧洲社会的统治铺平了道路,独立地并且和本土势力结合,而造成影响深远的后果。第二部分的问题是社会层面上,各种情况是如何造成的。第三部分重点分析了为何阻碍国家能力增长的社会模式未能在最近这些年中得以改变。为何在西方帝国崩溃之后,许多国家还是遭遇了自身社会中无法克服的社会力量,这些社会力量又给这些国家的国家和政治生活造成了什么影响?

为了抓住国家能力这一问题,如果说不是充满感情地理解的话,我也是试图做到同情地理解第三世界国家——而且不一定只是第三世界国家。这是一本关于如何理解国家能力的书;但本书并不试图开出提高国家能力的药方。我本人的偏爱并不趋向于无条件地支持加强国家能力,因为加强国家能力的过程经常被批评为对社会中的弱势群体——穷人和少数民族的认同和生活方面进行的攻击。作为下文分析中心的第三世界国家对社会控制的争夺,经常就是对这些民众的控制权的争夺。对于弱势的个体们而言,对其生活的社会控制的争夺往往就是掠夺性的地方权威和一个旨在改变他们、去除他们最重要的价值、日益增长的国家所代表的"正义"之间的冲突。

第一部分

国家与社会

第一部分 导言

从1947年到1965年,世界政治版图发生了一场革命性的巨大变革。其中各帝国在亚非国家的解体中采取了不同的形式。譬如说,在埃及、约旦和伊拉克,权力在几十年之内缓慢地、不易察觉地从英国官员手中转移到本地领导人手中。其他许多国家变化更为急剧,但是它们之间差异也很大。1961年,英国人以我们所能想象出来的最具兄弟情谊的方式将权力转交给塞拉利昂的黑人。但在印度和巴勒斯坦,英国人则是在经过了不少抗争之后才撤离,并将二者带上了一条新的、更血腥的道路。

一些国家脱离殖民化和独立的经验较为特殊,它们经过努力最终成为我们现在所知道的第三世界。印度顽强的公民不服从的成功,黄金海岸1948年骚乱,法国在越南奠边府不光彩的失败,纳赛尔令人惊讶地将苏伊士运河经营权国有化的运动,阿尔及利亚革命的民族解放阵线(FLN)反对法国最后一个殖民地的战斗,都造成了广泛的影响。在北非的有利形势之下,法兰兹·法农(Franz Fanon)重申列宁的语句,反思奠边府经验对其他国家的强大影响,提出:"严格地说,越南人民在奠边府的伟大胜利,不仅仅是越南人民的胜利。从1954年7月起,殖民地人民经常问自己的问题已经变成:'我们要怎么做才能成为第二个奠边府?我们怎么才能实现?'"①

对当代有抱负的国家领导人来说,这些里程碑式的例子都加速了欧洲帝国的终结,并意味着贫穷的、被征服的国家具有潜在的政治力量。大胆的领导如甘地(Gandhi)、恩克鲁玛(Nkrumah),以及纳赛尔(Nasser)等,和富于想象力的政治组织——如印度国大党、民族解放阵线、越南共产党——一道,可以推翻富人的强权。一个帝国主义国家可以被看作小人国中的格利佛②。即使对于第三世界国家中试图躲避反殖民主义战争的领导人来说,发生在遥远的印度或阿尔及利亚的事件都加强了他们对一个集中的、动员型的政治在他们的国家独立之后扮演重要角色的信心。

西方帝国主义列强在从殖民地向国家状态的转变过程中不只是令人讨厌的东西(betes noires,法语),而且还是被效仿的对象。新独立国家的国父们在形成其目标时,深受旧有的国家和从19世纪起就影响着欧洲的民族主义意识形态的影响。③ 在西方阵营和

---

① Franz Fanon, *The Wretched of the Earth* (New York: Grove Press, 1963), p.70.
② 英国作家斯威夫特的讽刺小说《格利佛游记》中的主人公。——译注
③ 例如,参见本杰明·纽伯格(Benjamin Neuberger)的两篇文章:"The Western Nation-State in African Perceptions of Nation-Building," *Asian and African Studies* 11 (1976):241-61 和"State and Nation in African Thought," *Journal of African Studies* 4(Summer 1976):198-205。

社会主义阵营中,亚洲和非洲的新的政治领导人都确信国家有能力通过有效的计划和认真的执行去塑造社会。即使在上半个世纪一直有很多极为弱小、腐化的国家的拉美,一种新的"能够做到"(can-do)的精神也占据了那些立志成为国家领导人的政治家的心灵。国家机构成为实现人类尊严、繁荣和公平的广泛目标的主要希望所在,它们是雕塑者手中的凿子。大家相信,这些新国家将带来不同的社会秩序,为至今还是乱流的民众的激情提供一个统一的河道。

本书就是关于国家领导人通过国家的计划、政策和行动来实现其改造社会的目标的能力的。国家能力包括渗入社会的能力、调节社会关系、提取资源,以及以特定方式配置或运用资源四大能力。① 强国家是能够完成这些任务的国家,而弱国家则处在能力光谱的低端。

第三世界的国家在脱离被殖民之后是否实现了它们一开始所宣传的目标?它们成为强国家了吗?当然,就渗透能力的角度而

---

① 本书把"国家的能力"作为因变量是想达到两个目标。第一个目标是调查国家的社会控制能力——即让民众去做本不会去做的事情——的差异,这衡量国家能力的规制和提取两个方面。第二个目标则是调查社会控制能力的差异,进而影响国家能力的其他方面——按既定方式配置或使用资源的能力以及国家的渗透能力。许多政治学家早已运用各种概念和标准描述过政治能力。其中最著名的著作就是 Almond and Powell, Jr., *Comparative Politics: A Developmental Approach* (Boston: Little, Brown, 1966)。在他们的书中,能力指一个政治系统在其环境中的总体表现(绩效)。他们列举了五类行为:提取、规制、分配、符号和响应。艾克斯坦(Harry Eckstein)在"The Evaluation of Political Performance: Problems and Dimensions," Sage Professional Paper, *Comparative Politics Series*, vol. 2 (Beverly Hills: Sage, 1971)一文中对他们和其他人的著作提出了批评。不幸的是艾克斯坦提出的衡量政治绩效的替代方法过于宽泛和难以操作,无法有效评价国家到底能做什么。他的决策效力的概念和我提出的国家能力最为接近。最好的评价国家能力的办法是衡量国家在我提出的四大类行为中实际取得的效果,并将其和国家在法案和政策中所宣称的目标进行比较。详细的分析参见附录一。

言,许多国家都显示了强大的能力,改变了哪怕是边远的乡村和城镇的制度生活的实质。然而,对于多数国家来说,当你转向国家能力的其余几个方面,尤其是调整社会关系和按既定方式使用资源的能力时,答案往往都是否定的。刚刚脱离殖民状态时的鲁莽年代所有光明的憧憬都褪色了。

平心而论,那些标准都是不现实的。当需要解决的问题的难度开始日益显露的时候,我们越来越**难维持一个国家与社会执行任务的形象,正如赫希曼(Albert O. Hirschman)所言,像一个被激怒的玩具老实而蹒跚地走在发展的各个阶段**。① 即使降格以求,采用更为温和的标准,许多国家在加强能力以某种特定方式改变社会上依然不尽人意。本部分的核心问题是为何这么多国家不能积累起这些能力,而同时其他少数国家则显著增强了能力。进而,我试图论证:国家使包括偏远地区在内的人民按其领导人意愿行事的尝试失败,会最终影响国家自身的内聚力和特征。

第三世界国家发展出了哪些能力以实现其所计划的社会变革,认识到了哪些限制? 不幸的是,我们很难直接回答这一问题。我们甚至还没有一个大家都认可的对第三世界国家运行机制的描述,更不用说能表现其经验的多样性的生动的图景或者是解释现状为何如此的理论。一个奇怪的二元论,甚至是矛盾,是这些社会科学文献的特征。第一种视角源于那些与进步乐观者具有许多共同预设的学术作品。它视政治,尤其是高层政治为主要舞台,将社

---

① Albert O. Hirschman, *Essays in Trespassing: Economics to Politics and Beyond* (Cambridge: Cambridge University Press, 1981), p. 24.

会揉捏成各种新的形式和形态,使其适应由工业化和其他刺激造成的各种危机。这就是强国家的形象。

学者们或好或坏地描述了在第三世界,尤其是拉美和东亚,即使在最偏远的乡村,国家是如何使自己成为一个永久的、可怕的存在的。他们强调国家如何通过提升特定阶级或团体,同时打压其他阶级或团体,而保持自身相对于任何团体或阶级的自主性,最终重塑社会。① 法团主义和官僚威权主义的理论强调国家的行动主义和力量是如何调节甚至塑造由工业化和动员新社会群体进入政治而引发的冲突的。② 如马洛依(James Malloy)所言,国家的"**特征在于强大和相对自主的政府结构,它寻求给社会强加一套基于强制的有限的多元主义的利益代表机制**"③。

相反,第二种视角则把国家描述为面对社会中正在发生的令人目眩的社会变迁的漩涡完全无能为力,变迁基本上不受国家自身推动力影响。一些学者在国家范围内研究这些变迁的动力机

---

① 国内意义上的自主性指国家官员能按照自己的偏好行动。这样,国家就能重塑、忽略或防止社会最强行动者的偏好。见 Eric A. Nordlinger, "Taking the State Seriously," in Myron Weiner and Samuel P. Huntington, eds., *Understanding Political Development* (Boston: Little, Brown, 1987), pp. 353 – 90。
② 例如,见格厄姆(Graham)、巴尼特和夏普(Sharpe)在西尔维娅·安·休利特(Sylvia Ann Hewlett)、理查德·S. 韦纳特(Richard S. Weinert)编辑的 *Brazil and Mexico: Patterns in Late Development* (Philadelphia: Institute for the Study of Human Issues, 1982)中的文章;吉列尔莫·奥唐奈(Guillermo O'Donnell)等在戴维·科利尔(David Collier)所编辑的 *The New Authoritarianism in Latin America* (Princeton, N. J.: Princeton University Press, 1979)中的文章。
③ James M. Malloy, "Authoritarianism and Corporatism in Latin America: The Modal Pattern," in Malloy, ed., *Authoritarianism and Corporatism in Latin America* (Pittsburgh: University of Pittsburgh Press, 1977), p. 4.

制,另一些学者则从来自他国的强力和世界经济的不可控制的力量中寻找。在这两种情形下,国家的形象是弱小的。

　　这种描述既来自记者也来自社会科学家,他们更多地视积极的国家为虚幻而非现实。他们评论在试图实现其宏伟计划时所表现出来的国家的无能和笨拙的本质,以及统治机构的不稳定和无效。例如,苏兹贝格(C. L. Sulzberger)在《纽约时报》上写道:"在我四五十年的职业生涯中,我看到的一个主要特征是新国家的产生,它们多数是落后且弱小的。当然也有例外……但多数则是无助。"①或者如克拉斯纳对形势的概括:"多数发展中国家的国内政治机构非常弱小。"②

　　计划新的社会秩序对其社会而言具有超现实主义色彩,如亨廷顿所言,"政府并不能统治"③。政府不能实现被广泛认为必然能实现的目标。如维尔达夫斯基(Wildavsky)所言,"计划制订者以尝试改变环境始,以被环境同化终。这种失败的模式在那些令人瞩目的许诺为令人失望的行动所代替的穷国中尤为明显"④。

　　这些对弱国的描述不仅仅限于撒哈拉以南非洲(sub-Sahara

---

① *New York Times*, December 24, 1977, p. 19.
② Stephen D. Krasner, *Structural Conflict: The Third World against Global Liberalsim* (Berkeley: University of California Press, 1985), p. 28. 也见 Joseph La Palombara, "Political Science and the Engeering of National Development," in Monte Palombara and Larry Stern, eds., *Political Development in Changing Societies* (Lexington, Mass.: Heath Lexington, 1971), p. 53。
③ Samuel P. Huntington, *Political Order in Changing Socities* (New Haven: Yale University Press, 1968), p. 2.
④ Aron Wildavsky, "If Planning is Everything, maybe it's Nothing," *Policy Sciences* 4 (June 1973):128.

Africa),那里的国家即使被认为是强国家,其国家领导人的统治也只能以薄弱而断续的方式覆盖大都市和主要港口城市。弱国家的形象同样包括拉美的"官僚威权主义"国家。汉默格伦(Linn A. Hammergren)对拉美国家到底有多强大、多有能力提出了深刻的质疑:"宪法和立法确实显示了对中央政府强大的控制能力,然而问题却是这些权力是真的存在还是只存在于纸上?拉美政府在实施法律上的有限成功说明此类控制是十分有限的。"①类似的评论还出现在亚洲,尤其是在几篇研究印度的近作里。科利说:"三十多年来民主制订的发展计划未能减轻印度农村的贫困问题"②,而不同地区之间的差异则说明国家的政策总体上来说是一个"追求政权所公开声称的目标的失败"③。

如果我们能从这些直接对立的强国和弱国的形象中发现一些意义的话,那么持相反意见的学者们会从其他领域发现国家的力量。强国家形象支持者们的主要关注点是国家对社会的渗透能力

---

① Linn A. Hammergren, "Corporatism in Latin American Politics: A Reexamination of the 'Unique' Tradition," *Comparative Politics* 9(July 1977):449. 更早的关于拉美的文献也重复了这种观点,见 Charles W. Anderson, *Politics and Economic Change in Latin America: The Governing of Restless Nations* (New York: Van Nostrand, 1967), pp. 105 – 6; Merle Kling: "Toward a Theory of Power and Political Instability in Latin America," in James Petras and Maurice Zeitlin, eds. *Latin America: Reform or Revolution* (New York: Fawcett, 1968), p. 93。

② Atul Kohli, *The State and Poverty in India: The Politics of Reform* (Cambridge: Cambridge University Press, 1987), p. 224.

③ Atul Kohli, *The State and Poverty in India: The Politics of Reform*, p. 8. 也见 Akhil Gupta, "Technology, Power, and the State in a Complex Agricultural Society: The Green Revolution in a North Indian Village" (Ph. D. Diss., Stanford University, 1987); Francine R. Frankel, *India's Political Economy, 1947—1977: The Gradual Revolution* (Princeton, N. J.: Preceton University Press, 1978)。

和提取资源的能力。许多此类研究者论述了诸如对外国企业或收入转移的规制和征税的宏观政策。在这些领域一些国家做得很有成就。我们可以在如下地区发现众多类似的有力的国家：在拉美的一些地区，由于它们早在一百多年前就取得了独立，因而国家也演变成为社会中的一个存在物；在东亚和南亚的部分地区，在反殖民主义斗争的框架下建立了一些复杂的政治组织；在中东的部分地区，反对新兴的强大国家组织的帝国主义势力十分弱小。

那些支持弱国家形象的学者则更关注国家调节社会关系和以既定方式配置资源的能力。他们更多地研究社会政策的执行，尤其是国家领导人在力图广泛地改变人们的社会行为和整体性地转变社会关系时遇到的困难。许多国家都在地方层面实现领导者目标时遇到了困难。一些研究者集中研究撒哈拉以南非洲，那里的领导人在号召大家"上山下乡"、帮助穷困和边远地区人们改变其行为和信念的时候，遇到了严重的困难。①

这种国家的双重性是理解今天的第三世界的核心问题。在这些社会里，国家是一个可怕的存在物，却在让其民众按其政策制订者们的意愿行事时步履蹒跚、一筹莫展。国家正如投入小池塘的巨石：它们在池面每个角落都泛起了涟漪，却抓不住一条小鱼。国家的双重性——它们渗透社会的毋庸置疑的能力和在有意图地实施社会变迁上令人惊讶的脆弱——是本书第一部分的核心关注点。

当然，第三世界的不同国家之间，乃至不同地区之间的国家能

---

① 例如可见 Victor Azarya and Naomi Chazan, " Disengagement from the State in Africa: Reflections on the Expericnce of Ghana and Guinea," *Comparative Studies in Society and History* 29 (January 1987): 106 - 31。

力——国家在决定社会生活按何种秩序组织起来的能力——是不同的。所有第三世界国家的社会都在近二十年中发生了天翻地覆的变化,但是这些变化并非都是按照其国家领导者的设计进行的。国家取得了史无前例的可供支配的财政收入;它们建立了巨大的军队、警察队伍和文官系统。但是拥有着这么多资源的第三世界国家中,为何多数在实现其领导人或者其他人热切的期望时却显得缺乏效力,而少数则很好地培育了其社会规划、政策和行动的能力?这是本书的核心问题。

或许有人会说,这个问题的答案应该在各国的历史和特殊的重大事件中寻找。从某个层次来说,确实如此。但从另一层次而言,我们需要提出一些命题,既有助于阐明相关历史事件,又能回答"为何在许多国家、在这个时间点出现了这些无法实现的预期"这样的问题。为了回答这个层次的问题,本书提出了这样一个答案,它既有助于理解抵制国家领导者的设计的来源,又有助于理解哪些因素导致国家领导者不能或无意去战胜这些抵制。下一章将提出一个突出国家在试图改变社会关系时所面临的挑战的国家与社会关系模型。本书剩下的章节将提出一个理论,来回答"为何这么多看上去很可怕的第三世界国家无法按照其领导者设想的方法改变社会,而少数几个国家则做到了"这一问题。这些章节中提出的解释还注意到了第三世界国家的社会是如何组织起来的,为何这种组织方式导致了一些抵制国家主动性的社会因素出现。我的目标是解释在国家拥有这么多优势的情况下,这些因素是如何组织起来以有效地持续反对国家领导者,有时甚至与政府官员达成意想不到的迁就和调和,甚至俘获国家的机构。

第一章 国家-社会关系的一个模型

对国家的高期望值的产生

在第三世界国家摆脱了殖民主义的枷锁之后,对国家所能获得的能力及其运用这些新能力达成各种目标的预期开始走高。这些期望得到了他们前宗主的文化人造物——20世纪五六十年代社会科学——的支持。虽然那时很少有人使用"国家"这一术语,许多社会科学家们还是视政治——或者更进一步,政策或计划——为一个具备无限可能性的事物。① 当社会科学家们忽略了什么是国家能有效做到的和什么为国家所不能的时候,国家的局限性开始变得模糊起来了。西方社会的复杂的、尚未被人认识的演进过

---

① 由于"国家"一词没有出现在早先的著作中,许多文献都错误地假定早先的作者没有使用"国家"这一概念。如 Peter B. Evans, Dietrich Rueschemeyer, and Theda Skocpol, eds., *Bringing the State Back in* (Cambridge: Cambridge University Press, 1985)。

程,导致了"老人缺乏照料、区域性贫困、人口过多和移民等问题都可以通过政策干预而得到彻底改变"这种奇异的看法。社会科学家被视为能发掘出社会工程学的秘密的人。美国的社会科学被一种政策干预无所不能("do-able")的兴奋所煎熬。① 然而,20世纪五六十年代的社会科学在政府的局限性上所知甚少,因为很少有人深入研究政策被(制订和)发布之后到底发生了什么。

"二战"后的几年里,政治学家继续把比较政治看作制度史或分析政体的正式宪政原则的一门学问。分析的注重点更多的是制度结构,而非考察这些机构是否在做人们期望它们做的事。只是到了20世纪50年代,新的方法和概念才被引入比较政治学的分析。② 这些新技术使得真正的比较研究成为可能,并使得民众和政府间互动得到了更多的关注。然而,即使是在新的方法论被采用之后,这个互动只有一部分——民众的态度和参与对领导阶层和政策的影响效果——得到广泛的研究。③ 诸如问卷调查等新技术开始被提出来以研究方程的输入部分,并在很大程度上影响了实质关注点的选择。社会科学家们关注利益表达远甚于政策执

---

① Robert A. Packenham, *Liberal America and the Third World：Political Development Ideas in Foreign Aid and Social Science* (Princeton, N. J.：Princeton University Press, 1973).
② 开拓了比较学研究途径的两部里程碑式著作是：Daniel Lerner, *The Passing of Traditional Society* (New York：Free Press, 1958)和Gabriel A. Almond and James S. Coleman, eds., *The Politics of the Developing Areas* (Princeton, N. J.：Princeton University Press, 1960)。
③ 参见 Thomas B. Smith, "The Policy Implementation Process," *Policy Studies* 4 (June 1973):198。在关于政体研究和政治体系的输入方面,参见 Jean Blondel, *Comparing Political Systems* (London：Weidenfeld and Nicolson, 1972)。

行——过于注重配菜的过程,他们忽视了去尝尝菜的味道。我们很难看到对国家的绝对可靠性的质疑,更多情况下,研究者们都简单地假设政策对民众的影响毫无疑问地是和政策制订者们的意愿一致的。大家都想当然地认为国家制度层面的行为将如实地反映到个体公民层次。

来自各个学科的社会科学家都不满足于观察和分析;他们成了国家行动主义的热切的提倡者,因而更倾向于掩盖国家的失败和局限性。社会科学家在研究发展的时候遭遇了障碍,开出的处方和描述的问题一样常见,国家的失败则和社会科学的专业性失败相互缠绕而难以觉察。

近年来,许多社会科学家们开始从(即使是西方)国家的计划和改变社会能力的幻境中觉醒过来。① 无论是否被误解,西方思想家提出的观念促进了对西方及第三世界的国家潜在能力的高度期望。在20世纪五六十年代,人们对当时的混乱即将过去、新兴的或重建的国家将齐心协力创造出一个"现代的"民族社会,信心十足。人们热切地预期着新兴国家能很快走上指导其经济社会变迁的道路。

在启蒙主义思想家如孔多塞(M. de. Condorcet),或者是19世纪晚期的哲学家的影响下,社会科学家们视欧洲和北美之外的

---

① 参见 Aaron Wildavsky, "If Planning is Everything, maybe It's Nothing," *Policy Science* 4 (June 1973): 127 - 53; Horst W. J. Rittel and Melvin M. Webber, "Dilemmas in a General Theory of Planning," *Policy Science* 4 (June 1973):155 - 69; Theodore J. Lowi, *The End of Liberalism*, 2d ed. (New York: W. W. Norton, 1979), 尤其是第二部分"Why Liberal Governments Cannot Plan"。

世界都是向科学地计划好的、进步性的变革敞开大门的。他们想象着"新"大陆国家的未来将重现西方国家的过去和现在。克罗齐(Benedetto Croce)对19世纪的哲学家的评论同样适用于这些社会科学家:"人们普遍对进步持有活生生的意识,不只是作为历史解释的一个概念,而更多的是一种确定性:人类掌握了控制事物以及更为重要的控制自身的能力,从而最终走上了一条光明大道,不会再迷路且将永远走下去。"①

明确地或隐含地,20世纪的社会科学家们运用其认识到的所谓的欧洲和北美的变革经验,建立起以从整体社会层面的经济发展到个体认同的精神层面的变化为主题的理论。(对第三世界国家)落后和沉睡的巨人的比喻暗示着,沿着西方化的道路模式,能够也可能发生跨越从"后发"和"未发展"到"现代化"和"发展"的门槛的演变。② 国家作为引导社会沿着进步的道路转换的主要工具的角色作用常常被当作不证自明。

在制造对第三世界国家型塑其社会能力的高度期望的能力方面,一个由国际组织和国际规范构成的网络或许比西方社会科学更为有力。在反殖民斗争结束后的多年内,许多关于国家该如何

---

① Benedetto Croce, *History of Europe in the Nineteenth Century* (London: Allen and Unwin, 1934), pp. 243 - 44. 另外还有 Robert A. Nisbet, *History of the Idea of Progress* (New York: Basic Books, 1980)。
② 在跨越这个历史性门槛的概念方面,参见 Leonard Binder, "Crises of Political Development," in Binder, James S. Coleman, Joseph La Palombara, Lucian W. Pye, Sidney Verba, and Myron Weiner, *Crises and Sequence in Political Development* (Princeton, N. J.: Princeton University Press, 1971), pp. 3 - 17; 以及 Lerner, *Passing of Traditional Society*。

改造其社会的广泛的目标被谨慎地提出来,这些众多的社会转型的目标成为国际组织——尤其是联合国——的教义。社会变迁的计划及国家在其中应起的作用不仅是被全世界广泛持有的信念和希望;还同样是正统的国际组织的书面规范。联合国宪章开宗明义,提出转型的基本要求——"促进社会进步和更大自由的生活的更佳标准",并以此为基础在这一全球组织的各机构和大会上发展出了一系列详细目标。

由联合国大会于1948年通过的世界人权宣言,尤其是其支持的社会经济权利,在引起众多关于国家目标的指导原则的争论方面起了特别重要的作用。许多第三世界国家的独立宣言中都引用并强调联合国宪章和人权宣言。而早期的独立宣言,如墨西哥的独立宣言,则强调同其以前殖民统治者的关系及其正式宪法;稍晚的国家如印度和以色列,同样强调社会经济公正和"发展"。[①]

即使在人权宣言之后的令人迷惑的战后年代,所谓的联合国系统还是继续无休止地为各国建立详细的国际规范。举例来说,20世纪60年代和70年代都被指定为"联合国发展十年",重点强调国家在推动国家经济增长中的作用。通过联合国开发计划署(UNDP)和粮农组织(FAO)等机构,这一全球组织明确了其目标:通过众多的国家项目确保更高的生活标准。

可以这么说,联合国将当今世界变化的一个矛盾观点神圣化

[①] 如1821年8月24日签署于科尔多瓦的西班牙和墨西哥武装和平条约、1950年1月26日的印度宪法和1948年5月14日的以色列国独立宣言等。以上资料以及更多的文件收录于 Albert P. Blaustein, Jay Sigler, and Benjamin R. Beede, *Independence Documents of the World* (Dobbs Ferry, N.Y: Oceana, 1977)。

了。一方面，它通过把现代国家这一在人类历史中只存在了很短时间的政治形态神圣化（inviolable）而将现状神圣化（hallowed）。国家是联合国的组成部分，而联合国又反过来努力保护其成员国不受侵略。而同时，联合国努力推行一系列综合性的计划，试图通过国家推行的经济社会项目来改变现状。然而却很少有人考虑到下面几个基本情况：改变一个领域而同时不影响另一个领域几乎是不可能的，以及社会经济变革会带来国内和国际不稳定。人们都简单地假设全世界人民会广泛接受联合国制定的目标和计划。而实际上，依附于可靠而真实的社会习俗获取安全的、未被同化的少数民族或弱势的农民和工人，反抗国家制定的政策的情况却很多。许多社会群体把国家能力的扩张视为对他们收入、自主性乃至生命的威胁。伊拉克、伊朗和土耳其的库尔德人以前的经历，就给一些社会群体一个深刻的教训：阻止国家承担其他人认为国家理应承担的职责。

联合国对国家机构领导人们的规范和目标的详细叙述，却是一个更为漫长的关于国家该拥有何种能力的国际规范的变化过程。从15世纪到17世纪现代国家体系形成之初，国际规范已经开始转向接受以下公理：国家**应该**为每个社会提供主要的（如果不是所有的）游戏规则。这些游戏规则不仅仅限于广义的宪法原则；还包含成文不成文、国家官员宣称他们将运用暴力手段来实施的法律、规制、法令，等等。这些规则无所不包，从要求做到按合同办事，到汽车靠右行驶，再到按时支付赡养费。规则还涉及财产权的一系列规定、人们各种行为的合适边界的详细规定。

毫无疑问，当今的国家领导者们在用词上已经开始接受国家应该提供此类规则的公理。事实上,如波齐(Gianfranco Poggi)所主张的那样:"我们可以将整个国家视为**合法**组成的制定、运用并实施法律的一套机构。"①对于许多国家领导者而言,他们所热切盼望的这些规则都被打上了"现代性"这一含糊不清的术语的烙印。1965年,布莱克(C. E. Black)将115个第三世界国家和地区中的91个国家归为已开始"现代化领导权",其第一个标准就是"政治领导者宣称其从事现代化事业的决心"②。譬如说,布莱克把墨西哥巩固这类领导权的时间定在1867—1910年;印度,1919—1947年;以色列,1920—1948年;埃及,1922—1952年;塞拉利昂则从1961年开始。即使在那些少数拒绝把"现代性"作为新规则的特征的国家,如革命后的伊朗,国家应该提供一套规则的目标还是被热切地信奉。

第三世界国家领导者们的定期论坛也再三重申他们将带来深刻社会变革的目标。1955年在万隆召开的亚非会议的最后公报仅仅是简单提到"促进经济发展的紧迫性",但1962年的发展中国家开罗宣言却对需要动员的资源(包括人力资源)作了详细的说明:制定并实施"国家发展计划",促进经济发展,处理人口问题,推动农业改革,培训技术人员,通过社区发展技术动员资金,等等。在日益强调努力改变贸易条款和国际经济体制的其他方面的同时,

---

① Gianfranco Poggi, The *Development of the Modern State: A Sociological Introduction* (Stanford, Calif.: Stanford University Press, 1978), p. 102.
② C. E. Black, *The Dynamics of Modernization* (New York: Harper and Row, 1966), pp. 90-4. 我本人赞同布莱克所列的亚非拉国家和地区名单,剔除日本、中国香港、南非和罗得西亚(津巴布韦的旧称)之后,这些国家和地区总数为115个。

18

国家领导者们开始对国内问题作出各种承诺。譬如,在(赞比亚首都)卢萨卡召开的不结盟国家国家和政府领导人第三次会议承诺:"促进社会公平和生产效率,提高就业率并扩展和改进教育、卫生、营养、住房和社会福利;确保发展过程中的外部因素是促进国家目标并符合国家需要的。"但所有这些宣言都没有说明这些目标该如何实现;它们假设国家在各方面拥有压倒性的能力。

国家取得强势地位的动力

今天,对于西方人而言,国家已成为日常景观之一。它的存在、它的权威、它位居幕后却制订了塑造着我们生活细节的诸多规则,都深入人心,以至于我们很难想象如果没有国家将会怎样。我们接受一个拥有强大的提取、渗透、规制和分配能力的国家——也就是强国家——的正当性。加尔布雷斯(John Kenneth Galbraith)曾这样评论当今强国家的无处不在(一些人可能称之为无所不能):"首先我们必须认识到现代国家巨大的部门的存在。在非社会主义国家中,保守主义者会认为国家规模太大而自由主义者会认为国家太小了,社会民主党或民主社会主义党则希望一个大的国家,但不管如何,所有现实的人们都同意国家还将是个庞然大物。"[1]

即使国家正处于逐步削弱其机构和功能的过程中——"去规制社会",也没人可以质疑:当市场逐步接纳这些职能的时候,需要

---

[1] John Kenneth Galbraith, *The Voice of the Poor: Essays in Economics and Political Persuasion* (Cambridge, Mass.: Harvard University Press, 1983), p. 66.

取得国家的授权。另外,如果市场中存在一些不按市场规则行事的人,国家会运用其权威强迫他们按形成于市场的合同行事。或许,内特尔(J. P. Nettle)和斯考切波①等学者们提出的早期社会科学文献对国家概念的忽略,是因为国家在我们的生活中扮演了太多的角色,以至于显得不那么引人注目。

即使是我们视为自然秩序的一部分的我们周围的河流山川等,实际上都是人类历史小片段中的人造物。当然,统一的规则——共同的法律和广泛认可的规范——这一目标并非完全是现代的创造物;我们只需以欧洲历史中城邦或非洲历史中的部落国家中的一元论为例,就能发现这种观念古已有之。我们这个时代和以前的区别是国家官员们如何将一套规则加诸如此广袤的领土、如此众多的人口,以及这一目标是如何在全球范围扩散开的。使我们这个时代区别于以前时代的是由许多国家构成的国家体系的出现。这一体系中的国家组织在广袤的领土上统治着众多的人口,而这些人则拥有高度一致的认同和道德秩序。民族国家发展成强大的国家组织及其日渐同质的社会。蒂利(Charles Tilly)曾用一些有趣的法国统计数据来说明一些国家能在多大程度上影响社会的日常生活。他计算了平均每个法国人为国家贡献税收所付出的劳动时间:在17世纪大概是每年50个小时,而到1966年则达

---

① J. P. Nettl, "The State as a Conceptual Variable," *World Politics* 20(1968): 559; Theda Skocpol, "Bringing the State Back in: Strategies of Analysis in Current Research," in Evans, Rueschemeyer, and Skocpol, eds., *Bringing the States Back In*, pp. 3 - 37.

到了650个小时,也就是说十三倍于从前。①

而欧洲之外的其他国家则将欧洲国家的这些成就定为其理想。虽然在政治社会变迁中很少有普遍性的规律,但是下面这一点却还是比较普遍的:在20世纪中期,几乎地球上每个社会的政治领导人们都以在其领土上建立一个国家机构——这一国家机构能制定一套共同的规则而统治人民的生活细节,只要它愿意,还能授权其他组织创建类似规则——为其最终目标。计划者和政策制订者们已经将此深深内化于心,以至震惊于别人不接受这一目标的事实。约翰·P.刘易斯(John P. Lewis),一个十分优秀的计划者,这样描述印度:"战略中的一个要素——政府作为加速的发展措施的首要计划者、工程师、推动者和指导者这一主张——在印度如此关键而极少争议,以至于在面对印度听众的时候根本无需提及这一点。"②我可以补充一句,即至少在面对印度计划者这群听众时是如此。

由联合国或不结盟国家领导人们制定的多种目标旨在影响这些国家对规则的选择,却忘记考虑它们制订和实施这些规则的能力。如果现在和以前有什么区别的话,就是国际环境对国家——尤其是那些有大量赤贫人口的国家——提出了更多的要求。刘易斯这样的计划者们已经将国家的积极引导和参与视为亚历山大·格申克龙(Alexander Gerschenkron)称为"后发展"而更有人称之

---

① Charles Tilly, *As Sociology Meets History* (New York: Academic Press, 1981), pp. 203-4.
② John P. Lewis, *Quiet Crisis in India: Economics Development and American Policy* (Garden City, N. Y.: Doubleday, 1964), p. 26.

为"后后发展"的非工业化社会发展的必要因素。① 国家推动工业化、提高民众营养水平、规制所有的借款,这些国家领导者们的雄心勃勃的目标都只是更大的雄心的一部分而已。

将国家(能力)视为当然的危险是:我们假设国家无论何时何地都有实现其领导者们意图的潜力或能力,而忽视了国家在不同社会中扮演的角色往往不同。17世纪的欧洲,正是国家角色发生巨大变化的时候,霍布斯、洛克等哲学家们将注意力放在了这个利维坦之上;他们明确区分了国家和社会中的其他组成部分。区分的必要性到现在丝毫没有减少;虽然建立一个能制定所有规则或至少能授权其他机构制定规则的国家机构已经成为国家领导者们的共识,但实现这一目标的能力却完全是另外一回事。政治领导者们面临着巨大的障碍来推动这一进程,而在许多国家,这一进程的进展十分有限。

不同的国家在消除反对国家取得强势地位——制定或授权制定大量规定社会日常行为的成文和非成文规则——的力量的能力方面差别很大。一些国家在规定谁有行医权,初等教育的期限、内容和质量,自建房屋的详细规定,性对象,以及其他无数人类行为和关系的细节方面比其他国家更有效,这并非是因为有的国家的领导人有意地使国家更少涉入各种事务。虽然国家领导者们在对他们的国家要做什么的公开声明上差别很大,但没有一个国家,如

---

① Alexander Gerschenkron, *Economic Backwardness in Historical Perspective: A Book of Essays* (Cambridge, Mass.: Harvard University Press, 1962); and Albert O. Hirschman, "The Political Economy of Import-Substituting Industrialization in Latin American," *The Quarterly Journal of Economics* 82(1968): 2-32.

果其财政收入不及 GDP 的四分之一的话,能顺利实施其政策(参见附录1)。冈纳·缪尔达尔(Gunner Myrdal)认为"软国家"是那些"政府对其公民要求得非常之少"和"根本不存在或者是缺乏公民义务"的国家。① 即使20多年前当缪尔达尔写下这些话的时候是如此(当然我不这么认为),今天所有的国家对其公民提出了更多要求,但在许多情况下,其实施却是远远不够的。

要理解不同时空下国家能力的差异,我们必须对国家有更深刻的理解,而不是仅仅满足于国家是一个政治组织、是在特定疆域内政府的基础这一概念界定。国家间的差异与国家领导者们为之奋斗的"国家性"(stateness)的几个特定属性高度相关。② 首先,国家领导者们通过掌握正规军和警察部队、消灭非国家控制的军队、民兵和强盗而垄断其社会中的主要暴力手段。③ 其次,通过相对于国内和外部势力的国家自主性,国家官员们力图按自身的偏好行事,制订能重塑、忽略或绕开即使是最强大的社会行为者偏好的政策。第三,国家领导者们力图使其机构高度分化,从而使得无数的机构都专注于治理其民众生活细节的各种专门化的、复杂的任务。

---

① Gunna Myrdal, *Asian Drama: An Inquiry into the Poverty of Nations*, vol. 2 (New York: Twentieth Century Fund, 1968), p. 896.
② 内特尔在"The State as a Conceptual Variable"一文中介绍了"多样性"的概念或者称其为"国家性的程度"。我认为他在拒绝这个概念时过于偏激,至少这个概念在某些实体中是完全合适的,如美国和英国的某些实体。阿尔弗雷德·斯蒂芬(Alfred Stepan)在他的杰作中介绍了在公民社会中国家结构的相关程度问题,见 *The States and Society: Peru in Comparative Perspective* (Princeton, N.J.: Princeton University Press, 1978, pp. xii-xiii)。
③ 韦伯强调了"合法使用暴力的特权",参见 H. H. Gerth and C. Wright Mills, *From Max Weber* (New York: Oxford University Press, 1958), pp. 78,334。

第四,国家的建造者们希望这些机构相互间能很好地协调,从而使国家的不同机构间有凝聚力、不同机构工作的人们有共同的目标。视国家能力为生而有之的观点,隐蔽地包含着这样一个假设:所有的统治权威在所有这四个方面差异很小。① 实际上却并非如此。

简而言之,我赞同韦伯的观点,给国家下一个理想型定义:国家是这样一个机构,它由许多为国家领导层(行政权威)所领导和协调的机构组成,拥有在特定疆域内制订和执行对所有民众有约束力的规则的能力或权威,同时也是其他社会组织制订规则的限制因素。在必要的时候,可诉诸武力来实现这一目标。② 我们还必须牢记真实的国家在和这一理想型相比时,相互间的差异是很大的。正如奥托·欣茨(Otto Hintze)所说,从欧洲的第一个君主国

---

① 关于这一点以及"无组织社区"的功能表现,请参见韦伯关于国家的讨论(Max Rheinstein, ed., *Max Weber on Law and Economy and Society*)。有一部分马克思主义著作在对国家能力的多样性的理解上不够准确。比如阿拉韦(Hamze Alavi)尚未区分殖民国家,就简单地推断这些国家都拥有调节能力和相对的自治权。他的一部分问题在于错误地假定了官僚-军队寡头政体的统一性。他认为,这些寡头政体是有力量的,因为这些国家中缺乏其他能够控制国家的阶级,并且国家在经济活动中扮演了积极的角色[Hamze Alavi, "The State in Post-Colonial Societies: Pakistan and Bangladesh," *New Left Review* (July—August 1972): 59 - 81, esp. pp. 62,64,72]。敏锐的马克思主义者罗伯特·布伦纳(Robert Brenner),看来也陷入了相同的困境中。他反对根据国家的强势和弱势来从量上区别看待国家,认为应该从阶级结构上来看待国家。此种"质的"观点的主要问题在于它的前提假设是每个国家都能够推行强化由社会特定阶级结构所决定的生产方式的政策。他没有看到以下可能性,即国家并不是简单的社会统治阶级意志的表达,或者从反面来讲,整个阶级关系的问题也许远远超出了国家的影响力[Robert Brenner, "The Origins of Capitalist Development: A Critique of Neo-Smithonian Marxism," *New Left Review* (August 1977): 63 - 6]。

② 参见 Max Weber, *The Theory of Social and Economic Organization*, ed. Talcott Parsons(New York: Free Press,1964), p. 156。

成立以来,国家制订规则的权力始终存在许多严格的限制。①

当我们说国家是一个组织时,我们指的是一个单一的组织——就像我们谈论通用汽车这样的组织一样。虽然将国家视为其社会环境中的一个实体(正如我们在本章稍后部分所做的那样)有其重要分析功用,但将国家视为一个完全由单个领导人意志所引导的组织同样存在危险。当国家内聚力很低的时候,将国家领导权或行政权威等同于国家,或者在分析国家时不顾及国家内聚力,都会在某些环境下造成误导。在本章对国家的单一性概念进行启发式的介绍之后,我将在后文,尤其是第三部分,阐释一个关于真实国家的更复杂的观点,强调国家内部存在的紧张关系、内部的分立,以及这些因素如何影响国家与社会关系。

为何从16世纪开始,国家机构寻求支配地位,制订或授权制订所有规则,以及提高国家象征性地位变得如此重要?毕竟,中央政治组织从未在任何地点、任何时间扮演过这样一个积极的、雄心勃勃的角色。对于国家领导人而言,这一点不言自明:持续地攻击既有的规则制订方式是很危险的,因为这可能削弱国家能力,甚而推翻国家——至少是其领导人。被放逐的伊朗国王穆罕默德·巴列维(Mohammad Pahlavi)很有后知之明,他这样说道:

> 巴扎(bazaars,街市)是中东地区主要的社会和商业机构,但在我的信念中它却是过时之物……巴扎是一种疯狂的赌

---

① Otto Hintze, "The Preconditions of Representative Government in the Context of World History," in Felix Gilbert, ed., *The Historical Essays of Otto Hintze* (New York: Oxford University Press, 1975).

博,因为它们提供了有利可图的垄断地位,而极力抵制变革。我必须不停地建立超市,因为我想建立一个现代国家。取消巴扎是我的现代化努力过程中最典型的政治和社会风险。①

伊朗国王发现他的远大抱负使得他最终倒台。但为何是首先要强制建立超市呢,国家领导者们改变广泛而深入的规则——无论被称为现代化还是其他术语——的强烈欲望又有什么样的历史根源呢?

答案需要从国家所处的广泛的环境中寻求。对国家及其领导者们生存的威胁不仅仅来自其社会内部的各种群体,在最近半个世纪的世界体系中,国家的积极性产生的背景独具特色。国家在国内扮演的角色和有效性与其在国家体系中所处的地位高度相关。

当国家进入历史舞台开始摸爬滚打时,它并非处于孤立状态。② 它和十几个类似的政治体共同出现,一起构成一个新的国家体系。它们之所以构成一个体系,是因为一旦其中一个国家的"国家性"有所提高,由于忧心忡忡的领导者们对其邻国的提防,其他国家必将发生变化。从四五百年前国家在西北欧出现并形成一个国家体系之后,它们不但互相威胁,还危及所有其他各种已有的——无论是其国内地方性的,还是其边界之外的——政治组织。国家在为战争或其他目的动员和组织资源方面所具备的巨大优

---

① Mohammad Pahlavi, *Answer to History* (New York: Stein and Day, 1980), p. 156.
② 正如奥托·欣茨所指出的,这个看似显而易见的观点常常会在分析中被遗漏。"The Formation of States and Constitutional Development: A Study in History and Politics," in *The Historical Essays of Otto Hintze*, pp. 159 ff.

势,使得其他政治组织的生存面临困境。迫使国家领导者们在冒各种风险的情况下,努力扩张其疆域内延伸规则制订权的首要动机,就是形成足够的能力来应付来自其境外的国家体系的威胁。①

国家日益增强的制订社会规则的能力是如何提高国家在国际舞台上的期望值的呢？国家生存的能力取决于一系列要素,包括其领导者们的组织能力、人口规模、潜在的可获得的物质和人力资源,以及当时的更大的国际格局。可能这些要素里面最重要的是动员社会全体人员的能力。② 动员包含将人员纳入特定的组织框架,从而使国家领导者们能建立更强大的军队、征集更多的税收（对于维持军队来说尤其重要）,以及完成任何其他复杂任务。③ 库格勒和多姆克(Kugler and Domke)认为:"全球体系中权力的基础是国家和社会间的关系。政府通过为国家行动动员人力和物质资

---

① 关于这一主题变化的主要著作,见 Perry Anderson, *Lineages of Absolutist State* (London:NLB,1974)和 Theda Skocpol, *States and Social Revolutions*(Cambridge: Cambridge University Press, 1979)。
② 克拉斯纳十分恰当地论述了此点。一个国家在对外关系上的强大依赖于其与自身社会的关系的强大。见 Stephen D. Krasner, "Domestic Constraints on International Economic Leverage," in Klaus Knorr and Frank N. Trager, eds., *Economic Issues and National Security*(Lawrenec, Kan.:Regents Press of Kansas, 1977)。实际上,国家在两个领域发挥作用,国内社会控制并不能完全和马上表现为国家的强大。毫无疑问,对实现国家间强力来说,社会控制若非充分条件,也是必要条件。另见 Barbara Haskel, "Access to Society: A Neglected Dimension of State Power," *International Organization* 34 (Winter 1980):89-120。哈斯克尔把国家的控制与外来者获得接近社会的途径和阻挠国家及其政策的能力联系在了一起。
③ 内特尔写道,政治动员"是社会中认同和支持的集体性和结构性表达。这种表达可能通过政党或者准政党——利益集团、运动等链接良好的结构之类的形式表达出来"[J. P. Nettle, *Political Mobilization: A Sociological Analysis of Methods and Concepts* (New York: Basic Books, 1967), p.123]。

源而获得政治影响力的各种工具。"①

毫不奇怪,欧洲第一批现代国家的成长包含着建立国家的三大触手——一支常备军、一个大幅改善的征税机构,以及扩张的一套法院体系。通过扩张法院体系而在碎片化的习惯法或封地法盛行的地方灌输国家法,是引导民众按照国家领导者们而非地方封建主或其他人的意愿行事的关键;换而言之,法院和警察以及其他从事法院相关工作的人一道,是把社会控制转移到国家手中的关键。改进了的征税体系使得国家有能力扩张机构,这就包括法院和标准化军队。军队则反过来为征税和法院判决提供了必要的支持。

国家的社会控制意味着:民众社会行为的自身意愿、其他社会组织所寻求的行为都符合国家规则的要求。社会控制是权力,或更精确地说是迈克尔·曼所谓的基础性权力。② 国家增长的权力

---

① Jacek Kugler and William Domke, "Comparing the Strength of Nations," *Comparative Political Studies* 19(April 1986):40.

② Michael Mann,"The Autonomous Power of the State: Its Origins, Mechanisms and Results," *Archives Europeenes de Sociologie* 25(1984):189. 我避免使用权力的概念,主要原因是我把社会控制仅仅视为基础性权力。我不想把这概念和迈克尔·曼所指的专制性权力——精英不需要与市民社会进行程序性和制度性协商就能采取强力实现的行为界限——混淆起来。在曼的例子中,红桃皇后拥有随意发出"砍掉他的脑袋"的命令并实现自己意志的专制性权力——如果他们同时还拥有发现冒犯者的基础性权力的话。社会控制(或者基础性权力)"显示国家通过其自身基础性设施(和组织)渗透并协调公民社会行为的权力"(p.190)。"社会控制"这一术语本身是由涂尔干和其他人在古典社会学中使用的,指的是社会层面上的组织和规制——这也是社会秩序的基础。这也是我使用这一术语所承袭的渊源,而非近期的社会心理学的传统——它们是非历史的、非政治的且强调社会化。参见 Stanley Cohen and Andrew Scull, "Introduction: Social Control in History and Sociology," in Cohen and Scull eds., *Social Control and the State* (New York: St. Martin's Press, 1983), pp.5-6.

包含并基于国家增长的社会控制。只有在法院统治区域得到扩张从而使得国家的社会控制不断增长的情况下,才使得动员民众为一支标准化军队和其他任务提供人力和财政成为可能。简而言之,最早的(现代)国家之所以能在其社会中取得强势地位,要归功于它们在新的国家体系中的互动。让民众服从国家的而非地方性的领地、宗族或任何其他组织的规则,主要的动力来自政治领导者们寻求自身生存的动机,而非对高高在上的普遍正义和社会应该怎样的理念的追求。因为在社会中建立国家的社会控制对国家在国际舞台上拥有不断增长的能力至关重要,因此此类动力总是存在。动员民众进入纪律严明的常备军或其他国家机构能增加社会控制——亦即使民众服从国家规则的新能力。此类动员能为相互纷争的政治体之间的生存斗争提供必要的人力和物力机制。[1] 它将使得政治体具备强大的、超乎想象的力量。在核武器于很多年后进入战争之前,新国家是重要的政治社会组织。

即使在欧洲国家间高度竞争的时期,一些弱国还是能通过各种努力来利用权力平衡的各种机会,而这又造成了"一些军事小国能安居的角落或缝隙"。汤因比(Arnold J. Toynbee)很形象地这么形容:"周边竞争中的大国将独立赐给了这些无力争取和保持独立的'俾格米人'。"[2]"二战"后两极对立的国际政治体系使得那些无力在其社会中取得强势地位的国家得到历史上最好的机会以保

---

[1] V. G. Kiernan, "State and Nations in Western Europe," *Past and Present* 31 (July 1965):20-38.
[2] Arnold J. Toynbee, *A Study of History*, vol. 9 (London: Oxford University Press, 1954), p. 240.

在这些角落和缝隙里。① 然而,我们不能忽略20世纪70年代,埃塞俄比亚和伊朗的旧制度崩溃之际,邻近的索马里和伊拉克利用其国家-社会控制薄弱的机会,发动战争以实现其以前的领土要求。国家内部的脆弱继续成为吸引外部入侵的罪魁祸首。作为在其疆域内拥有社会控制最少的国家之一,黎巴嫩在20世纪70年代和80年代成为三支非黎巴嫩军队的战场,另外还有成群的非政府武装、帮派、国际和多国部队在此纵横驰骋。扩展国家社会控制的冲动——譬如建立超级市场,源自世界体系中最接近霍布斯的状态,如前文所述,又在最近一个世代,因为一套广为接受的观念——尤其是联合国系统和其他组织所假设的国家具有内部专权——而进一步被强化。

国家-社会关系的模型化

国家领导者们制订了使其国家组织能压倒其社会的远大目标。他们建立了众多的国家机构,将无数触角伸向社会。而同时,我们看到,记者、社会科学家、规划者们在第三世界国家取得强势地位的能力方面意见不一。在地方层面,许多国家在推进拟意中的变革时困难重重,有的甚至是无能为力。我们应该如何理解这一理想和现实之间的巨大落差呢?

要理解这一差距,首先要求我们采取一种将注意力集中在抵

---

① 一个稍有不同的解释,见 Robert H. Jackson and Carl G. Rosberg, "Why Africa's Weak States Persist: The Empirical and the Juridical in Statehood," *World Politics* 35 (October 1982): 1–24。

制国家取得强势地位行为的原因上的分析路径。许多已有的模型都含糊其词,未能明确指出以下方面:国家无力战胜强大的抵制力量。丹尼尔·勒纳(Daniel Lerner)、沃尔特·罗斯托(Walt Rostow)和爱德华·希尔斯(Edward Shils)等社会科学家都为第三世界正在发生的变革赋予了机械降神的色彩(分别为传统-现代、增长阶段理论和中心-边缘模型)。① 希尔斯说,"历史发展或演进",都是从原始(基于血缘关系的结合)向更大地域的结合发展。假定存在这样一种引导社会从低级阶段向高级阶段,或从传统模式向现代模式的转变的强大动力,使得学者们无需仔细研究这些抵抗力量,而这些力量实际上却可能使它们在转变的过程中掉队。他们往往认为这种抵制力是支离破碎、影响不大的。

那么,什么样的模型能将注意力集中在那些经常顽强地阻碍国家实现其雄心却又无法被轻易消除的要素,以及那些支持国家宏伟计划的要素上呢?这样的路径必须始于分析一个社会中游戏规则是如何制订并得以维持的,并将注意力集中在所有行使社会控制的社会组织之上。② 正式和非正式组织是人们进行结构性、规则性互动的环境。这些林林总总的组织包含小规模的家庭、邻里

---

① Daniel Lerner, *The Passing of Traditional Society*; W. W. Rostow, *The Stages of Economic Growth: A Non-Communist Manifesto* (Cambridge: Cambridge University Press, 1960); Edward Shils, *Center and Periphery* (Chicago: University of Chicago Press, 1975).
② 戴维·A. 鲍德温(David A. Baldwin)在分析"权力"和使他人服从某人设定的规则的能力时,指的是"A 使得 B 去做 B 原本不想做的事情的一种情境"。David A. Baldwin, "Power Analysis and World Politics: New Trends versus Old Tendencies," *World Politics* 31 (January 1979): 162–63. 鲍德温提出分析这些概念的范围和领域的重要性。领域指的是谁影响谁,也是本书后文分析的核心所在。

关系,乃至庞大的外国公司。这些组织,无论是宗族、俱乐部,还是社区,都有自己的一套奖励、惩罚和符号体系,来引导人们按照某些特定的规则或规范行事、互动,范围涉及父子之间、雇主和劳动者之间、地主和佃户之间、牧师和教民之间,等等。这些规则可能涉及几岁参军、种植哪种庄稼、说何种语言,等等。

任何国家中的人民,尤其是农民、工人和其他弱势群体,都对他们周围的社会组织的各项规定十分敏感。毕竟,这些组织经常被那些能砸人饭碗的人——那些决定生产什么、如何分配的人,以及那些能提供有组织的武力防卫的人——所支配。对(各种)社会组织提供的(取得他人服从的)激励的仔细权衡,对于取得个人社会流动,有时甚至是确保个人生存,是必需的。弗里德里希·希尔(Friedrich Heer)讲述了14、15世纪欧洲农民对此类动机的权衡。他记录了农民深陷其中的冲突性的拉力和反拉力。国家的"良好的旧法"(实际上是最近的法)允诺农民在社会中享有新地位,但对绝对贫困、在法律前无力申辩、失去土地的害怕,都使得农民在背离那些反对国家推广实施法律的势力时犹豫不决。①

农民和工人权衡的激励包含诸如谋生手段、不受被掠夺之苦、老有所养等奖赏,也包含诸如暴力、取消社会地位和被放逐等惩罚。这些使得人们遵循一套详细阐释的规则和规范的激励,不仅仅包含奖赏、威胁和惩罚。这些各色的奖赏和惩罚并非是断续的、个别的,而是被那些将社会控制视为对人们产生尽可能多的吸引

---

① Friedrich Heer, *The Medieval World: Europe 1100—1350* (New York: New American Library, 1962), p.51.

或强迫力的人们所打包并组合了的。当然,这些组合是基于物质需求的,但同样在满足这些需求时赋予了人们的行为以意义。关于社会行为的自觉旨在以某种有意义或有目的的方式将各种行动联系起来,使行为的意义超越行为本身。这些意义体系或符号构造,无论是意识形态、价值还是其他什么,使得世界成为可控,否则将会是危险而难以渗透的。它们强调诸如拯救、友情和尊重等渴望和需要。威廉·H.麦克尼尔(William H. McNeill)将这些符号构造视为神话(myth,迷思):

> 神话是人类社会的基础。这主要是因为神话是关于世界及其组成部分,尤其是民族和其他人类内集团(in-group)的一般性陈述,这些都被认为是真实的并因此在环境需要的情况下依此行事。神话是人类本能的替代物,是特有的、标志性的人类共同行动的方式。一群缺乏足够的通过教育或非正式的文化适应而形成的相关的共识性协议的人,很快会发现自身深陷困境,因为缺乏可信的神话,一致的公共行为变得难以为继或根本就无法提供。①

符号构造(symbolic configurations)因此而和奖赏密切联系起来了。它们将一个超越性目标融入了外人看来是生存所需的世俗行为之中。试图区分农民是按强调符号构造的"道义经济"行事,抑或是只受物质需求驱动的"理性人",是徒劳无益的;因为这无视物质和道德的结合。和符号构造一道,各种奖惩的组合决定了一

---

① William H. McNeill, "The Care and Repair of Public Myth," *Foreign Affairs* 61 (Fall 1982):1.

个社会中社会控制的主要形式；随着时间流逝，它们构成了不同人群的社会控制的各自独特的制度安排，并区分不同的文化。

所有人都将符号和解决诸如食物、住房等等世俗需要的机会结合起来，形成自己的生存策略——身处霍布斯自然状态悬崖边上的世界时，行动和信念的蓝图。这种策略提供的不只是个人生存的基础，还连接了个体认同、自利行为（个体政治经济）和群体认同、集体行动（社区道义经济）。

在缝合各种生存策略时，人们借助神话或符号来解释自身的现状和前景，如果没有神话，这个世界将是令人困惑的。他们的策略基于有形的基础；他们提供诸如工作、房屋和保护等物质需求和渴求。这些生存策略，由奖赏、惩罚和符号结合而成，是引导人们走出日常生活迷宫、确保其生存，有时甚至指引其向上（社会）流动的路标。

个人生存策略的构成部分受到可获得资源、观念和组织手段的严格限制。即使每个人都能自主构建自身的生存策略，现存的资源和对获取资源的途径的控制限制了该地区可供选择的策略的范围。社会控制依赖于为个人的生存策略提供关键要素的组织性能力。多数此类策略都和现存的、被接受的行为模式和信念相一致，从而强化了特有的社会控制形式。然而，有时策略的构成部分会同流行的规范和社会控制模式相抵触，而提出新的社会生活方式。

在大部分人类历史中，在今天我们称之为单一国家的区域里，曾存在过无数的生存策略。同一疆域里曾存在众多不同的游戏规则——每个部落、每个宗教都有各自不同的规则。社会控制并非整齐划一,而经常是高度碎片化的。近代史的中央政治和社会舞台上展现的是国家和与其结盟的组织(经常是一个特定的社会阶级)反对其他社会组织的斗争,从而改变社会图景。虽然国家领导者们希望在其边界之内取得最终一致的社会控制,但各色的其他社会组织的头脑们却拼命争斗,以维持他们的特权。

在亚洲和非洲的一些地方,这场戏始于殖民时期。譬如说,在印度,争夺社会控制的斗争在英国改造地方治安的新方式时集中体现出来了。"其他伟大帝国——孔雀王朝、笈多王朝和莫卧儿王朝——都试图建立同自主村庄的联系,但没有尝试重建治安秩序。帝国组织的具体结构和机构名称随帝国的变迁而变化,但传统的警察体系却默默地保持了下来。"[1]相反,英国警察却公开挑战村庄的自治权及其维持自身治安规则的权利和能力。从1861年警察法案颁布到独立后的时期,国家试图找到适合自己的治安结构和功能。

更多更为激烈的斗争在后殖民主义时期的许多社会中发生,其范围远远超出了治安问题。这场全面的遭遇战涉及采纳何种策略、谁有权制订规则、谁有权决定使用社会中的资产和资源的财产权等各个方面。这场争夺社会控制的斗争必须在我们问"为何某些国家能成功地取得强势地位而其他国家则不能"这个问题之前,就得到彻底的解释。

此处,模型将社会描述成一个社会组织的大杂烩,而非以往分

---

[1] David H. Bayley, *The Police and Political Development in India* (Princeton, N. J.: Princeton University Press), p. 38.

析社会宏观变迁常用的两分法(如:中心-边缘、传统-现代、大传统-小传统)。大杂烩的比喻传达了模型的两个面向:首先,在社会中实际运行社会控制的群体可能在它们的形式(譬如一个小家庭和蔓生的部落组织)和它们运用的规则(譬如基于个人忠诚和基于利润最大化)两方面都是不同的。其次,社会控制可能分布于众多相当自主的群体中,而非大量集中于国家。换言之,大量权威可能高度分布于社会,但权威的运行却可能是碎片化的。在这个大杂烩中,国家仅仅是其中之一。各种组织——国家、种族群体、特定社会阶级的组织、村庄,以及任何施加游戏规则的群体、组织——单独或和其他组织一道,为个人提供生存策略的各种组成要素。个人拼凑起来的实际策略都是基于物质激励、暴力组织施加的威胁和实际负担,以及各种组织所操控的社会生活该如何安排的符号、观念。

当然,也有国家战胜其他社会组织的顽强抵抗并取得强势地位的例子。在这些例子中,国家可能像极权主义国家一样制订并实施社会中几乎所有规则;或者国家像自由民主国家一样,选择性地将一些权威授予其他机制,如市场和教会。国家及其统治的这些组织的规则和规范暗示人们该如何行事以维持或提高他们的社会地位。然而,还存在这样的社会,其中社会组织之间相互冲突,提倡不同的游戏规则。它们在诸如什么是正确的人类行为、社会该如何构造这些基本问题上各执己见。此时,社会组织的大杂烩陷于一个冲突的环境,各组织为取得对民众的社会控制而积极斗争。①

---

① 关于"冲突群体"和"冲突组织",见 Eric A. Nordlinger, *Conflict Regulation in Divided Societies*, Occasional Paper No. 29 (Cambridge, Mass.: Center for International Affairs, Harvard University, January 1972), p. 7。

此处，个人必须从竞争的要素中有所选择，来构建自己的生存策略；当面临竞争的惩罚时，这些选择变得十分困难。

国家同样成了这个冲突环境的一部分。譬如说，在塞内加尔，内政部长西塞·迪亚(Interior Cisse Dia)这样描述国家和一个持不同游戏规则的组织之间的冲突："部族是塞内加尔的不幸，它已伴随我们多年。虽然经常受到政党的谴责，但其力量却在不断长。"①这些部落不再是以前的那些部落，不再基于血缘、共同的祖宗或共享一种禁忌，这些并不重要；重要的是塞内加尔面临的政治竞争，正如这位部长所说的那样，"部族间狂热地冲突，有时甚至是武装冲突"，这种冲突并未得到国家规则的许可，而是在不同于国家所提倡的规则下运作。②

在此类例子中，政治领导者们未能通过改变规则并使得这些规则被广泛接受而取得强势地位，但这些政治领导者们却接受了**国家应该**取得强势地位的目标这样的观念。国家的斗争可能涉及多个方面：和家庭争夺教育和社会化的规则，和种族群体争夺领土，和宗教组织争夺认可婚姻的权力。譬如，土耳其的穆斯塔法·凯末尔(Mustafa Kemal)就男人到底该戴有边帽还是没边帽而斗争。和其他许多小冲突一样，这并不像一开始时那样显得没有成果。实际上，冲突最终以谁最终取得在社会中制订规则的权力和能力而告终。社会是个大杂烩的模型，通过将这些事件置于一个

---

① 引自 Donald B. Gruise O'Brien, *Saints and Politicians*: *Essays in the Organization of a Senegalese Peasant Society* (Cambridge: Cambridge University Press, 1975), p. 149。
② 前引书。

冲突环境的背景下,而赋予了这些事件以重要性。

或许是因为在西方,国家在制订与授权公共事务和私人生活相关的规则时起着重要作用这一事实已被视为当然,许多社会科学家都忽视了新国家-社会中严重的斗争。实际上,在我阅读的社会科学文献中,作为一个群体,只有法律人类学家注意到了社会中存在众多的规则体系。譬如,利奥波德·波斯皮西尔(Leopold Pospisil)深刻地指出:

> 在我们所处的西方文明中,我们习惯性地视国家法律为最重要者,几乎是个人寻求保护及其行为遵循的最高标准。只有在这基本一致性的框架下,我们才设想还存在家庭、派系、协会等的附加控制。换句话说,在西方,我们假定权力中心控制着现代国家公民的大多数行为,而这一国家作为一个整体存在于社会之上。①

然而即使是法律人类学家,也很少注意到提供不同规则的组织之间的冲突。

在许多社会,国家官员们未能获得制订他们想制订的规则的权力和能力。家庭和宗族会让孩子们在远未达到国家法律规定的最低婚龄时结婚。地主和店主们可能会以不同于国家规定的利率贷款。许多社会,尤其是新成立的国家社会中的主要斗争,与谁有权力和能力制订无数引导人们行为的规则有关。

---

① Leopold Pospisil, *Anthropology of Law* (New Haven: Human Relations Area Files Press, 1974), p. 115. 也见 Sally Falk Moore, *Law as Process* (London: Routledge and Kegan Paul, 1978),他论述了命令的种类和社会控制的类型。

这里,不服从并非简单是个人失范、犯罪或腐败;而是一个更为根本的冲突——社会中的哪个组织,国家还是其他组织,应该制订规则——的体现。这场斗争并非关于具体哪条国家法律应该得到执行、国家法律或宪法该如何阐释;这些问题最终是立法机构和法院等国家组织内部解决的问题。相反,这些斗争更为基础,超出了边缘的失范、社会中现有政治组织扮演的正式角色的范围,而关乎国家是否有能力取代或支配其他制订违反国家领导们意愿和目标的规则的组织——家庭、宗族、跨国企业、国内企业、部落、庇护双方。

现有的阐释第三世界社会政治变迁的分析路径要么不重视冲突(譬如多数的"现代化"理论),要么忽略这些特定类型的冲突,而这些冲突只是在很少情况下才是基于阶级的(譬如许多马克思主义文献),或者无视国内社会动力的重要性(如依附论和世界体系论)。强调这些社会内部的斗争,国家和诸如宗族、部落、语言群体等等其他社会组织之间的斗争,将为我们提供理解社会政治变迁过程的新的洞察力。国家领导者们借助国家,通过将各种规则自动结合起来而寻求强势地位这一目标,将国家推向和其他社会组织争夺谁有权力和能力制订这些规则的斗争之中。

国家领导者们取得国家强势地位的努力并非必然能成功。在未能取得强势地位的情况下,国家并未简单地消失,也没有继续进行这场代价高昂的和那些在这一领域或那一领域、这一地域或那一地域有效制订社会规则的组织之间的斗争。国家和社会中其他强大的组织间的妥协导致了最微妙且令人着迷的政治变迁或政治惰性模式;而这些妥协并不能由现有的宏观社会政治变迁的理论或模型推断出来。

国家获取强势地位的愿望能否占上风,国家与其他组织的相互妥协,以及在每个需要达成的妥协中尽量达成最有利的交易的办法,都是第三世界社会中的**真实政治**;而且,这种政治往往发生在远离首都的地方。这些过程有助于我们描绘出一幅更清晰的国家及国家真实能力的图像。在本书最后一章,我们将更深入地观察这些妥协。但此处更重要的是,强调国家领导者追求国家强势地位——他们追求无可争议的社会控制——的内驱力在许多国家并未能持续,因为顽强的、有弹性的组织在这些社会中广泛散布着。

社会控制是在一个冲突环境中,一个组织与另一个组织斗争的资本。当有着高度社会控制力的时候,国家能动员其民众,有效地攫取社会剩余,并获取对抗外敌的强大力量。对内来说,国家工作人员能够摆脱各种社会组织的影响,获得按自身偏好来决定社会该采用什么规则的自主性;他们能建立复杂的、协调良好的官僚机构来实现这些偏好;他们还能垄断社会中对暴力的使用,以确保其他社会群体无力阻挡实施国家统治的行为。社会控制的增长由如下三个指标反映:

服从。在最基本的层面,国家的力量存在于从其国民身上获得对其命令的遵从。服从最初往往得自最基本的制裁——武力——的运用。谁控制了地方警察力量,是了解社会控制如何分布要问的第一个问题。对广泛的其他资源和服务的分布的控制同样决定了国家能获取多大程度的服从。

参与。国家领导者寻求的不只是服从;他们还寻求通过组织民众进入国家机构的制度性组成部分,完成各种特定任务,从而强化国家能力。从实践层面上说,国家可能希望农民将其产品卖给国家,或者去国家许可的卫生部门而非非法行医者处看病。参与指对国家运营的或国家授权的机构的重复自愿运用和行为。

合法性。构成国家力量的最有力的因素——合法性——比服从和参与含义更丰富。它指的是对国家制订的游戏规则、社会控制的接受乃至认可,将其视为正确和真实。正如波齐在其书中所写的那样,国家领导者希望"公民不是出于非理性的习惯或对个人利益的计算,而是确信服从的正确性,而服从国家权威的"[1]。服从和参与可能起因于公民对面临的奖赏与惩罚的个人计算,而合法性则包含对包含了奖赏与惩罚组合的国家的象征性结构的接受。它标志着民众通过接受国家神话而达到的对国家所欲求的社会秩序的承认。

一个冲突环境中的国家组织的力量在很大程度上依赖于其掌握的社会控制。对一个国家领导者而言,越多的手段——服从、参与和合法性,意味着更多实现国家目标的社会控制。一个冲突环境中的很多其他社会组织的领导者并不持有如下信念:国家应该在整个社会中占据强势地位,并因此而拼命地寻求社会控制。他们同样运用这些手段,服从、参与和合法性,来保护和加强他们的领地。在这些领地里,他们也寻求决定社会生活应遵循怎样的秩序、游戏规则该是如何。在附录一中,我讨论了各种用来和可被用来估价、衡量社会控制的方法。

---

[1] Poggi, *The Development of Modern State*, p. 101.

国家与网状社会

在第三世界的一些地区,国家领导者无力取得国家对社会的强势地位的现象令人惊奇。本书的一个核心论题是:国家的能力(或者缺乏能力),尤其是其实行其社会政策、动员公众的能力,和社会结构十分相关。国家领导人在追求国家强势地位时,面对来自酋长、地主、老板、富农、部落首领(za'im, effendis, aghas, caciques, kulaks,方便起见,本书统一称之为"强人")通过其各种社会组织的抵制形成的难以逾越的障碍时,往往显得无能为力。

如果我们不首先理解社会结构——国家仅仅是其组成部分——的话,我们将无法理解第三世界国家的国家能力。在那些国家领导人追求国家强势地位时面临巨大障碍的国家中,社会环境中持续存在国家和其他社会组织争夺社会生活该如何组织的结构性冲突。实际上,这是一个冲突的环境。格林德尔(Grindle)引用一个墨西哥政府官员对这种环境的描述说:"在墨西哥,走出去和农民见面往往是一件危险的事。这吓倒了很多人。在许多偏远地区,即使对于政党来说,酋长往往被看作攻不破的力量。"[1]

即使在这种情况下,国家的影响也不应被低估。强国家的形象当然是有其根据的。在许多国家中,国家都是社会中最强势的组织,但其领导人并未能使其成为主导,强势得足以管理社会中多数民众生活的具体细节。领导人无法按其希望的那样改变社会的

---

[1] Merilee Serrill Grindle, *Bureaucrats, Politicians, and Peasants in Mexico: A Case Study in Public Policy* (Berkeley: University of California Press, 1977), p.160.

许多方面。如我们将在第五章中看到的那样,在埃及,国家在20世纪五六十年代对富裕的地主及其制订的游戏规则发起了冲击。国家政策确实极大地改变了社会结构,但是纳赛尔总统也见证了并非如他所愿、他不喜欢的新模式的出现。旧的土地所有者阶级消失了,然而纳赛尔政权却被迫"依赖那些干得更好的农民,以其为政府和广大民众间的中介。这一次的纳赛尔政权重建了和以前类似的农村地区的行政管理体系,尽管旧者具有不同的意识和社会基础。政府的调控只是很小程度地削弱了农村的中间阶级"[1]。正如我们将在后面的章节中发现的那样,即使国家未能在社会中占据强势地位,国家的行为也经常能够带来社会变革,但往往是以和官方政策大不相同的方式取得的。

许多第三世界国家与西方国家和社会主义国家的区别,不在于其社会中社会控制的总量,而在于社会控制的分布及其集中程度。所有这些类型的社会,无论高度集中还是较为分散,都可被视为"强"的,因为社会控制的总体水平都比较高。它们的区别在于一种类型中在社会的金字塔结构中社会控制集中在金字塔顶端,而在另一个类型中社会控制则分散在各种相当自主的社会组织中。[2]这两类国家都区别于社会控制总体水平低的"弱"社会;后者往往在重大事件发生时显现出来。自然灾害、战争,以及其他超常的环境,往往会从

---

[1] Alan Richards, *Egypt's Agricultural Development, 1800—1980: Technical and Social Change* (Boulder, Colo.: Westview Press, 1982), p. 179.
[2] 曼论及了"广泛的前工业社会的重要的联邦特点"。见 Michael Mann, *A History of Power from the Beginning to A.D. 1760*, vol. 1 in *The Sources of Social Power* (Cambridge: Cambridge University Press, 1986), p. 10。

社会组织领导人手中夺走奖惩手段,或者改变人们面临的迫切需要而使得他们提供的生存战略变得没有意义,从而削弱他们手中的社会控制能力,最终很大程度地降低社会控制的总体水平。表1.1以社会控制的总量和分布为轴,对社会类型进行了区分。

表 1.1　国家和社会的社会控制

	国家 强	国家 弱
社会 强	——	扩散的（塞拉利昂）
社会 弱	金字塔型的（法国、以色列）	无政府的（1939—1945年的中国；1910—1920年的墨西哥）

第三世界的强社会,不是任由拥有足够技术资源、管理能力和忠诚的人员的国家任意揉捏的橡皮泥。尽管这些从小型的血族团体到大型的部落组织和种族群体的形形色色的组织,经常被看作类似于手推犁的早已过时的东西,但它们并不能被国家政策甚至是工业化和城市化的激流所打碎。① 这些组织的韧性及其强人领导者们往往会激怒有抱负的国家官员。

印度总理英吉拉·甘地就经历过这种挫折,如弗朗辛·弗兰克尔(Francine R. Frankel)所说的那样,"政府在执行其制度性改革时显得无能为力",即使国大党在1971年和1972年获得了实行

---

① Suzanne Berger and Michael J. Piore, *Dualism and Discontinuity in Industrial Societies* (Cambridge: Cambridge University Press, 1980).

选举20多年来的最多的民众授权时也是如此。① 她在无力贯彻国家制订的标准和规范时做出了新的反应：威权主义、严厉的措施，包括广泛的对强迫"净化"的报道，而这种反应还是在同样的那堵砖墙中碰得头破血流。"世袭的等级群体，无论处于一个仪式上有特权的还是次等的位置，其相互之间的关系都为互惠、不对等的权利和义务这些传统习俗所支配，继续作为成千上万的印度村庄中的社会组织的基石。"②

这些等级团体，以及其他国家中有着各自规则的群体，继续在许多地区顽强地存在着，并极力抵制来自国家的试图取代其旧有规则的社会控制。但在论述第三世界的文献中，我们却很少发现重视这些拥有不同于国家的规则的地方小型组织的作用的。这些组织看起来是如此不合逻辑，尤其是对那些很少离开大都市的研究者而言。一本论述塞拉利昂的书显示了低估地方性斗争是如此易如反掌。

> 这种斗争很大程度上倾向于个人或派系之间的斗争，而非基于任何更广泛的社会裂痕（division）。由于参加者更多地是处于"剩余"部门，他们的行动对国家层面的政治不起作用或只起很少作用。即使他们的行动确实影响到了国家层面的政治，地方领导人也必须按照国家领导人制订的法律和财政框架行事，如果他们敢于对抗国家的话，则将面临国家的暴力镇压。③

---

① Francine R. Frankel, *India's Political Economy, 1947—1977: The Gradual Revolution* (Princeton, N. J.: Princeton University Press, 1978), p. 4.
② Ibid., p. 5.
③ John R. Cartwright, *Political Leadership in Sierra Leone* (Toronto: University of Toronto Press, 1978), p. 116.

实际上,地方层面的事件和斗争能对国家和取得国家强势地位的目标产生巨大的影响。这些群体在许多社会中持续的生命力(而有趣的是,在其他一些地区则没有)及其对国家的影响是本书剩余章节的主题。但此处我们需要更深入地分析社会结构的本质,以理解它们和国家的关系。

对于作为一个整体的第三世界国家的社会而言,一些重要的、被大家共享的价值和记忆为支持社会控制的外形象征提供了基础。其中很多是在殖民统治时期演变形成的。然而这些共享的经验经常被一套分布在社会中的极不相同的信念和记忆所排斥。实际上,这些社会的真实界限是含糊的、不确定的。① 各种亚单位——宗族、部落、语言群体、种族群体,等等——都让我们发现,第三世界社会是和许多欧洲国家的集中的、金字塔结构的社会截然不同的。众多的第三世界社会像复杂的蜘蛛网一样富有弹性;我们可以将蜘蛛网的一个角剪断,但是剩下的蜘蛛网仍将在树枝之间摆动;同样,我们剪断其中间的线条时,蜘蛛网也能继续存在。虽然其中的某些部分之间的联系比其他部分之间的联系更为重要,但是没有一个单独的部分是被完全整合进总体的。

许多第三世界国家领导人在寻求社会控制时所遇到的困难和国家在这个网状社会中所处的位置相关。确实,每个社会,包括西方社会,都是多套价值和记忆林立的。然而,和其他社会相比,整个第三世界社会的多样性则是惊人的。网状社会中存在着许多相

---

① 参见 Anthony Giddens,*The Nation-State and Violence*,vol. 2 of *A Contemporary Critique of Historical Materialism* (Cambridge:Polity Press,1985),ch. 1。吉登斯认为在这些案例中分界线(boundaries)相当模糊,最好是论述边界(frontiers)。

当自主的社会组织的混合体的。表 1.2 虽然并未能穷尽各类社会中掌握着社会控制的各种亚单位,却反映了第三世界和其他地区在种族和语言的分裂性上的不同。

半数以上的第三世界国家在种族和语言的分裂状况上面都是"很高"或"高",而其他国家中只有不到三分之一的国家归为此类(见表 1.2)。这种统计存在严重缺陷:比如说,它们掩盖了第三世界国家内部存在的巨大差异。而且表 1.2 未能揭示这些碎片化结构是如何与真实的社会控制联系起来的。不过它确实提醒我们第三世界的社会和国家不能和建立在欧洲与北美经验上的模式相吻合。我在表 1.3 中把我们选出的五个国家按其碎片化程度排列出来:从印度的高度碎片化社会到埃及的超常的相似性社会。

表 1.2　种族和语言的分裂状况(Fractionalization)

多样性程度	第一世界国家		第二世界国家		第三世界国家	
	数量	百分比	数量	百分比	数量	百分比
很高	2	7.7	1	11.2	31	30.7
高	6	23.1	2	22.2	26	25.7
低	7	27.0	2	22.2	25	24.8
很低	11	42.3	4	44.4	19	18.8
总计	26	100.0	9	100.0	101	100.0

资料来源:引自 Charles Lewis Taylor and Michael C. Hudson, *World Handbook of Political and Social Indicators*, 2nd ed. (New Haven: Yale University Press, 1972), pp. 271 - 74。他们用 1960—1965 年的数据,基于三个量表,对 136 个国家进行了排序。

注:很高代表着最多样化和碎片化,很低代表一元化。

表1.3 本书案例国家的种族和语言的分裂状况

国　家	136个国家中的多样化排名
印　度	4.5
塞拉利昂	15.0
墨西哥	72.5
以色列	84.5
埃　及	121.5

资料来源:改编自 Charles Lewis Taylor and Michael C. Hudson, *World Handbook of Political and Social Indicators*, 2nd ed. (New Haven: Yale University Press, 1972), pp. 271-74。他们用 1960—1965 年期间的数据,基于以下三个量表(Scale),对136 个国家进行了排序:Janet Roberts, Siegfried Muller, *Atlas Nardov Mira* (Moscow)。

我们以前的分析视角使得我们在看所有现代社会时,都集中在其权力的集中化而非网状结构上。我们寻找"社会阶级"之间的裂痕,或者我们寻找"民族实体",用中心征服外围、现代与传统部门之间的碰撞,以及阶级和阶级的冲突之类术语来分析社会变革。我们检查大都市政治以发现到底谁手握统治之绳,哪个阶级是统治阶级,或者谁在权威性地配置资源。我们有寻找球赛在哪里举行的兴趣,但我们的角度和偏好可能误导我们。或许实际上并不存在单一的一场球赛,或单一的一个权力掌控者。过分彻底的概念,如内聚的社会阶级或民族主义,可能会掩盖社会控制运行和变化的事实真相。在许多第三世界国家中,可能同时进行许多场球赛。在网状社会中,虽然社会控制是分散的、不同的,但这并不意味着民众是不受统治的——他们当然是受到统治的。然而对资源的权威性分配的权力并不集中。多个审判系统同时运作。而一个新的角度则能为我们分析政治惯性和政治变革提供不同的视角和洞察力。

国家与强人争夺社会控制

世界的政治形态在"二战"后的四分之一世纪内发生的翻天覆地的变化,比之前整个历史上发生过的变化并不逊色。众多的帝国崩溃了,而独立国家的数目则翻了三番。在全球版图内发生的革命带来了希望和抱负。新的国家,如非洲的多数国家和复兴的国家,如中国这个世界上人口最多的国家,都提出要过更好的生活的目标。大家都认为,这些国家将重塑其脆弱的社会,去除其旧的地方间的裂痕,而代之以一个统一的国家。政治家和学者们都希望亚非拉的国家能通过实施宏观和微观的社会经济政策而走上一条实现空前繁荣和更高的人类尊严的道路。

不幸的是,多数国家并未能取得这些成就。国家领导人取得的许多重要的成就都发生在刚摆脱殖民的充满激情的那几年。许多国家,尤其是北非、南美和亚洲的国家,都成了其社会中可怕的存在物,即使在其最偏远的地方。它们很大程度地影响了社会经济变迁的进程,维持了领土的统一、在世界上代表其社会以单一声音发言,并提供了一个主要的新的就业机会。而同时,国家领导人却发现想要实现其预期的社会变革相当困难。

原来乐观的计划者绝望了。一种新的犬儒主义在研究第三世界的学者中蔓延开来。汉默格伦如此描述拉美:"传统的地方领袖、酋长、伽摩拉乐（gamonale）的存在，尤其是在比较封闭的地区，即使在比较发达的地区，地方精英的存在，以及维持群体内部和外部经济联系时并不需要借助国家的参与，这些因素都导致了国家对社会只能实现很有限的渗透。"①

许多国家在去除掌握着不同游戏规则的领袖和强人——其实质是碎片化的社会控制模式而非个体的强人——时面临的困难之大，往往超出其领导人所能接受的范围。第三世界国家体系已经成为一个政治世界（相对于殖民时期的缺乏国家性），其首要的特征是它们组成了一个国家体系。国家取得强势地位的目标在这个系统的每个过程都显得十分明显。每个赋予国家组织以自主性的国际组织（如联合国和不结盟运动）都强化了国家成功地而且是很快成功地取得了不断增强的社会控制这一假设。然而同样的国家体系却是历史地组织起来的，任何取得国家在社会中的强势地位的信心都会使国家领导人处于一种高风险的境地。增强的社会控制是动员民众和物质资源来反对潜在的贪婪的邻国的最基本的条件。

要理解国家取得社会控制的不同能力，尤其是许多第三世界国家自身社会所面临的诸多困难，首先需要我们理解国家所需要克服的各种抵制的本质。在取得国家强势地位的过程中什么事情都是无情的。如本章的模型所描述的那样，国家仅仅是其所要统治的边界内的组织混合物中的一个组织。在存在冲突的环境中，

---

① Linn A. Hammergren, "Corporatism in Latin American Politics: A Reexamination of the 'Unique' Tradition," *Comparative Politics* 9 (1977): 449.

国家和血缘群体、种族群体及其他群体相互争执,相互争夺,都力求在其领导人认定的势力范围内建立普遍的社会控制,都提供了民众生存策略的必要手段。这些争夺的结果决不是显而易见的。在许多情况下,网状社会的存在是和广泛分布在各种拥有各自规则的社会组织中,而非集中在国家或国家授权的组织中的社会控制相伴随的。

　　本章的内容是启发性的,我提出了一个模型或分析路径,以便在看待第三世界国家的社会时,理解很多国家在增强其国家能力和取得无可争议的社会控制时所面临的困难。我们现在面临的问题是为何很多第三世界国家——即使它们在国际上拥有资源和认可,并有庞大的文官和机构,以及军队和警察——在试图增强国家能力时却步履蹒跚。为何在其边界内达成一个普遍规则(普通法),为其居民取得一个单一政治身份(公民)的目标是如此之难?为何少数第三世界国家通过急剧增长的能力而取得了强势地位?

第二部分

危机与重建：资本主义和殖民主义的影响

第二部分导言

"二战"之后的20多年给亚洲和非洲的政治领导人带来了一种乐观而兴奋的狂热。譬如说,塞拉利昂就在独立前的几年内爆发了一次导致独立的"政党活动的大喷发"①。出乎所有英国人和塞拉利昂人意料的是,通过精湛的政治运作,最终形成了一个团结一致的政治家团体,并和英国人展开了诚恳的关于独立条件的谈判。这些谈判的一位积极参与者写道:"在这些预料不到的环境中,塞拉利昂宪法独立委员会最终成为一个英国人祝贺塞拉利昂人民、塞拉利昂人民祝贺英国人的相互致敬的场所。"②

印度1947年的独立和以色列1948年的独立,并未给它们的国民带来如此娴静的激动。它们并未像塞拉利昂被殖民的最后几年

---

① Gershon Collier, *Sierra Leone: Experiment in Democracy in an African Nation* (New York: New York University Press, 1970), p. 24.
② 前引书, p. 29。

那样,得到最终会给予它们国家地位的保证。同样,英国和其原来的殖民地之间的气氛也不是相互尊重:印度人和以色列人都认识到他们实现独立的梦想并不是英国人的恩赐,而是和长期的艰苦斗争不可分离的。阿巴·埃班(Abba Eban)的描述代表了巴勒斯坦的犹太人是如何看待英国统治的结束的。

> 在巴勒斯坦,最后一个高级委员的任务是结束委任统治。他强硬地拒绝有序地移交权力。英国的政策力图避免做出任何可能被解释为与联合国决议合作的行为——联合国是主张分裂巴勒斯坦,并建立一个犹太人国家的。直到这个犹太人国家建立过程的最后一刻,都没有过合作。火车停开,邮局罢工,官方文件被焚,国有资产或被转交给英国,或被拍卖,或被移交给阿拉伯人。虽然还有众多的剩余,但是没有给继任政府的国库留下一支铅笔。①

在委任统治即将结束之际,犹太人的敌对情绪和敌对事件如潮水般涌来,《纽约时报》称其为"英帝国历史上最可悲的一次失败"②。必须时时担心重新激起的敌意。果然,在1948年5月14日(也就是独立日)前的五个月,犹太人和巴勒斯坦的阿拉伯人之间的战争已经爆发。英国的彻底退出导致了来自阿拉伯国家的大规模入侵。建立新国家的宣言是在一个到最后才宣布细节的庆典上宣布的。然而,消息还是很快传遍了特拉维夫,人群马上围住了

---

① Abba Eban, *My People: The Story of the Jews* (New York: Behrman House and Random House, 1968), p.452.
② *New York Times*, May 14, 1948, p.1.

政府大楼,为新任的部长们欢呼。一种一个独立国家能为犹太人取得无国家状态下无法取得的各种好东西的感情不可遏制地爆发了。那天晚上,人们走上街头或在餐馆继续欢庆。大卫·本-古里安(David Ben-Gurion),一个令人敬畏的领导人、独立宣言的宣读者,在家里对他夫人说:"我被欢天喜地的人们所感染了。"宣言过后12小时,埃及的炸弹袭击了城市,狂欢很快结束了。

印度的独立时刻同样带来了掺杂着大剂量的现实主义的很高的期望。当1947年8月14日午夜的钟声敲响的时候,印度民族主义的领导人们平静地站在新德里的大礼堂里。在最后一声钟声敲响的时候,一个参与者吹响了海螺号角,就像印度教寺庙中召唤神灵见证一件大事时所做的那样。随后,聚会大厅的人群发出了巨大的欢呼声。只有甘地一人惹人注目地缺席,为次大陆被分为两个国家——印度和巴基斯坦而悲恸。狂热的人群在街上庆祝,并围住新总理尼赫鲁一起狂欢。在加尔各答,无数不同教派的信众在街上跳舞。孟买则有四万多人集体游行。五颜六色的饰品点缀了小镇和村庄。然而,一个独立的国家会带来什么的乐观主义情绪却是和新国家所面临的各种困难交织在一起的。在海螺号声响起前一年,"加尔各答的人在冲突中,互相砍死、打死、烧死、刺死或拿枪打死了六千人,强奸或打残了两万人"①。

对以色列和印度的国家领导者们而言,来自各种各样的社会群体的对国家优势地位的挑战随即到来,告诉那些还沉醉于喜悦

---

① Leonard Mosley, *The Last Days of the British Raj* (London: Weidenfeld and Nicolson, 1961), p. 11.

中的领导人用国家制订的游戏规则来治理其疆域是一件多么困难的事。对领导者们试图强加于其头上的规则的社会抵抗就是显示他们将面临的巨大困难的最好例子。社区暴力席卷了整个印度,在宣布独立的那天,从旁遮普传来的消息说当地发生了穆斯林和印度教教徒的冲突,100多人丧生,秃鹫肆无忌惮地分食尸体。在独立之前,旁遮普省有1600万穆斯林,印度教教徒和锡克教徒共1200万。在孟加拉,同样是穆斯林稍占多数。但现在却被新成立的两国分割。在加尔各答,甘地的力量平息了那些热衷于兄弟残杀的歇斯底里情绪。但在旁遮普和其他地方,国家领导者们发出的恳求被置之不理。伦纳德·莫斯利(Leonard Mosley)这么写道:

> 从1947年8月到1948年春天的9个月中,140万—160万的印度教教徒、锡克教徒和穆斯林被迫离开他们的家乡,以逃避血腥的骚乱。在此期间,他们中有60万人被杀。①

正如一个观察者所说的那样,在独立的时刻,"如果认为英国人一撤走,所有问题都会随之而去,那么这是很幼稚的。政治家们只会雄辩地阐释他们的宏大计划,领导世界"②。独立后的第二天,领导者们就发现国家要建立一套有效的规则是多么的困难。伟大的印度民族主义领袖阿布·卡拉姆·阿扎德(Abul Kalam Azad)

---

① Leonard Mosley, *The Last Days of the British Raj* (London: Weidenfeld and Nicolson, 1961), p.243.
② Donald F. Ebright, *Free India: The First Five Years, An Account of the 1947 Riots, Refugees, Relief and Rehabilitation* (Nashville, Tenn.: Parthenon Press, 1954), p.26. 唐纳德·F.埃布赖特1936年到1952年间住在印度。最后三年他在印度国家基督教委员会任难民和饥荒救济部门的主管。

在 12 年后回顾这个时期时,对国家领导者们和印度社会之间存在的巨大鸿沟,还是感到不可思议。穆斯林联盟和国大党两大政治团体都拥有广泛支持。很多人认为,"只要他们接受了分治的计划,也就意味着民众接受了这个计划。但现实情况却截然相反……印度人民不接受分治"①。

8 月 17 日,当尼赫鲁和巴基斯坦新总理一起站在拉合尔的时候,他发现,用他自己的话说,"反社会因素广泛存在,公然反抗所有权威,破坏新的社会结构"②。尼赫鲁后来又到旁遮普视察,力图恢复秩序,情况反而进一步恶化了。国家甚至无力实现其领导人的最低目标——国内的安宁,更不要说置于其官僚机构的文档中的宏伟计划了。

同样,以色列国家也遇到了甚至比来自阿拉伯国家的攻击更令人担忧的对其权力的挑战。在英国的委任统治结束之前,本-古里安有一个主要目标没能实现。在独立之前,他就试图建立一支由国家行政机构(独立后的新内阁)所控制的统一的军队。当时的情况是,在委任统治时期就存在着由几个不同的政党分别控制的几支犹太人武装部队。"哈伽拿"卫军和最好的"帕尔马"军队由左翼政党控制,而犹太复国组织"伊尔根"则在梅纳赫姆·贝京(Menachem Begin)的右翼的修正主义者手中。在独立的那天,贝京宣布"伊尔根"从此归新政府领导。在 6 月,他命令他的部队加入国家军队,虽然在被整编之前他们仍然保留自己的司令官。现

---

① Maulana Abul Kalam Azad, *India Wins Freedom: An Autobiographical Narrative* (New York: Longmans, Green, 1960), p. 241.
② Ebright, *Free India*, p. 31.

在以色列将三万武装人员投入战场。在 5 月 26 日，以色列新政府签署了一项成立以色列防御部队的命令，同时禁止任何其他武装部队的存在。

将"伊尔根"整编进新军队却进展得不怎么顺利。作为被国家军队吸纳进去的条件，"伊尔根"被取缔了自主购买军火的权力。但是不信任继续存在，"伊尔根"的领导者们并没有忘记：本-古里安在政治上任人唯亲，"哈伽拿"卫军曾经在"二战"的最后一年及战后对他们发动过一场战役。在一个时期内，"伊尔根"的战士和军官甚至被"哈伽拿"绑架并被交给英国当局。

在独立日后一个月的停火期间，"伊尔根"的亚特利那（Altalena）号船满载武器和弹药在以色列海岸登陆了。政府拒绝让船卸货，除非所有物资归军方处置。"伊尔根"的领导者们同政府展开了谈判，最后提出，分给他们在耶路撒冷的至今还是半独立的部队五分之一的武器和弹药。本-古里安召开了内阁会议，强调了贝京所预料到的对新国家状况的挑战。"这件事情是至关重要的，"他忠告他那些犹豫不决的部长们说，"我们不能允许领土分裂，也不允许存在两支军队。贝京不能随心所欲地行事。"船最终被击沉。分布在全国各地的"伊尔根"的军官被逮捕，军队被解散，其成员随后以个人身份加入了国家军队。

在同一个月，本-古里安对享有自主权的"哈伽拿"和"帕尔马"——它们和本-古里安的政治组织结盟，却拒不接受政府任命的指挥官的命令和纪律——开刀了。在亚特利那号沉没后一周，他让部队的指挥官们宣誓效忠，随即又宣布重组军队。高级指挥官辞职，指控本-古里安。本-古里安指责他们试图煽动军队反叛，而军官们则指控本-古里安试图对军队实行独裁统治。但是本-古里安再次取得了胜利,击退了对国家优势地位最严峻的挑战。

印度和以色列都是国家即使在欢庆独立的时刻也面临对其优势地位的急迫而严峻的挑战的例子。其他政治领导人在努力推行政策而遭遇挫折时发现了国家机构的限度。国家的社会控制依然是地平线上的海市蜃楼。例如,在去殖民化之前,"对欢呼的民众来说,独立的塞拉利昂的荣耀和繁荣已经用吸引人的颜色描绘出来了,他们被引导而相信'独立'这个字眼是具有天然魔力的"[1]。然而,一旦实现独立了,英国人所奉承的部落领袖仍然是难以动摇的,国家事务仍旧以部落政治的形式艰难推进。早期政府缺乏勇气去追求更多,除了保持其自身的优势地位外。即使在威权统治推行数年后,既存的社会控制的结构仍然阻碍着国家的发展。

即使在那些去殖民化并未带来根本变化的国家,其领导人也慢慢遇到了同样的挫折。埃及总统纳赛尔在实行了多年广受欢迎和爱戴的统治之后,意识到了国家缺乏效力。他说:"我们要努力和自己战斗,以实现我们的责任。和自己战斗远比与外部敌人战斗艰难。问题并不简单。"[2]实际上埃及国家建构所遇到的困难远不如20世纪30年代的墨西哥残酷。在当时的墨西哥,地主和教会的人经常杀害正在扩张的国家所派来的代理人和学校的教师。但是埃及的情况也不容乐观,对国家法律和政策的抵制大大削弱了改革的影响。虽然在国际上他的地位得到了越来越多的认可和尊

---

[1] Collier, *Sierra Leone*, p. 97.
[2] 引自 Raymond William Baker, *Egypt's Uncertain Revolution under Nasser and Sadat* (Cambridge, Mass.: Harvard University Press, 1978), p. 114。

重,但在国内,纳赛尔在一个充满冲突的环境中竭力挣扎,却发现没有出路。

为何第三世界中的一些国家能在追求国家在社会中的强势地位时克服诸多困难?什么因素使得这些社会能够抵制国家取得强势地位的努力?为何本-古里安能应对对新建的以色列国家权威的挑战并建立有效的统治和社会控制,尼赫鲁面对印度人互相残杀却无能为力,塞拉利昂的政治领导人为什么不敢去动那些酋长们?

这些问题的答案应该到脱离殖民时期爆发的狂热之前去寻找。强大的社会组织——如塞拉利昂的酋长们领导的那些组织——的巩固,早在独立国家尚未形成时就能够对抗国家并造成一个冲突的环境。然而,与一般的想法不同,这些组织并非只是简单地起源于躲藏在历史的阴暗角落里的"传统"势力。如果我们仔细地分析20世纪50年代亚非拉各国社会的社会结构和社会控制,并将其与19世纪50年代做一个比较的话,我们将发现,那里发生了深刻的转型。事实上,说这些20世纪的势力是"传统"势力则彻底是一种误导。

那么,这些现在阻碍国家取得强势地位的社会组织是在什么时候、如何建立其社会控制的呢?他们的领导人是如何为其为数甚众的民众提供有效的生存策略的呢?这些答案都是令人着魔的,也是这一部分三章的主要内容。其核心部分是两组对许多19世纪中期到晚期的第三世界国家社会发挥了革命性影响的相互关联的力量。它们的革命性在于其造成了突然的、破坏性的政治和社会变迁,并在实质上改变了这些社会的社会控制。一组力量涉及世界经济在欧洲之外的扩张并渗入亚非拉国家的各个社会层次。我们很快就要讲到,这一过程的政治性和经济性同样强,因为它涉及旨在削弱社会中既有的生存策略和社会控制的政府政策。扩张的世界市场赋予了既存的蛋形人(Humpty Dumpty,社会组织)突破藩篱所需的强大力量。

另一组势力则与主要是通过殖民主义而建立和维持的政治霸权相关,这种势力决定了把这些蛋形人重新组在一起的方式。政治霸权如何形成是第三章和第四章的主题,此处我们开始分析为亚非拉国家的社会的重塑——一个在多数场合下导致了社会组织能抵制国家的社会控制的扩张的变革——铺平道路的各种势力。

第二章　社会控制的削弱

同世界经济间的纽带

第三世界国家的社会结构，以及社会控制在不同社会中不同的分布方式，都影响了这些国家的国家能力和特征。在很多方面，这些不同的社会结构都是每个社会独特的文化、环境及历史的产物。但是一些关键的相同因素也影响到了整个第三世界国家的社会，这些势力的影响可追溯到几个世纪以前贸易路线的扩张时期，它把地球上最偏远的角落都卷入了这一贸易体系。不同的文化都见证了全球的收缩——随着一个全球单一市场的发展，一个包含了地球上每个人的经济体形成了。

从15世纪晚期开始，这类贸易逐渐地把欧洲的国家和企业家们同世界其他部分的人联系了起来。① 大胆的水兵凭借着坚船利炮,把欧洲人带到越来越远离他们自己的港口的地方。对许多地区而言,和欧洲人打交道和被历史上任何凶猛且掠夺成性的征服者攻击并无多大差别。这种经验和被投入真空类似:突然而且剧烈,而且对于非欧洲人而言,结果往往是灾难性的。举例来说,当强制性劳动的监护征赋制系统(一种西班牙殖民主义的托管体系)成为新西班牙(墨西哥)企业的典型模式之时,这个国家的人口从16世纪初的1 100万降到了17世纪中期的150万。对既存社会及其生存策略的破坏,几乎完全使得印第安人没有动力从土地中获得收益、提供各种物质和精神服务所需的动员。类似的,非洲的奴隶贸易和各地的强制劳动让人类承受了沉重的代价。

然而,欧洲扩张的全球影响却是很不均匀的。对于亚洲和非洲的很多地区来说,16世纪造成的后果并未能彻底破坏旧式的社会组织和社会控制;实际上,在很多地区,在19世纪通过欧洲制造业的实质性飞跃和对原材料需求激增而真正形成一个世界范围的经济体之前,对社会的渗透在范围上一直是很有限的。毕竟,即使是16世纪的地中海地区本身,"市场经济只占据了经济生活的一小部分。更原始的方式——物物交换和自给自足——在各地占主导地位"②。在那里,市场只包含了生产出来的产品总量的三分之

---

① 自1400年到工业革命,欧洲经济超越欧洲的影响是以下作品第一、二部分的主题: Eric R. Wolf, *Europe and the People without History* (Berkeley: University of California Press, 1982)。
② Fernand Braudel, *The Mediterranean and the Mediterranean World in the Age of Philip 2*, vol. 1 (New York: Harper and Row, 1972), p. 438.

一。在远离欧洲的地区,尚在胚胎之中的16世纪的世界经济所占的比例则要小得多。

从16世纪到18世纪乃至19世纪前25年,欧洲和亚非拉地区的经济关系经常局限在沿海地区。当然也存在重要的例外,譬如说19世纪上半叶穆罕默德·阿里(Muhammad Ali)统治时期,向种植棉花这一经济作物的转变改变了尼罗河两岸的经济关系。然而,对于多数非欧洲人而言,生活在沿海贸易区的人民面临着欧洲扩张带来的最为直接和深刻的影响。在这些沿海地区之外,欧洲扩张带来的扩散性影响相当不同:在一些地区的内陆腹地,即使大多数人从来没见过欧洲人长什么样,他们的生活也被彻底地改变了。① 而在其他地区,和世界经济的零星的、通过中介进行的联系并没怎么破坏既有的社会组织及其生存策略。

欧洲的公司往往只是建立在港口,因而需要依赖本地的中间商或一个专门的外国人群体和内地进行贸易。有时,为了争当中间商而发生了残酷的争斗乃至战争。其后果是,农民、劳动者和采集者需要和新的领主或首领打交道,而且他们的生存策略也彻底被改变了。在其他情况下,内陆地区只受到从欧洲扩散出来的新势力的断续的、有选择性的影响。譬如说,在18世纪的巴勒斯坦,只有那些其领主(shaykhs)和在黎巴嫩海岸的法国商人有联系的农民,才发现有种植棉花这一经济作物的必要;而且,即使那时,他们还能继续种植大量维持生计用的粮食作物。

在16世纪,和其他地区一样,拉美也成了扩张的欧洲市场的

---

① 参见 Wolf, *Europe and the People without History*, part 2。

产物。奇怪的是,欧洲经济在那里的重要性随之降低,并开始扮演和亚洲、非洲相同的中介角色。采银业繁荣过后的17世纪带来了经济收缩和衰落。我们可以说,那时的拉美从欧洲经济部分地脱离了出来,给新的社会控制系统的进入提供了机会。运作新的社会控制只需偶尔和欧洲市场打交道。新的"本土"社会是由印第安人、伊比利亚殖民者及其后代(西班牙裔拉美人)和混血儿组成的。

这些社会围绕大型的自给自足的经济——庄园经济——组织起来。庄园的所有者和管理者,以及官员和殖民者(及其后代)处于殖民地阶级层级的顶层;同时,印第安人交出了他们的土地和劳动力并堕入社会底层。17世纪在边缘地区的庄园或小企业村社的印第安农民都受和欧洲经济只有微弱联系的社会控制制约。即使在贸易复兴的18世纪,和许多其他地区一样,新西班牙的农民发现欧洲经济的影响只是间歇的、有选择性的。即使既存的各种形式的社会组织,尤其是那些处于印第安人的庄园和村社企业的组织,也都承受了适应市场的压力,但是它们都生存了下来。

简而言之,在19世纪中期,许多非欧洲人能在一定程度上使自己置身于欧洲经济之外——如瑞德费尔德(Redfield)所说的那样,把市场放在伸手可及的地方之外。[①] 旧的社会控制模式和生存策略不同程度地对欧洲扩张的新环境作出了调整,然而令人奇怪的是,为何那么多旧的社会结构还能维持下去?

全球范围内所有这一切在相对很短的时间内都改变了。在大

[①] Robert Redfield, *Peasant Society and Culture* (Chicago: University of Chicago Press, 1960), p. 29.

约一百年前的关键几十年内,那些以旧的社会组织保护自己的社会,和那些在前几个世纪早就在欧洲的影响下彻底改变了社会模式的社会一起,经历了爆炸性的变革。埃里克·R. 沃尔夫(Eric R. Wolf)这么写道:"在19世纪晚期,资本主义生产向前迈了一大步,加大了对原材料和食品的需求,并造成了一个扩大的全球范围的市场。所有地区都进入了专业化生产阶段,或是生产原材料,或是生产粮食作物,或是生产刺激物……(这些)都对家庭、血缘群体、社区、宗教和阶级造成了影响。"[1]新工业家和重新兴起的商人们永久性地将生产者之间那些间歇性的、微弱的和选择性的联系转化为与欧洲经济的紧密联系。农民经济危机、旧的社会组织及社会控制的崩溃和转变随之而起。从19世纪中期到"一战"之前在亚非拉发生的这些灾难性的变化是我们故事的核心问题。我将论证,一个世纪前发生的这些快速而深刻的变化,给今天的国家-社会关系造成了深远的影响。为了理解为何今天的第三世界国家在试图建立有效社会控制时,面临着如此严重的困难,我们必须首先了解起源于上个世纪中期的破坏性变革。

亚非拉地区的社会从拥有多种生存策略的强社会,转变成了人们受危机影响而悲惨地寻求新的生存策略的弱社会。旧的奖惩手段和符号几乎同时集中到了各个社会的生产者手中,而普遍成为无关紧要的了;地球上几乎没有一个社会未受影响。从东亚到南美,对于那里的人们来说,欧洲经济现在成了世界经济。世界经济急剧而深刻地渗入社会每个角落的原因和欧洲工业革命中形成

---

[1] Wolf, *Europe and the People Without History*, p. 310.

的诸多技术的和管理的突破,以及新的需求相关。① 到本世纪②初,世界上已经很少有人不消费欧洲制造的工业品、不为其提供原材料,或者至少是为那些为欧洲生产原材料的人服务了。这些变革已经得到了历史学家和其他人的广泛讨论。

然而,下面的问题却很少为人们所关注:欧洲的商人、工业家和投资者们是如何达成其两个基本目标——(1)确保和遥远的市场以及那些能供应对欧洲的食物和工业至关重要的原材料的人建立联系渠道;(2)确保那些欧洲十分需要的商品(而非那些用以满足本地消费的商品)能保质保量地生产出来。尽管19世纪信奉的是自由贸易的自由主义信条和"看不见的手"的信念,但是帮助达成这两个目标的手却是实实在在能看见的。欧洲的国家通过各种具体的政策,在达成对今天的经济秩序的成功至关重要的两个目标中扮演了重要角色。虽然在政府之外的私人经济部门,还存在着生产、分配、财富和机会这些重要问题,但公共政策确实在接近亚非拉地区的农民并确保他们生产国际市场所需要的产品中扮演了积极而重要的作用。欧洲经济并不是通过一些无情的过程而成为第一个世界范围的市场的。事实并非如此,欧洲经济的成功是因为采取了政治权力和有指导的政治政策,为其全球范围的扩张

---

① "在1850年前,纺织业已经出现了显著的技术进步,而煤炭、钢铁、运输业的进步则稍小。"[Philip S. Bagwell and G. E. Mingay, *Britain and America 1850—1937* (London: Routledge and Kegan Paul, 1970), p. 7.]比如,在棉布业,从1820年到1850年,可以看到动力织布和蒸汽织布开始统治这一行业,而工人的产量稳步提高;工人每小时的产量有时甚至提高了300%。
② 本书写于1988年,故书中提到的"上个世纪"是指19世纪,"本世纪"则指20世纪。下同。——译注

扫清道路——"自由贸易"的教条经不住检验。这些政策并不限于殖民统治。即使在很早就成为其殖民地的国家如印度尼西亚，新的政策也破坏了人们和市场保持安全距离的各种手段。

以英国为形象代表的霸权主义的西方国家，在其统治的地区采取了一系列政策来促进欧洲统治的市场快速地、近乎普遍地渗透入社会。即使在边远地区，这些政策实际上并未留下任何不受影响的农民或采集者。

像墨西哥这样的本土统治政权，最终也往往会采用类似西方列强在其殖民地采取的政策。我们将看到，他们的领导人希望他们一旦仿效西方，就能破解欧洲积聚大量财富和权力的秘密，并抵御西方列强强加的国际威胁。在黯淡的环境下，他们也采取了这些政策作为对付那些他们无力抵抗的西方国家的手段。

三种国家政策撑起了社会政治制度被急剧而广泛地削弱的基础：一是造成土地所有权模式的重要变革；二是采用了新的税收形式和程序；三是创立了新的交通模式。在明白了国家政策对亚非拉国家社会结构造成如此巨大的影响之后，我们将能理解作为其后果的社会结构为何以及如何对当前第三世界国家的政治造成如此重要的影响。

土地所有权法

在由不同国家和帝国统治着的全然不同的世界各地，作为小土地所有者的农民几乎同时都面临着土地拥有和使用规则的剧变。几乎在历史上同一时刻，在这么多国家出现土地使用权的改变,是一件很让人惊奇的事。几乎是在一瞬间,一个接一个的政府开始意识到改变土地所有权背后潜藏的机会。

1856 年,墨西哥通过了土地改革法案(Ley de desamortización,或 Ley Lerdo);1858 年,奥斯曼帝国实施了《契约法》;1858 年,英国的统治者们签署了关于北印度奥德地区的 1858 年宣言;同样也是在 1858 年,赛义德帕夏①(Said Pasha)在埃及签署了一项巩固私人土地所有权的法律。而这远非全部。在 19 世纪 50 年代,从南美到东亚,我们都能发现立法和行政判决改变了土地所有权及其基础上的社会关系。譬如说,玻利维亚 1874 年的土地公有法(Ley de Exvinculación de Tierras),开启了一个为期八年的废除公有财产的进程。在危地马拉,1870 年左右开始了反对印第安人公有土地的法律行动。而在委内瑞拉,在 1882 年,一系列政策达到了极点。② 1870 年,荷兰人在印度尼西亚实施了耕地法。只有撒哈拉以南非洲避开了土地法的改变所造成的影响。在欧洲之外的世界,在 19 世纪晚期发生的土地变革造成了重要的后果。

在打击旧的土地所有模式的同时,新政策也击中了农业社会的必然的重要规则的要害。财产权由社会中生产要素的使用规则构成。有什么办法能比攻击这些社会中最重要的涉及土地的财产权更有效地确保去除旧的生产方式?通过这些措施,成功的政策能有效地影响旧的社会控制。构成社会控制的那么多奖惩和符号都和使用土地的渠道紧密相关。在那些 90%以上的人口从事农业

---

① 帕夏是奥斯曼的官职名。
② International Labour Office, *Indigenous Peoples*, *Studies and Reports*, New Series, No. 35 (Geneva: International Labour Office, 1953), pp. 296 - 99.

生产的社会,土地所有权的变化必然会扰乱人们的生存策略。社会结构也将面临一些巨大变革。

一般来说,无论是由国家自身还是外来统治者发起的,这些土地所有权改变的背后都有各种意图。举例来说,在很多地区,一个目标是建立并维持一套尽量安全的霸权统治。然而,无论是在哪里实施,这些法律的最初目标是促进能带来农业生产增产和种植适合出口的作物的变革。在如此短的时间内发生了这么多土地所有权的改革并非巧合。表面上看来在全球各不相关的部分同时发生的土地所有权的变化,因为欧洲和美国对棉花、糖、咖啡、黄麻、靛青以及其他作物的需求的急剧增长而联系在一起。全球经济的缝合处爆裂了,涌入了北大西洋和地中海以外的地区。举例来说,英国最大的出口产业纺织业进口的棉花,从19世纪50年代初期到19世纪80年代初期翻了一番。①

欧洲对原材料的难以抑制的渴求激发了亚非拉国家中的行动者。国家领导人,无论是本土统治者还是殖民地的欧洲统治者,都因机会主义的欧洲商人刺激而开始改变土地所有法。逐渐强大起来的农村或城市企业家们,对这些法律也很感兴趣,想通过取得对

---

① 参见 Sir John Clapham, *An Economic History of Modern Britain* (Cambridge: Cambridge University Press, 1952), p. 225; Hugh Bodey, *Twenty Centuries of British Industry* (London: David & Charles, 1975), p. 156; Abbott Payson Usher, *An Introduction to the Industrial History of England* (Boston: Houghton Mifflin, 1920), p. 305。马森(A. E. Musson)在 *The Growth of British Industry* (New York: Holmes and Meier, 1978)一书第80页写道:"工业中机械化的主要动力在于需求的增长。"同一时期,羊毛进口增长了400%,亚麻增长25%,大麻增长40%,黄麻增长大约1200%(见 Clapham, p. 225)。

大量耕地的控制和安排种植有利的出口作物而获得商机。在这段时间发展起来的某些作物的新生产技术,使得土地能获得更多的规模经济,也导致了对新法律的需求压力。

令人惊奇的是,设计新的土地法的国家领导人发现他们的政策往往并不能带来预想的效果。这些政策并未取得对领土的更安全的集权的权力,取而代之的是扩大了那些敌视中央集权化的地主们的权力。不论结局是什么,土地所有权规则的改变是一个重要的工具,即使达不到目标也会给农村社会——其生存策略和社会控制模式——带来意料之外的重大影响。

新法律的理性化披着 19 世纪自由主义意识形态花言巧语的外衣出现。毕竟,这是一个发表美国解放黑奴宣言和俄罗斯农奴解放的时代。譬如,奥斯曼帝国的土地法是伴随克里米亚战争的车轮而来的,也是奥斯曼帝国苏丹试图献媚于那些挽救其摇摇欲坠的帝国于崩溃边缘的自由的欧洲列强的结果。作为包括处理奥斯曼朝廷的基督教事务的权利宪章在内的一系列改革中的一项,土地法旨在显示土耳其对改革和自由主义信条的承诺的严肃性。帝国领导人的目标是削弱部落领导人(shaykhs)而建立一个自耕农联盟。这些部落领导人掌握着近乎不受帝国限制的社会控制。君士坦丁堡的官员们积极地尝试推翻部落领导人并在新的自由农民间建立他们自己的社会控制。最终的结果是,部落领导人失去了权力,但奥斯曼朝廷并未取而代之,建立起新的社会控制。

类似地,墨西哥领导人将其土地继承法和自由信条联系起来;最终以基于种族和教产地位的分化而告终。在墨西哥,就像在任何其他引入了土地所有权改革的地方,国家统治者提供了新的规则,作为反对永久经营权——封建制度下的保证公共组织对土地享有永久所有权的过时之物——的第一步。仿效欧洲反封建反宗教永久土地所有权法令的做法,新的法律认可私人所有权并划分土地,试图取消教会、村庄和部族所施加的各种社区权利——此种社区权利在墨西哥、印度、巴勒斯坦,乃至全球各地都非常普遍。希望达到的目标是农民和资本家一道,无数土地的自有所有者们按照经济规律进行生产,并因此增加了经济作物的产量。和奥斯曼帝国一样,另一个目标则是从根本上削弱社区土地所有权并代之以一个复兴的墨西哥国家的控制。

尽管世界各地的土地所有权的变化都有精确的目标并趋向理性化,却加速了其火山爆发式的、普遍的社会混乱。农民们的稳定世界突然开始变得颠倒混乱。新的法律显示了农业生产和农村关系的变化,而这些变化如此深刻影响了社会各个部分,以至于其后果至今清晰可见。例如,奥斯曼帝国在巴勒斯坦的土地契约法(Tapu),从颁布和执行它的土耳其当局的角度来看,可被视为一个彻底的失败,但它仍然深刻影响着穷困农民与处于其上的阶级之间的关系。

奥斯曼帝国力图促进永久性地分配农村土地,之前它总是周期性地被小集团所重新分配,也促进分配国家土地,它也总是被持续地重新分配。虽然法律要求每块土地的正确登记,但直到那时,财产登记都是特例,而不是通例。奥斯曼当局希望在巴勒斯坦、伊拉克和其他地方,稳固的所有者登记将为农村百姓对于强有力的部落领导人的独立性撑腰。他们相信,部落领导人将破坏中央集权。事实上,事情根本没有像想象中那样发生。即使在奥斯曼帝国陷入危机后,部落领导人的土地仍然构成巴勒斯坦的阿拉伯土地的大部分,土地登记在那里仍毫无作用。

虽然新的法律不足以支撑帝国防止其崩溃,但土地登记法改变了乡村关系。奥斯曼土耳其当局寻求快速而简易的方法来获取国家税收,宣称巴勒斯坦最肥沃的土地都归国有,然后将其低价卖给富有的城市企业家。最著名的案例包括在伊茨雷埃勒谷地,在一次交易中涉及 20 个村庄和 4 000 位居民。① 还有这样的例子,贫民们害怕其财产被他人知道,将其小块土地登记在村里的年老者或者城市企业家名下。结果都是一样的,那就是他们最终失去了土地。其中很多人成为佃农,尤其是在中西部适合发展大规模种植的地区。剩下的人继续耕种小块不足以养家糊口的土地。

在巴勒斯坦,随着农民的小块土地不断变小,大片土地归居住在城市的地主所有,而穷困农民的土地越来越少。格拉诺特(Granott)写道:"只有很少的土地所有者居住于其土地上,他们的大部分土地都由通过各种形式租赁土地的农民耕种,并得到监督者和管理者的协助。"② 奥斯曼帝国统治巴勒斯坦的末期,大约二分之一拥有土地的家庭,其土地数量不足以糊口,而三分之一的可耕

---

① Z. Abramovitz and Y. Gelfat, *The Arab Holding in Palestine and in the Countries of the Middle East* (Palestine: Hakibutz Hameuchad, 1944,希伯来文著作,标题已翻译), p. 16; A. Polak, *The History of Land Relations in Egypt, Syria and Palestine at the End of the Middle Ages and in Modern Times* (Jerusalem: Avar, 1940,希伯来文著作,标题已翻译), p. 86; and A. Granott, *The Land System in Palestine* (London: Eyre and Spottiswoode, 1952), p. 80。

② Granott, *The Land System in Palestine*, p. 40。

种土地被租赁给农民。① 在他们自己的土地上,农民被缓慢抛入了愈益广阔的市场;例如,据英国人估计,在其统治巴勒斯坦初期,农民大约出售了15%的收成。更大的地主虽避免全面的种植园农业,但出口的水果和香蕉不断增加。

被认为是君士坦丁堡和地方居民之间纽带的城市企业家(a'yan),通过其在世界市场经济中的恰当地位保护着自己的地位,牺牲了土耳其当局和农民,而当局仅仅看到利润的一小部分。这里所存在的恰当问题并不是"谁将保卫护卫者",而更应该是"谁将监督城市企业家"。社会控制已被从部落领导人手中夺走了,但土地所有权政策和用于出口的新产量对中央政府增加社会控制无甚助益。

在伊拉克,农村关系也发生了深远的变化,虽然它根本不是奥斯曼帝国所期望的。引述一下巴塔突(Batatu)的描述:

> 部落领导人和宗教领袖的政治和军事力量的衰弱是显而易见的。军事联盟和独立王国被摧毁了……另一方面,为经济增长奠定了基础,通过欺诈或者贿赂而将登记在他们名下的大片土地占为己有,完全不考虑其他族人或非族人的死活。②

---

① 邻近的黎巴嫩所处的形势和巴勒斯坦及其他新月沃土邻国大相径庭。早在18世纪,黎巴嫩就被分割为24个地区,每个地区都有一个拥有广泛税收、司法、土地和其他权利的统治家族。虽然很多家庭形式上拥有土地,但是这些统治家族拥有很强的社会控制力。在19世纪后期,这一局势也得到了改变。尤其是在1861年结束的暴力冲突和反抗之后,土地得到了更为平均的分配。参见 Gabriel Baer, *Introduction to the History of Agrarian Relations in the Middle East 1800—1970* (Israel: Hakibutz Hameuchad, 1971,希伯来文著作,标题已翻译),第四章。
② Hanna Batatu, *The Old Social Classes and Revolutionary Movements of Iraq* (Princeton, N.J.: Princeton University Press, 1978), pp. 77-8.

新的土地所有权法给墨西哥的农业工人带来了变化，这类似于给巴勒斯坦和伊拉克的农民所带来的变化——只是更极端而已。1856 年土地契约法规定，所有由市民和宗教团体占有的土地财产都将分给那些实际耕种小块土地的居民。然而，实际的结果并不利于贫困农民。1857 年的新法律取消了对合作农场的免税条款。印第安人现在开始单独拥有他们所耕种的小块土地以及以前由其乡村和城镇共有的土地；但这种成果是虚幻的。新法律并没有达到国家领导人特别是华雷斯总统（Benito Pablo Juarez）所设定的目标，总统声称要确保每个种地农民个人拥有土地所有权。但实际上，该法律对农民造成了悲剧性的后果。[1]投机者、腐败的官员、农场主以及其他人，都利用这种分配土地的权利，免费而随意地分配农民们的土地。

在一个已经以大庄园著称的国家，结果只能是原来公有的土地迅速被大庄园和其他大农场所吞并。在巴勒斯坦和伊拉克，法律的主要后果在 19 世纪最后四分之一的时间发生了。在这一时期其他的法律重新促进了剥夺农民土地的进程。1876 年法案和 1894 年被称为殖民化的法律则伴随着几个总统法令。所有这些都使得掠夺那些缺乏适当登记文件的土地变得更容易。他们通过土地登记法重申了需要重新分配任何遗留的公共土地并赋予个人土

---

[1] 见 George McCutchen McBride, *The Land System of Mexico* (1923; reprint New York: Octagon Books, 1971), pp. 133, 69 - 70; and Diego G. López Rosada, *Agricultura y ganaderia. La propriedad de la tierra*, vol. 1 of *Historia y pensamiento económico de México* (Mexico City: Universidad Nacional Autónoma de México, 1968), pp. 191 - 93.

地所有权。农场主特别利用了该法律允许其声明废除不完善的土地所有权的规定——因为忽略、恐惧或者忽视,很多印度人的土地所有权都是不完善的——并要求这些土地隶属于此类土地所有权。① 农场主现在将原来内向的集体的成员变成了作为雇工的居民,或成为无地工人。两个世纪的生活崩溃了,几乎无法相信这些地方以前还完全是另外一个样子。旧的生存策略在19世纪晚期变迁的形势中几乎毫无用处。

法律或法令,诸如土地继承法,创造了新的社会形态。它们协助形成了迥异于农民早先熟悉的农村关系的新关系——这种关系更适合于剥削型的生产关系。② 正如巴勒斯坦在19世纪的最后25年时一样,墨西哥农民在自己的土地上继续种植粮食作物,但能继续保持土地所有权的农民数量比例一直很低(估计在无地农民的80%—90%间变化)。③

正如在巴勒斯坦和伊拉克一样,该法律导致了大量的土地掠夺。数据确实是惊人的。1910年革命初,300个农场主至少每人占有了25 000英亩,11个农场主的人均占地面积甚至远远超过25 000英亩。庄园所有者甚至获得了225万英亩以上的公共土地。

---

① Mcbride, *The Land System of Mexico*, pp. 74 – 81.
② Daniel Cosío Villegas, *Vida Económica*, vol. 7 of *Historia moderna de México* (Mexico City: Editorial Hermes, 1965), p. 2.
③ *Indigenous People*, p. 298; Manning Nash, "The Impact of Mid-Nineteenth Century Economy Change Upon the Indians of Middle America," in Magnus Morner, ed., *Race and Class in Latin America* (New York: Columbia University Press, 1970), p. 174; López Rosado, *Historia y pensamiento económico de México*, p. 103; and McBride, *Land Systems of Mexico*, ch. 3.

怀特(Robert A. White)写道:"1910年之前的墨西哥,少于1%的家庭控制着85%的土地,而在主要平原上的90%的城镇和乡村的居民甚至几乎没有任何公共土地。"① 虽然巴勒斯坦是一个小得多的国家,但土地法导致了类似的结果。在20世纪初的巴勒斯坦,大约140户富裕家庭拥有大约平均5 500英亩的土地。在伊拉克,两个重要家族控制了25万英亩以上的土地,而同时其他的40多个家庭平均占地25 000英亩,甚至更多。

在19世纪后半叶,如果某个地区的公共土地对土地集中不是一个直接的障碍,那么任何法律都不会奥斯曼帝国和墨西哥那样具有压倒性的效果。在埃及(仅仅名义上归奥斯曼帝国统治)和印度等国,政府甚至早于19世纪中期就开始为土地集中铺平了道路。埃及和印度都实施了一系列的法令、法律和宣言,允许同样市场导向的农业生产并造成日益增多的无地农民。在埃及,穆罕默德·阿里早在1812—1815年就实现了国家对土地所有权的垄断,很多其他的土地所有权的变化在19世纪中期随之而来。赛义德1858年的契约法力图增加市场导向的生产,通过鼓励土地转移而服务于强化大量私人占有土地。② 那个时期,剥夺农民仅有的土地权利的障碍,远远低于墨西哥和奥斯曼帝国。

---

① Robert A. White, S. J., "Mexico: The Zapata Movement and the Revolution," in Henry A. Landsberger, ed., *Latin American Peasant Movements* (Ithaca: Cornell University Press, 1969), p. 115. 另外一个估计是1%的人口占有70%的土地(*Indigenous People*, p. 298)。

② Gabriel Baer, *A History of Landownership in Morden Egypt 1800—1950* (London: Oxford University Press, 1960); and Baer, *Introduction to the History of Agrarian Relations*.

废除农民土地权利之举早在19世纪中期之前就已经开始在印度的部分地区发生。英国在印度的土地政策在不同时间影响了不同地区。在19世纪中叶，印度土地权利的图册看起来已经像一床打满补丁的被子。土地所有权最显著的变化是孟加拉的永久安置法，它已经规定，地主——大多数是加尔各答的商人——是土地所有者。这是明显背离传统印度历史的。其结果以及因而发生的土地变化，有着深远的影响。领土部的最高政府秘书麦肯锡（Holt MacKenzie）早在1819年就报告说，"乡村的土地财产权早已发生了广泛而令人悲伤的革命性变化"，其结果是"打破了乡村的所有社会构架，剥夺了大多数人及其家庭曾世代占有的财产权，缩小了一个精神高尚的阶层，这个阶层因不必在其祖传土地上受雇而深感自豪"①。

---

① 引自Eric Stokes, "Northern and Central India," in Dharma Kumar, ed., c. 1757—c. 1970, vol. 2 of *The Cambridge Economic History of India* (Cambridge: Cambridge University Press, 1983), p. 43. 关于土地使用权的变化及其后果，见该书中以下作者的文章：Stokes and B. Chaudhuri, 也见B. M. Bhatia, "Agriculture and Co-operation," in V. B. Singh, ed., *Economic History of India 1858—1956* (Bombay: Allied, 1965); George Campbell, "The Tenure of Land in India," in J. W. Probyn, ed., *Systems of Land Tenure* (1881; reprint London: Cassell, Petter, Galpin, n. d.); Dvijadas Datta, *Landlordism in India* (Bombay: D. B. Taraporevala Sons, 1931); and Peshotan Nasserwanji Driver, *Problems of Zamindari and Land Tenure Reconstruction in India* (Bombay: New Book Company, 1949). 除了地主的土地管辖制外，英国采用了其他类型的土地使用权制度——Ryotwari体系。后者被用来创造小型土地所有者，但大部分失败了。必须注意到，印度各地区间巨大的异质性以及改变土地使用权的潮流，导致了不同地区之间具有不同的模式。不同研究者基于其不同的样本而总结出极为不同的特点。例如，斯托克斯（Stokes）基本上接受了"忧郁的革命"。在同一卷中，深泽（H. Fukazawa）写道："总而言之，从19世纪中期起，土地所有权有流向放贷者的显著转变，农业工人有无产阶级化趋势，这种观点是站不住脚的。变化的过程十分缓慢，实际情况要比那些主流图景所显示的更为复杂。"(p. 206)库马（Kumar）在同一卷认为，在印度南部，从一个地区到另一个地区，情况变化很大，因而有时斯托克斯的描述是恰当的，而有时深泽的描述更为合适。

在印度的大部分地区,土地的巩固急剧减少了中等土地拥有者(的数量),仅仅留下了大土地所有者、佃户,增加了无地的工人,大多数仅拥有少量土地。1858年在印度的一些地区,英国通过签署一个声明,授权奥德地区的行政长官们在当地的一次农民起义后获得大片土地,重新确认了巩固土地的方法。① 19世纪晚期,乡村贫农不断失去土地,负债不断增加,这开始成为令人担忧的问题,甚至英国统治者也开始担心。政策开始变化,从丝毫不顾及小耕种者特别是佃户转变为给他们提供法律保护。② 然而,在这些政策实施之前,农村土地占有模式和社会组织已经发生了巨大的变化。

甚至在埃及和印度的案例中,当局通过历时数十年的一系列土地所有权法律修改而不是通过一个主要法律,来实现一系列的土地所有权的变化,而这些变化的决定性后果更是在数十年后的世纪中叶才开始出现的。土地所有权政策改变了社会结构。随着大地主巩固其控制权并使其自身(也使他们的工人和佃户伴随他们一起)融入世界的市场经济,社会控制的变化不可逆转了。日益增多的地区的地主增加了他们所控制的资源,这些资源都通过其与世界市场的直接纽带而被用于建立新的生存策略。另外,这些纽带都使他们在某种程度上阻碍了雄心勃勃的政府建立社会控制的努力。这些都为重构20世纪晚期第三世界中非常普遍的网状

---

① Jagdish Raj, *The Mutiny and British Land Policy in North India 1856—1868* (Bombay: Asia Publishing House, 1965).

② Dietmar Rothermund, *Government, Landlord, and Peasant in India: Agrarian Relations under British Rule 1865—1935* (Wiesbaden: Franz Steiner Verlag, 1978), ch. 6.

社会做好了准备。

同时,整个亚非拉的农村的穷人都发现,土地所有权的变化,不管产生影响是在19世纪中期还是更早,都阻止了他们从事以前的生产。残酷地强加于他们的新环境,把佃户、工人和小土地占有者与全球各地方的人们的感受、需要和要求联系在一起了。他们旧的生存策略处于混乱中,而旧的抵抗外部势力的保护措施被证明是无用的。

税 收

土地所有权法为整个19世纪世界经济的快速增长做好了准备。抢夺土地的大潮、出口导向的种植园的迅猛增加,以及佃户和无土地劳动者的数量的激增,都意味着新的农业关系和对生产者——农民和工人——的一系列全新的要求。新的土地政策突然且全面地动摇了旧有的社会控制的基础。同时,两个其他因素强化了土地合并的世界趋势;二者都涉及农民税收这一农民们早就视为危及其生存的祸害。第一个因素是国家增加了其从农民和其他人那里征收的税收,第二个因素是国家从征收实物税转变成征收现金。这两个因素也给那些幸运地继续持有一块其珍爱的土地的人们带来了很大的影响,这一影响甚至是土地合并所不能取得的。

税收的增长

对许多农民而言,高税收并非新的体验。即使在19世纪之前,印度、埃及、巴勒斯坦和其他农耕国家的农民曾一度因官员和税款包收人(tax-farmer,税收的代理人或中间人)的过度勒索而荒弃土地。但是19世纪后期税收的增长却不同于以往的高税收。国家,而非地方上的税款包收人或其他代理人,无情地对个人实施了新的税收政策。正如杀死亚伯后的该隐①一样,尤其是当国家引入或复制了西方的新的征税技术之后,农民们发现很难逃避或虚报税收。国家不只是提高了税率和税收效率,而且还固定了税率——不再像以前那样按农民每年的支付能力调整。詹姆斯·斯科特(James Scott)认为,东南亚的情况是"殖民秩序里,没有任何一个其他因素比税收更能激怒农民"②。增长的税收负担的沉重压力经常和土地所有法一起,给既有的农业关系和社会控制很大的压力。

譬如说,埃及在19世纪晚期的税收增长的效果,就和以前在对贫农征收高额税收时抛弃土地的模式很不一致。这一回,国家直接地看到了税收的增长。国家将税收的增长和土地所有法的重要变革打包,并只将新税收施加于特定的土地阶级。在19世纪50年代,增加了卡拉吉亚(kharajiya)——基本上由贫穷的农民居住、而且其权利并不完整的土地——的税收;但这一政权并没有提高那些由大土地拥有者拥有完全土地权的乌苏里亚(ushuriya)的税收。③ 赛义德在这个时期的土地权改革加强了完整的土地所有权,

---

① 典出圣经。
② James C. Scott, *The Moral Economy of the Peasant* (New Haven: Yale University Press, 1976), p. 91.
③ "1977年,来自卡拉吉亚的税收总收入达到3 143 000英镑,是乌苏里亚的9.4倍,虽然前者区域只有后者的2.6倍大。"(Baer, *A History of Landownership in Modern Egypt*, p. 31.)

也打开了外国人拥有埃及土地的大门。稍晚,在1876年,国家为处理和外国人交易而产生的问题,建立了混合法庭。

所有这些变化的一个结果是,农民们在19世纪60年代因为卡拉吉亚的过高税收而遭遇了背负沉重债务的严峻问题,许多农民因此而抛弃了土地。但是现在新的土地政策允许没收抛弃的或者没有缴税的土地,这一政策以前没有在埃及实行过,但现在却被新的混合法庭推出。另外,国家在每个村庄的代表姆达(umda),现在不只是评估税收,而且还从出售那些被没收土地所得中提取部分收益。在他的美梦的终点是一罐黄金:他只需要评估高额税收并插手拖欠税款的处理。

作为无力支付新的税赋的后果,贫民们发现他们的卡拉吉亚越来越多地落入了官员和其他有钱人手中,成为乌苏里亚。国家实施新的公共工程——尤其是苏伊士运河——所需的税收都在农民的肩膀上压上了新的重担。农民们在当时当然并未从运河或其他公共工程中得到多少好处。随着埃及国际支付状况的恶化,国家力图从贫民身上榨取更多,并改变对那些有产者的政策,因为他们能通过生产出口农作物而挣取外汇。

高税收及作为其结果的农村的无力支付对印度农民造成了类似的毁灭性后果。在这里,同样是农民承担了欧洲式宏大科技规划的费用。正如我们很快就会谈到的那样,即使英国的资本承担了印度铁路的主要投资英属印度的统治权能保证众多的英国投资者很快通过向印度农民增税而收回投资。由新税收导致的不断增加的农民债务造成了一个意想不到的后果:新的英国的法律把土地变成贷款人用以确保贷款安全的商品。"在一个农夫陷入飞速旋转的齿轮中之后,"哈迪亚(Bhatia)说,"他在出卖其土地以偿清其现金债务之前是很难脱身的。"①即使在那些英国人并没有建立起地主拥有的土地管辖制,而实行小土地所有者的管理制度的地方,新的严厉的土地税收还是导致许多农民丧失了土地。同样,殖民者引入的民事法庭使得债权人更容易从农民那里夺取土地。

英国人对印度的新的严峻的农村债务问题的原因的困惑,在19世纪后半期征收的土地税收增加了50%、总税收增加了200%之后还在继续。这一点可以从他们对这个问题所进行的无数次调查中得到证明:人们更多地责备贫穷的农民而非高税收带来的压力。托马斯(P. J. Thomas)说:"如果说无知的贱民们不介意为生计、为其家人和亲戚能在他结婚的那天晚上喝个痛快而出卖劳动力——这种事情对许多劳工而言都是普遍现象,许多婆罗门(有教养的人)则会为庆祝婚礼和支付嫁妆而花大钱,甚至耗尽个人的所有资金。"②

在印度,每英亩土地的土地税和其净产出值的比例一直到20世纪还是很高。即使富裕的农民也抱怨说高额的税收使他们无法为传统的农村典礼筹到足够的资金。这些庆祝典礼是地方生存策略的一部分,给强人机会以奖赏贫穷的村民,获得由他们维持的社会控制的支持。虽然新的税收方式并未在印度普遍地造成大规模

---

① Bhatia, "Agriculture and Co-operation," p. 147.
② P. J. Thomas, *The Problem of Rural Indebtedness* (Madras: Diocesan Press, 1934), p. 2.

生产剩余产品的种植园或工厂,却造成了其他重要的影响。它使得农民不再是土地所有者,并使得大多数印度人的生活水准在19世纪末到20世纪初之间不断下降,或者停滞不前。①

奥斯曼帝国同样未能成功地建立大规模的种植园。同样,它也面临着由新的土地所有权安排和增长的税收带来的各种压力。1886年,奥斯曼朝廷将巴勒斯坦的什一税税率从传统的10%提高至11.5%。1897年又提高到了12.5%。②

虽然撒哈拉以南非洲的大部分地区在19世纪50年代到80年代之间避免了"自由的"土地所有法,那里的殖民国家还是同样把当地民众推进了高税收的掠夺之中。其中一部分早在15世纪就和欧洲经济联系在了一起,加之在16世纪发展起来的新世界的奴隶贸易,都证明了欧洲市场的重大影响。但是全球经济快速而全面地渗透到每个个体的日常生活中,却比世界上其他地区要来得晚一些。实际上,直到20世纪前夕撒哈拉以南非洲的大部分地区才开始实施这些新的政策——税收征收的大变革,推翻旧的社会

---

① 关于在19世纪后半期生活水平是否有绝对下降,还有些争论。关于此争论的总结,见 Daniel Thomer, "Long-term Trends in Output in India," in Simon Kuznets, Wilbert E. Moore, and Joseph J. Spengler, eds., *Economic Growth* (Durham, N.C.: Duke University Press, 1955), pp. 103 – 19. 由于不断下降的卢比价值以及缺乏统计数据,我们不清楚,那些通过耕种或者服务于农场主而直接或间接务农的家庭,其生活水平到底有多大变化(M. Mukerje, "National Income," in Singh, ed., *Economic History of India*, esp. pp. 689 – 90)。关于农业工人工资的下降,见 K. Mukerji, "Levels of Living of Industrial Workers," in Singh, ed., *Economic History of India*, pp. 656 – 60。

② Chaim Halperin, *The Agricultural Legislation in Palestine* (Tel-Aviv: Sifriat HaSadeh, 1944), p. 119 (希伯来文著作,标题已翻译)。

制度。① 殖民者隐藏了其此刻对非洲的复杂的野心:欧洲对原材料的需求的增长、欧洲可输出资本的增加、帝国主义之间的竞争,以及使得侵入内陆更为容易和低成本的技术创新。迈克尔·克劳德(Michael Crowder)对西非的描述中这么归纳生产变革的关键性:

> 在欧洲殖民统治建立之前,欧洲的企业大部分从事海岸贸易,依赖非洲的中介商来渗入内陆……在殖民占领之前,非洲人可以在权衡种植口粮作物或那些用来交换进口商品的出口经济作物的比较优势之后,决定种植花生和生产棕榈油。而殖民体系则主要通过税收,迫使他们在损害口粮作物的情况下主要种植出口作物。②

通过19世纪晚期和20世纪早期强加的新的税收,殖民者明确地希望在最底层改变生产的本质。弗雷德里克·卢格德(Frederick Lugard)爵士,著名的英国驻尼日利亚总督,在1906年流畅地写道:"直接税通过刺激工业和生产而带给民众道义上的好处。"③同样,从1908年开始担任科特迪瓦总督的法国人安革尔方特(Gabriel Angoulvant)也确信,只有"通过征税而刺激他们为出

---

① 很多人认为,在19世纪末,为鼓励生产的新形式以及提高国家的岁入,土地使用权法对国家官员来说开始失去其巨大的吸引力。这类法律的片面效果,特别是难以控制的富裕的地主阶级,都可能直接导致寻求新的补救方法、新型税制,以便从世界市场经济中获益并征集新的国家岁入。
② Michael Crowder, *West Africa under Colonial Rule* (Evanston, Ill.: Northwestern University Press, 1968), pp. 286, 274.
③ 前引书, p. 206。

口而生产"的法国政策,才能挖掘该国的生产潜力。①

英国和法国——尤其是法国——在非洲利用强迫劳动作为一种直接形式的税收和其他税收的派生物。一份提交给1900年国际殖民大会的报告说:"看起来提高本地劳动力就业的最佳方式,就是对黑人征收相对较高的税收……高额税收会将他们带入强迫劳动。"②法国人甚至强制规定该种植何种作物,为商业企业招募工人。通过各种税收形式,欧洲人动员了非洲人建造铁路和其他公用事业,以及形成商业种植的季节性移民。

移民、强迫劳动,以及由新的税收政策导致的为出口而生产,都为旧有的社会组织及其行使的社会控制敲响了丧钟。法国殖民部前部长肖当(Felix Chautemps)在1913年意识到了这一混乱以及随之而来的土著人对殖民统治的不情愿:"我们——官员和商人们——来了,却是基于他们的痛苦;我们假博爱之名对他们征收什一税。我们推翻了他们的制度,并在正义的伪装下破坏了他们的习俗——土著人并不喜欢我们;他们害怕我们。"③

在1896年宣布塞拉利昂为英国保护国后,英国立刻遇到了在非洲推行新税收计划中最困难的时刻之一。而1896年的保护国是之前早就在弗里敦半岛上建立的塞拉利昂殖民政权的延伸。1898年实施的旨在为保护国的行政体系融资的房屋税,导致了棚屋税战争——一场广泛的旨在反对英国统治的造反。虽然在一些

---

① Michael Crowder, *West Africa under Colonial Rule* (Evanston, Ill.: Northwestern University Press, 1968), pp. 110.
② 前引书,p. 186。
③ 前引书,p. 187。

地区,暴力冲突持续了一年之久,但英国人保留了税收。殖民统治者的主要政策改变看起来似乎是改直接征税为通过地方首领征税(见第三章)。

从实物税到现金税

在许多国家,由于法律和行政法规要求税收必须以现金而非作物收成的一定百分比来缴纳,耕作的农民们进一步陷入了负债的境地。英国人认为他们在印度的一个重要成就就是使得"产品的系统交换转变为现金税收"①。在黎巴嫩和巴勒斯坦,土耳其帝国在19世纪最后20多年,提高税率并同时试图将其改为以现金征税。这一转变给农民们带来了极大的压力。以往,帝国官员们按照前五年的平均产值确定税率,然而现在以现金征税的尝试却意味着粮食价格的年度波动将带来灾难性后果。② 埃及的官员们走得更远,在改为现金征税的同时,1880年颁布的现金征税的法令带来了赛义德及其前任阿拔斯(Abbas)一世下行政体系的变化。

19世纪后期向现金税的转变迫使农民们更多地卷入市场,并刺激他们种植出口作物———一般人都假设,为获取税收所需的现金,农民们将会种植收益更高的出口作物。然而,非常普遍的现象却是,新的严厉的税收体系、经常变动的产品和货币经济却使得本来就处于生存边缘的农民陷入灭顶之灾。高利贷者们把征收现金

---

① G. K. Meek, *Land Law and Custom in the Colonies*, 2d ed. (London: Oxford University Press, 1949), p. xvii.
② Granott, *The Land System in Palestine*, p. 60.

税视为兼并土地的另一个好机会,并在此过程中扩张了土地面积和权力。在印度、巴勒斯坦、塞拉利昂和其他地方,土地成了高利贷者们贷出的资金的抵押物。贝尔(Baer)描述了埃及农民们为了满足征税者而改种经济作物,尤其是为英国制造业提供棉花时的境况:

> 许多农民由于改种了经济作物,现在需要购买粮食。这些土地原来能使他们免于饥饿,现在却由于干旱或其他什么天灾,他们必须向高利贷者借钱。然而他们往往在借钱之后无力还债……最终,农民们以土地抵押,获得贷款;利滚利之后,他们因无力偿还债务而不能赎回的土地,成为了放贷者的财产。①

在不同国家,放贷者来自不同的人群。在农村,往往是店主或大的土地所有者;在城市,则往往是企业家或来自外地的大土地所有者。同样,在许多国家,种族或宗教的少数派往往是贷款者。一般而言,在现金稀少却很重要的地区,殖民统治者们能决定谁能成为放贷者。

世界经济广泛而深入的渗透性随现金税的征收而体现出来。现金的使用使得交换和货物的流动变得更为自由。几乎所有的农民,或快或慢地,都将大部分土地改种市场所需要的作物。同样重要的是,这一变化促进了劳动力的流动,而这对于资本主义市场经济的运行是至关重要的。随着农村债务的快速增长及随之而来的土地被扣押,农民们首先出售他们的土地,然后出售自身的劳动力。失去土地的"自由了的"原小土地所有者和那些保留了少量土地的人们加入了新兴的城市和农村工人队伍。更进一步,通过土

---

① Baer, *A History of Landownership in Modern Egypt*, p.34.

地兼并，在那些具备条件的地方采用新技术和规模经济生产急需作物，从而有助于世界市场的建立。

税收政策和土地所有法共同构成了阻止农村生活回到其以前状态的双重屏障。然而，各个地方的世界市场深入渗透的时机选择取决于一个确保人和特殊商品自由交换的决定性因素。这个因素就是新工业时代的象征——铁路，它使得世界经济能渗入地球的非西方地区。

新的交通模式

在19世纪，随着时间的推移，西方社会和亚非拉地区社会的距离越来越近了。譬如，汽船取代帆船登上历史舞台，满载标准化货物航行在19世纪70年代到90年代的公海上。另外，西方私人和国有企业海外投资的激增，改变了帝国间（尤其是英国和其他国家间）的权力关系。英国本土的投资仅仅增长了13%（1841—1850年、1851—1860年两个时期对比），而其海外投资却增长了两倍。①

---

① *Cambridge Economic History of Europe*, vol. 7. part 2, pp. 91, 69. E. A. J. Johnson, *An Economic History of Modern England* (New York: Thomas Nelson 1939). 在第二个文献第111页写道，英国的外来投资"使得建设铁路、开发矿山、建设工厂、建造公共设施以及建设种植园成为可能"。也见 Matthew Simon, "The Pattern of New British Portfolio Foreign Investment, 1865—1914," in A. R. Hall, ed., *The Export of Capital from Britain 1870—1914* (London: Methuen, 1968). 之后，投资持续增长。从1874年直到"一战"爆发，英国总投资增长超过30%；法国和德国的增长甚至更快［Simon Kuznets, *Modern Economic Growth* (New Haven: Yale University Press, 1966), p. 322; and A. K. Cairncross, *Home and Foreign Investment 1870—1913* (Cambridge: Cambridge University Press, 1953), p. 203］。范斯坦（C. H. Feinstein）的估计显示，从1845年到1913年，来自国外的净投资增长超过了1500%［C. H. Feinstein, *National Income, Expenditure and Output of the United Kingdom 1855—1965* (Cambridge: Cambridge University Press, 1972), p. 205］。

除了迅猛增长的输出资本外,欧洲不断增长的对包括粮食和矿产等原材料的需求,以及伴随铁路大发展的技术变革,都促成了一场亚非拉地区交通的革命。

从 19 世纪中期开始铺设的铁轨是世界经济扩张的先驱。我们甚至可以说铁路是拉动变革的火车头。火车打破了与世隔绝和无法进入的状态。即使抛开它的载重量不提,光是它满载人员和货物时的飞奔速度本身就令人眩目。随着大型载货卡车满载人员、产品,尤其是生产于欧洲之外的初级产品,穿越森林,跨越高山和沙漠,新的市场经济成为人们日常生活的基本事实。铁路的扩张从 19 世纪一直持续到 20 世纪,但其进入那些人口众多且富庶的地区却只用了很短的一个时期。从 1850 年到 1880 年,全球范围的铁路线增长了近十倍,从 1880 年到"一战"又增加了近三倍。在"一战"爆发之际,三分之二的铁路已经投入使用。铁路的令人瞩目的增长同运输业其他方面的质变和量变一道,制造了真正的交通革命。道路改进成为全球现象。随着蒸汽船运用于商业,运输吨位从 19 世纪 60 年代的 28 万吨上升到"一战"开始时的 3.7 亿吨。

在 1853 年的印度,总督达尔豪西(Dalhousie)伯爵表述了导致 19 世纪 60 年代印度开始爆炸性社会经济变迁的挫折和动机:

> 广袤的土地上堆满了超出人们处理能力的产品;如果能将货物运到需要它们的地方,其他人也将受益于物质的丰富。英国大声呼喊,寻找他们需要的棉花,印度则早就能在一定程度上生产这么多的棉花,而如果能在棉花产地和远方的几个

港口之间提供适当的运输方式,他们将能保质保量地生产出棉花。来自世界各地的船只挤满各个港口,寻找我们生产的各种产品。但目前我们却很难从内地把它们运来并获得相应的利润……我们可以毫不费力地从这个基础上得出如下结论:谨慎地选择并建立一个铁路体系,将肯定会很快为这个帝国带来同样的创业雄心、生产的增加、潜在资源的开发、国家财富的增长、社会的进步,而这些都标志着西方各国改进的、扩展的交通的引进。①

在19世纪晚期和20世纪疲倦的殖民者中,像达尔豪西这样天真的想法很快就变得很少见了。

随着欧洲采用新的机器生产方式,对棉花的需求迅速增长。而随之而来的是建设能运送这些棉花的工具,它最终也被修建了!达尔豪西的政策改变了印度的交通,从原来成本非常高昂的水牛、骆驼、公牛,到廉价且快速的铁路。如果路上要花费四天,那么公牛们吃掉的粮食会比它们运载的多。单是这一障碍就阻碍了国际市场的渗透。② 早在四分之三个世纪之前,亚当·斯密(Adam Smith)就在其《国富论》一书中清楚地阐释了运输方式是如何决定市场的实际范围的。事实上,在火车机车专利注册前几年,斯密在出版其著作的时候,更关心火车机车对市场和国际港口连接而非

---

① 引自 Tarasankar Banerjee, *Internal Market of India* (1834—1900)(Calcutta: Academic, 1966), pp. 83-4。

② Michelle Burge McAlpin, "Railroads, Prices, and Peasant Rationality: India 1860—1900," *The Journal of Economic History* 34 (September 1974):682。

获得内陆市场能力的影响。①

火车打开了内陆地区。在1858年,大约430英里(1千米＝0.6214英里)铁路投入使用,这只占印度最终铁路总长的1%。从此以后的增长是非常显著的;5年后,英国又取得了4倍的增长,接近2 000英里的铁路投入使用。棉花出口的增长反映了铁路系统的巨大扩张。受美国内战的影响,印度的棉花出口从1859/1860年到1864/1865年期间增长了5倍。在1863—1868年的5年内,英国公司又把铁路线增加了近1倍,在随后的15年又增加了1倍。到1882年,火车运输吨位比1858年增加了5 000倍,而这些棉花对英国的制造业至关重要。②

虽然铁路是把农村印度全面推向欧洲世界经济的最主要原因,新公路同样在把原材料从农民手中简单而低成本地转运到其他地方时扮演了重要的角色。在1852—1853年印度领土特别委员会成立之前,芬利(A. S. Finlay)说:"我认为目前印度的道路在任何程度上都不适合商业用途。"③达尔豪西通过建立公共建设部门,在19世纪50年代之后扩展了道路系统,从而改变了这种状况。

---

① Adam Smith, *The Wealth of Nations*, vol. 1 (New York: E. P. Dutton, 1957), book I, ch. 3.

② Banerjee, *Internal Market of India*, pp. 334-35; Nolinaksha Sanyal, *Development of Indian Railways* (Calcutta: University of Calcutta, 1930), esp. Diagram I and p. 35; Vinod Dubey, "Railways," in Singh, ed., *Economic History of India*, p. 336; and Romesh Dutt, *The Economic History of India in the Victorian Age*, vol. 2 (1904; reprint New York: Augustus M. Kelley, 1969), p. 548.

③ 引自 Banerjee, *Internal Market of India*, p. 63。按照桑亚尔(Nolinaksha Sanyal)的说法,建设公路比建设铁路早开始一个多世纪,在19世纪40年代就有了30 000英里。然而,可疑的是这些道路中有多少可用于商业目的(Sanyal, *Development of Indian Railways*, p. 3)。

英国的资本和管理技能在印度快速建设铁路系统和公路系统时发挥了重要作用。在1857年完全征服印度之前,每年都有印度流向英国的资本净流出。但之后情况发生了逆转,从英国流向印度的资本在很多经济部门都发挥了重要作用。① 起初,确保5%的收益吸引了来自英国的铁路投资。许多投资者来自中产阶级;到1868年,有将近5万个股份或债券的持有者。为了获得尽可能多的利润,他们向英国政府施加压力,要求加快在印度的铁路建设进程,并为此进行了一个议会调查,在印度建立一个"保证对英伦诸岛民众的需要和利益更有回应性的"政权。② 然而没过多久,国家取代了私人资本,扮演了最重要的角色。到1891年后期为止,英国政府支付了铁路建设支出的近60%。③ 一只看得见的手引导了世界市场经济的前进。

在那些没有印度那样的资源禀赋和能力的国家中,铁路建设的进程要曲折得多。譬如,在埃及,穆罕默德·阿里在19世纪30年代和40年代就制订了几个铁路建设方案,但由于缺乏西方支持而无力单独建设,到50年代赛义德政权时期才开始起步,在60年代和70年代的伊斯梅尔时期进入繁荣时期。1856年启用的开

---

① Arun Bose, "Foreign Capital," in Singh, ed., *Economic History of India*. 他写道:"然而,直到1857年之后,我们才发现流入印度的英国资本达到一个显著的水平。当它达到这一水平时,铁路之外的投资开始主要进入用于出口的稀有原材料的生产,茶叶生产成为最重要的产业,之后是制造黄麻。"(第506页)在1854年到1969年之间,英国资本中大约有1.5亿英镑投资到印度,在19世纪70年代,每年大约为500万英镑[Leland Hamilton Jenks, *The Migration of British Capitcal to 1875* (New York: Alfred A. Knopf, 1927), p.225]。
② Jerks, *The Migration of British Capitcal to 1875*, p.215.
③ Dutt, *The Economic History of India*, p.549.

罗—亚历山大线,是中东也是非洲的第一条铁路。当然,埃及并不用像许多其他国家那样担心如何渗入内陆,尼罗河中游的自然交通和运输方式解决了这一难题,而修建苏伊士运河减轻了对铁路运输的压力。

奥斯曼帝国的其余部分则更晚进入"机车时代":

> 在大运河东部直至印度边境的广袤区域内,情况是截然不同的。多个世纪以来,这里是文明世界的十字路口。东西方交汇于此,大型的商旅队伍从中国和撒马尔罕(乌兹别克东部城市)出发,途经德黑兰而最终抵达巴格达、大马士革和地中海。所以,在1868年,世界各地已被铁路所渗透的时候,这个区域居然还没有修建一英里的铁路,确实令人惊讶。现在的以色列、约旦、黎巴嫩、叙利亚和伊拉克,在当时都是奥斯曼帝国的领土,其境内居然没有一条可以让马车行走的道路。直到1863年一个法国公司才修建了第一条从贝鲁特到大马士革的马路。而在隔壁的波斯(现在的伊朗),道路交通情况几乎更差。①

巴勒斯坦和黎巴嫩缺乏重要原材料,因而当地的铁路建设缺乏迫切性。直到19世纪90年代,在黎巴嫩的法国势力和巴勒斯坦的英国势力的竞争下,西方势力才开始铁路建设。

和埃及类似,在墨西哥,建立铁路系统的早期努力受到各种问题的困扰。直到19世纪最后25年,一个复兴的墨西哥国家出现

---

① Hugh Hughes, *Middle East Railways* (Middlesex, England: Continental Railway Circle, 1981), p. 7.

后,问题才有所改观。在这个时期,在富有冒险精神的外国投资者的帮助和政府的刺激下,铁路系统飞速增长。在1876年,墨西哥只有640千米的铁路,而到了1884年,这个数字增长了800%。这主要归功于连接墨西哥城和美墨边界的墨西哥城到帕索德诺蒂的铁路的建设。投资者设计墨西哥铁路以连接这个国家最富饶的地区,而不是像在其他拉美国家那样,主要是为了刺激殖民者定居。①(在世界的其他地方,军事和安全需要也导致新铁路的建立)。到了19世纪末,墨西哥的铁路里程又增长了1倍。在1910年革命前夕,复杂的铁路系统已经连接了整个国家。

铁路引发了壮观的经济社会变革。根据科茨沃思(John Coatsworth)的估计,运费的节约和其他间接收益,对革命前的墨西哥经济增长贡献过半。供出口的矿石和纺织品的产量显著增长,也主要要归功于新的铁路。在其他地区,铁路的作用在于助长了土地集中的趋势并影响了其他地区,从而涟漪式地改变了社会。

特别是在拉丁美洲多山的高原地区,铁路快速改变了农业生产的供给和需求清单。通过显著地减少运输费用并连接远距离的(国内和国际的)早先隔离的市场,铁路使得拥有土地变得比以前更加有利可图……运输技术的革新是重要的原因,改变了农作物结构、财产的管理、劳动力的安排、土地所有权的模式和农村福利。但农村人口很少分享到现代化的成

---

① McBride, *The Land Systems of Mexico*; and Don M. Coerver, "The Perils of Progress: The Mexican Department of Fomento during the Boom Years 1880—1884," *Inter-American Economic Affairs* 31 (Autumn 1977): 41 - 62.

果,却常常要承担其代价。①

对内陆的塞拉利昂的渗透,如对大部分撒哈拉以南非洲一样,来得最晚。直到1896年才开始在塞拉利昂建设铁路。② 然而铁路和之后的公路系统有着巨大的作用。克劳德写道:

> 如果殖民者的权力可以被认为给西非带来了经济革命,那么这是通过建设铁路实现的。铁路建设越过了无名的乡村,穿过了茂密的森林,跨过了绵延的山脉,留下了建筑工人的墓碑,极大刺激了设计铁路来运送经济作物。③

虽然总长度少于500英里,但塞拉利昂的铁路系统促进了世界市场对以前从未商业化的地区的渗透。利物浦和曼彻斯特的商会对英国的殖民官员施加压力,要求建立塞拉利昂的线路。他们因为急需甘油和人造黄油而寻求获取通路,进入那些盛产棕榈的地区。④

在亚非拉,通过铁路通往内陆地区的新道路加速了社会变迁

---

① John Coatsworth, "Railroads, Landholding, and Agrarian Protest in the Early Porfiriato," *Hispanic American Historical Review* 54 (February 1974): 48-9;也见他的"Indispensable Railroads in the Mexican Economy," *The Journal of Economy History* 39 (December 1979): 939-60; 或见 Cosío Villegas, *Historia moderna de Mexico*, vol. 7, part 4. 在1867年即C. E. 布莱克在墨西哥巩固领导地位的时候,仅有272.7千米公路,见 López Rosado, *Historia y pensamiento economico de México*, vol. 3, p. 54。

② Lionel Wiener, *Les chemins de fer coloniaux de l'Afrique* (Brussels: Goemaere, 1930), pp. 299-303.

③ Crowder, *West Africa under Colonial Rule*, p. 276.

④ 人造黄油到1869年才发明,这部分解释了直到20世纪末欧洲不断增长的对棕榈仁的需求。

和旧的社会控制形式的式微。夏尔玛(S. R. Sharma)在他的一篇文章开篇处号召印度赶在欧洲之前成为"世界工厂"①,结尾则写道:"铁路的建设使外国制造品取代了本国产品,加速了原材料出口。印度的手工业遭受了灭顶之灾,丢了饭碗的手工业者们则加大了对农业的压力。"②铁路自身也给农业带来了深刻的影响。铁路运输的大宗货物如蔗糖和棉花,都要求大规模经营,而这使得小农生产和其相关的社会制度不再具有竞争力而变得不合时宜。譬如,19世纪80年代,随着墨西哥铁路线的延伸,"种植园主们开始进口大型机械,建立大规模的糖厂,供应刚刚兴起的大市场"③。对于大量的小农而言,这些创新都使得生活成为一场始终令人绝望的挣扎;他们保留其土地的能力日益下降。

在许多国家,铁路的开通以另一种方式改变了农村劳动的本质;采矿业得到了大规模扩张。譬如,印度的采煤业规模一直到19世纪中期都很小。铁路系统的扩张"不仅仅作为运输者,还作为消费者,给这一行业带来了新的推动力"④。即使公路和运河能更好地服务于世界市场的渗透(譬如在印度就对此展开过争论),铁路

---

① S. R. Sharma, "Cottage Industries: 1857—1947," in Singh, ed., *Economic History of India*, p. 281.
② S. R. Sharma, "Cottage Industries: 1857—1947," in Singh, ed., *Economic History of India*, p. 296.
③ John Womack, Jr., *Zapata and the Mexican Revolution* (New York: Alfred A. Knopf, 1969), p. 15.
④ Bishnupada Guha, "The Coal Mining Industry," in Singh, ed., *Economic History of India*, p. 310. 关于撒哈拉以南非洲地区铁路与矿石工业的增长之间的关系,见Robert H. Bates, *Rural Responses to Industrialization* (New Haven: Yale University Press, 1976), pp. 18-9。

也具有另外一种功能——它们的象征性权力。《经济学人》于1857年讨论了铁路的"教化影响",促进了"世俗政府在没有和国际信仰接触的情况下,本土迷信结构的快速解体"[1]。

社会变迁与社会控制

有效的社会控制首先取决于对资源和仪式的管理。此外社会控制还需要有效利用符号,赋予社会关系以意义。奖赏、惩罚和符号的组合是人们构建与其日常生活状况相关的生存策略——满足其世俗需要及物质和精神渴求的方法——的基本要素。土地所有法、税收程序和交通的改变,给生活状况带来了根本性的、快速的、近乎全方位的转型。与各种具体社会控制形式相关的基本生活条件——家庭、工作和农业——都不复存在了,它们都在一场以各种方式深刻影响社会每个部分的、才持续几十年(通常更短)的急剧的变革中消失了。

伴随欧洲经济扩张而来的日常生活的商品化加速了一个其他人称之为无产阶级化的进程。为了生存,农民和工人们日益以出卖劳动力给农业企业或其他部门(但更多地是新兴的制造业和服务业)为生。蒂利分析道,在欧洲,这一进程是由工资取代其他报酬方式而引起的;更重要的原因则是从生产者手中剥夺其生产的手段。[2] 在亚洲和拉美,这种剥夺在改变土地所有权的过程中同样

---

[1] 引自 Jenks, *Migration of British Capital*, p. 216。
[2] Charles Tilly, *As Sociology Meets History* (New York: Academic Press, 1981), p. 195.

很重要。在非洲,通过税收变革和改进的交通而实现的商业化打开了通向无产阶级化的大门。

变革的性质和影响在各地各不相同。即使在一个较小的地域里,区别也可能是巨大的。如裴宜理(Elizabeth J. Perry)所展示的华北地区的社会生态,或者佩奇(Jeffrey M. Paige)讨论的为出口服务的旧式的农业组织,在世界经济在欧洲之外的无情推进下变得截然不同。① 这些差异值得未来的研究者们更密切地关注,但此处我只是勾勒出变化的大致轮廓和新经济的主要影响。在亚非拉的许多地区,国际分层的差距扩大到超出以往所有能想象到的程度,并固定下来了。根据白若其(Paul Bairoch)的报告,工业革命前最穷的社会和最富的社会之间的差距在1.0到1.5之间。在18世纪中期,欧洲的生活标准可能稍微低于世界其他地区。然而,工业革命之后,随着欧洲标准的急剧上升和其他地区生活标准的下降,到1913年,差距扩大到1.0—3.4,到1977年则扩大到了7.7。② 西方上升到了(世界的)顶层,而且看来不会落下来。

同样的扩大着的分层差距发生在非西方社会间。土地所有

---

① Elizabeth J. Perry, *Rebels and Revolutionaries in North China*, 1845—1945 (Stanford, Calif.: Standford University Press, 1980); and Jeffrey M. Paige, *Agrarian Revolution: Social Movements and Export Agriculture in the Underdevelped World* (New York: Free Press, 1975).

② Paul Bairoch, "The Main Trends in National Economic Disparities since the Industrial Revolution," in Bairoch and Maurice Levy-Leboyer, eds., *Disparities in Economic Development since the Industrial Revolution* (New York: St. Martin's Press, 1981); and Paul Bairoch, "Historical Roots of Economic Underdevelopment: Myths and Realities," in Wolfgang, J. Mommsen and Jurgen Osterhammel, eds., *Imperialism and After: Continuities and Discontinuities* (London: Allen and Unwin, 1986).

法、新的税收政策和交通改进强化了各自的影响。那些有资源来利用新经济的机会——新兴国家的政策是鼓励这种行为的——的人,在财富和对生产要素的控制上远远超出了社会中的其他人。穷人和富人之间的差距超出了不断扩大的收入差距,而涉及社会政治生活的基础:人们在何处生活,从事何种工作,以及农业组织的性质。财富的相对变化只是故事的一小部分;新环境实际上破坏了人们的生存策略。

大批居民改变了他们的居住地。采矿的小镇如雨后的蘑菇一般,几乎在一夜之间大量出现。挤挤挨挨的城市在安静的村庄和城镇之间涌现,在第三世界开始了一个至今还是方兴未艾的城市化进程。在今天,一些城市的人口每年因移民而增长3%,同时因自然增长而增长3%。快速的城市化始于19世纪晚期(对于非洲大部分地区而言是20世纪初)那些临界时期。举例来说,贝鲁特在18世纪末期还是个只有6 000人的安静的港口;到1885年,它的居民数达到了10万,而这一增长发生在1890年重建港口之前;1890年之后,贝鲁特开始了一轮新的扩张,这一扩张最终使得半数以上的黎巴嫩人居住在贝鲁特。

从1850年到1880年,开罗的面积扩大了一半。[①] 在巴勒斯坦,人口的重心在19世纪的最后25年开始转移。居住在国家东部的贫瘠山区的贫民,甚至邻国的阿拉伯人都移居到商业化的中部

[①] Adna Ferrin Weber, *The Growth of Cities in the Nineteenth Century* (1899; reprint Ithaca: Cornell University Press, 1963), p. 137; and Tertius Chandler and Gerald Fox, 3000 *Years of Urban Growth* (New York: Academic Press, 1974), pp. 196 - 97.

和西海岸地区,在那里西方的活动和犹太复国主义者的定居带来了新的机会。在这些地区,城镇和城市的发展远远超出了国家人口的增长。在港口城市如雅法,人口数量在 12 年内增长了 1 倍。印度城市和城镇同样迅速增长,在 19 世纪 80 年代以每年 1‰的速度增长。①

新兴城市带来了新的工作机会,尤其是在服务行业。即使对于那些并没有永久改变居住地的人们而言,许多人也经历了生活环境的重大的新变化。煤矿、蔗糖业磨坊和其他各种为国际市场而生产的企业将村民们转变成了月票持有者或季节性移民。而且对应于每个从事制造业工作的人,会有相应的人从事农村地区新兴的第三产业。土地兼并和新的制造业使得旧式的通过农业和手工业谋生的生存方式难以为继。

从旧岗位上转移出来的人数往往要远大于可获得的新的职位数,这经常使对新的生存方式的寻求变得更为复杂。正如克拉克·雷诺兹(Clark W. Reynolds)笔下的 1910 年墨西哥革命之前的几年:"机器制造业的发展……趋向于以高于新吸纳劳动力的比例使工匠们失业。"②在亚洲和非洲的许多国家,随着殖民者和解措施和西方新公共卫生措施的引入,人口增长率急剧提高。这也加剧了许多地区就业状况的恶化。

即使那些幸运的、能经常找到工作的人也面临严峻的经济危机。"主要由采矿业、经济作物和制造业带来的、伴随快速增长的

---

① Weber, *The Growth of Cities*, p.126.
② Clark W. Reynolds, *The Mexican Economy* (New Haven: Yale University Press, 1970), p.25.

经济而增长的收入,"雷诺兹这样分析墨西哥,"并没有通过工资和薪水的成比例增加而使劳动者受益。相反,这些领先部门的收入增长被资产、土地和地下资源的所有者们所攫取。"①在埃及和印度,这些所有者要么是外国人,要么就是同样还从其乡下的领地里疯狂获利的那些人。

在这些关键时刻,即使对大多数人——他们并没有改变职业或居住地——而言,与其相关的生活处境和社会控制的类型快速而且不可挽回地改变了。伴随世界经济的扩展而来的社会变革很大程度上发生在农村,这和1800年前其发源地欧洲的社会变革并没有多大的差别。农业继续作为大多数人谋生的方式。举例来说,即使在墨西哥1870年前后开始的经济社会剧变过去20年后,农业还是80%的人口赖以生存的方式。这一比例同样适用于埃及、塞拉利昂、印度和巴勒斯坦。

这些年发生了什么变化?我们观察到的变化是人们的农业生产、他们和土地的关系,以及他们和其他阶级的人相比所处的位置。生产重心明显转移到了经济作物,尤其是那些主要用于出口的经济作物上了。不仅是多数大庄园都宣称为出口而种植,即使那些墨西哥和巴勒斯坦最不商业化的地区的小土地所有者和农民,都不再只种植单一的粮食作物了。农民们尽量种植和以前一样多的粮食作物,也尽力扩大经济作物的生产。然而,只有少数足够幸运的人能继续保持土地的所有权。随着强人们兼并土地,设

---

① Clark W. Reynolds, *The Mexican Economy* (New Haven: Yale University Press, 1970), p. 24.

立庄园、牧场等等,人们的生活处境发生了巨大的变化。在那些进入了规模化农业生产的新经济地区,农民们往往成为大型商业企业的雇工,而在其他地区,他们则成为佃户或者加入了全世界日益增加的无地流浪劳动力的大军中。

和其他社会阶级的人相比,农民的地位变化最为复杂。譬如说,在埃及,土地所有者阶级成为不住在庄园的土地所有者,其中多数是外国人;巴勒斯坦的阿拉伯土地所有者也是如此,只不过其中外国人比较少,但在世纪之交,犹太人开始进入土地市场。

有时土地所有者和放债者是同一群人,但有时候却是不同的——往往是种族的不同。但是,几乎在所有地区,农民们发现他们和那些控制着对他们的生存至关重要的资源的人之间的社会差距越来越大。农民和土地所有者的关系,随地方的不同而不同,尤其和当地的商业化程度以及商业化的类型有关。① 然而,总的来说,不断扩大的收入差距、不同的居住区、不同风格的言语衣着,都不断地将农民和位居其上的阶级分开。许多人发现,他们的监工和工头们现在成了他们和地主或债权人之间的中介。以前农民们所维持着的,和那些文化上同质的地主之间,在某种程度上保护他们不受变幻无常的市场威胁的私人关系,现在开始变成更商业化的关系。

随着生存环境——职业、居住地、生产和土地的关系,以及和

---

① 在埃及,商业化发生于整个世纪,可与埃及农民相比较的是土耳其的农民,土耳其的商业化更缺乏同质性。见 Dani Rodrik, "Rural Transformation and Peasant Political Orientations in Egypt and Turkey," *Comparative Politics* 14 (1982): 417–42。也见 Paige, *Agrarian Revolution*。

其他阶级的关系——的变化,人们的需要也发生了巨大的变化。社会的全面衰败导致社会中旧式社会控制方式同时发生剧变。旧的裁制,如社区的排斥或贬褒,随着和外界交流的扩大、新的参照群体的出现或移居外地,而变得不再有力。旧的奖赏,如收割粮食的互助小组的好处,在许多人失去了土地或转而生产经济作物之后,变得毫无意义。旧的调解方式,如通过村长来调解争议,随着和外界那些不认识也不尊重村长的人的交往的日益增长,开始变得没有意义。

在所有我研究的国家中,农民或劳动力所处的环境在始于19世纪末期的很短的一段时间内急剧变化。土地所有权的改变、更高的税收、现金征税,以及铁路的修建,导致了环境的改变,从而使得旧的策略和方法对于解决新问题变得毫无意义。当然,重要的差异存在于变化的速度及其削弱旧式社会控制的程度中。不同地区间的此类差异在地形和气候存在巨大差异的国家里尤其明显。不同地区在世界市场的力量渗透的可接近性和吸引力方面存在巨大差别。

譬如在墨西哥,由于当地社区组织的社会控制在面临大庄园的扩张时迅速解体,那些沿海的印第安人经历了最严酷的变化。而那些在更偏远的山地的印第安人则有时保存了一些纳什(Nash)所谓的"防卫性社团社区"的外表。① 在贫穷而与世隔绝的瓦哈卡州,从墨西哥城延伸过来的市场体系直到20世纪才将有限的农民

---

① Nash, "The Impact of Mid-Nineteenth Century Economic Change," p. 183.

集市整合到一起。像北方那样的土地的高度集中并没有在这里出现。①

一个类似模式的内部差异发生在巴勒斯坦。在19世纪末,在交通更为方便、土地更为肥沃的近海地区和中部平原地区,近80%的农民没有土地,而在东部地区(今天被称作"西岸")②偏远而荒凉的山区,只有50%的农民没有土地。只有像埃及这样只有一条纽带——尼罗河——的国家,由于绝大多数居民居住在类似的地理和气候之下,内部的差异才不那么重要。

然而,必须强调,除了亚非拉那些最为偏远的地区之外,世界市场的持续冲击极大地削弱了旧的社会组织和社会控制。新的土地法和征税程序、铁路的修建,都使得旧有的生存策略过时了。在许多情况下,旧的社会组织和社会控制已经存在几个世纪了,在另外一些情况下,这些组织和控制则是近期的社会变革——如农民定居边疆或西方经济活动的早期影响——的产物。无论是哪种情

---

① Ralph L. Beals, *The Peasant Marketing System of Oaxaca, Mexico* (Berkeley: University of California Press, 1975), pp. 11 - 2. Also, see Ronald Waterbury, "Non-revolutionary Peasants: Oaxaca Compared to Morelos in the Mexican Revolution," *Comparative Studies in Society and History* 17 (October 1975); and Charles R. Berry, "The Fiction and Fact of the Reform: The Case of the Central District of Oaxaca, 1856—1867," *Americas* 26 (January 1970): 286. 卡茨(Friedrich Katz)提供了墨西哥不同地区变化的详细图景。他写道,甚至在庄园内部,差异也是十分大的。例如,在墨西哥南部,"庄园中的劳动者并没有构成处于同样情形下的雇农的大部分,而是构成非常复杂的社会集团的等级结构。有不同的途径接近土地、资源以及庄园主的家长式统治,在种族和社会来源上也存在不同。"[Friedrich Katz, "Labor Conditions on Haciendas in Porfirian Mexico: Some Trends and Tendencies," *The Hispanic American Historical Review* 54 (February 1974): 21.]

② Abromovitz and Gelfat, *The Arab Holding*, p. 154.

况，世界经济的扩张给人们的社会关系造成了一个突然而巨大的变化。不论是加入不断增加的城市无产阶级大军，还是继续留在一个还有生气的乡村社区，人们都发现他们自己成了直接或间接与扩张的市场经济连在一起的企业的一部分。在每个国家，每个个人所处的环境都发生了巨大的变化，正如其所处的社会作为一个整体改变了其在世界经济中所处的位置和角色一样。虽然一个修正主义学派尝试争辩说，尤其像在印度，市场力量在那个时期并没有造成像我（和其他人）所说的那种破坏。但是这些作者自身的证据也表明市场力量对旧的社会控制造成了很大的冲击（参见附录二）。这些力量使得蛋形人①式的资本经济体系离开。

由社会在世界市场上的新角色滋生的环境快速改变的冲击波，首先影响到了印度和埃及，我们在前文已经有所论及。它们的社会经济变迁在19世纪60年代初期开始加速。美国的内战破坏了大西洋贸易，对其他地区棉花的需求迅速增长，刺激了大量的新的生产。印度出口产品的总值在1860年后的20年中增长了

---

① 作者在书中多次运用了 humpty dumpty 这个词。Humpty Dumpty 出自 "Mother Goose"（鹅大妈童谣），原是指儿歌里一个蛋形的人物，在墙头上没坐稳，摔了下来。原文在前面还有两句：
Humpty Dumpty sat on the wall（蛋形人坐在墙上）
Humpty Dumpty had a great fall（蛋形人狠狠地摔下了墙）
（接上 All the kings horses and all the kings men fell down and couldn't put Humpty Dumpty together again!）
一般用来比喻损坏后无法收拾、弥补的事物。这一翻译借鉴了网上的翻译（http://chi. proz. com/kudoz/english _ to _ chinese/bus _ financial/199763—humpty _ dumpty _capitalism. html），译者在此表示感谢。——译注

140%,在之后的 20 年中又增长了 140%。① 事实上,只有 19 世纪末期最后 25 年的美国能和印度贸易在这个时期的绝对增长值相媲美。此外,1869 年苏伊士运河的开通,使从欧洲到印度的海上距离缩短了上千里,促进了印度经济环境的剧变。

然而,贸易的总体增长,包括出口的繁荣,并不意味着那些离开他们的旧职业的人或那些继续留在农业中的人能分享这些新财富。欧洲的确需要印度的农产品。即使美国内战后印度的棉花出口有所下降,但对粮食、油料作物、黄麻、茶叶、鸦片、靛青和兽皮的需求水平却大幅上升。而同时,变化的经济环境却给印度的种植者们带来了巨大压力。工资下降了,而且在印度独立的那年,"至少五分之一的耕地处于租佃状态下,还有未知的更高比例的土地采用农作物分享制度,而其实质和租佃是一致的"②。印度的农村地区现在是一支无地农业劳动者大军的居所。

虽然印度主要是因为对棉花的需求而迅速卷入世界市场的,但也有一些其他高附加值的粮食作物在内。譬如,英国进口的黄麻,其中几乎全部来自印度,年均进口量从 19 世纪 50 年代初期到 19 世纪 80 年代初期增长了大约 12 倍。另一方面,埃及在世界经济中的新角色则基本上都是建立在棉花之上的。欧文(E. R. J. Owen)

---

① 数据来自 Bhatia, "Agriculture and Co-operation," p. 124。出口甚至在 1857 年之前就开始增长,但总的出口数量在 1857 年只达到 2 700 万英镑。更重要的出口来自药品、染色、奢侈品以及农作物和其他稀有原材料。见 R. L. Varshney, "Foreign Trade," in Singh, ed., *Economic History of India*, p. 445。

② A. M. Khurso, "Land Reforms Since Independence," in Singh, ed., *Economic History of India*, p. 183。

这样写道,这些精致的纤维的影响,能被"经济其他部门的人所感觉到。从19世纪60年代开始,它提供了70%以上的出口收入。在那些年,棉花几乎是每个三角洲的经营者的主要收入来源"①。

上半个世纪,在穆罕默德·阿里的领导下,埃及更好地融入了世界经济中,却发现其地位因19世纪60年代开始进入世界市场而下降。在穆罕默德·阿里的领导下,棉花的出口增加了3倍。但在19世纪90年代初,埃及出口的棉花是穆罕默德·阿里政权后期出口的20倍。② 在19世纪50年代到70年代期间,埃及出口商品的价值增长了3倍。③ 这些变化都促成了阶级关系的变化。贝尔写道:"从19世纪80年代开始,一个新的阶级,城市富人,迅速崛起并成为主要的土地所有阶级。"④在世纪之交,43%的土地都属于大庄园,而这些庄园中,23%属于外国人。这种大规模的土地占有状况构成了土地扩张和西方的棉花贸易的支柱。

第二轮爆发式变革在晚于印度和埃及十年左右的时候在亚洲和拉美开始了。对于大多数亚洲和拉美的人来说,这场变革在1870年左右开始产生巨大影响并在19世纪90年代早期开始渗透进各个社会。譬如说,在商业化程度远不如印度和埃及的巴勒斯坦,经济环境的大规模变革开始于19世纪70年代,也就是比犹太复国运动者的定居推动商业化步伐加快早十年。

---

① E. R. J. Owen, *Cotton and the Egyptian Economy* (Oxford: Clarendon Press, 1969), pp. xxiv, vii.
② Baer, *A History of Landownership in Modern Egypt*, pp. 22-3.
③ 转引自 Owen, *Cotton and the Egyptian Economy*, p. 168。
④ Baer, *A History of Landownership in Modern Egypt*, p. 70.

在墨西哥,19世纪70年代同样见证了急剧的社会经济变革的开始。在那里,重新建立起的和世界经济的纽带,无论是作为进口替代产业还是出口产业的产品的形式,给农民的土地所有权(到1910年革命时,有8000多个庄园)和原材料的生产造成了毁灭性的后果。在1877年到1907年间,困难重重的农业部门每年仅以0.65%的速度增长,而同期用于出口的原材料却以每年7.45%的速度高速增长。① 而那些主要出口作物增长速度更快。譬如,从1877年到1880年,出口的咖啡价值增长了55%;龙舌兰增加了80%;香子兰58%。在1881—1882年和1891—1892年期间,咖啡增长了128%,龙舌兰增长了138%,而烟草则是398%。② 这些都和农业部门劳动者的购买力下降大约20%—30%、年均谷物产量下降0.8%发生在同一个时期。③ 农业变革的总的结果是多数墨西哥人只能吃得更少,而一些人则出口了更多的农产品。

在所有这些亚洲、拉美和中东国家中,世界经济的扩展是一阵一阵的。世界市场意外地展现了穷人的脆弱性及其旧的生存策略的失效。苏伊士运河开通后的头几年是最不平静的,也是最具破坏性的。紧接着铁路运输的兴隆之后的新增长的轮船运输能力,为印度和其他国家带来了贸易的大幅增长,并导致了生产方式的巨大变革,以满足欧洲的巨大需求。然而,1873年的大萧条大大地

---

① Cosio Villegas, *Historia moderna de México*, vol. 7, pp. 3, 107.
② 数据来自 Lopez Rosado, *Historia y pensamiento economica de Mexico*, vol. 1, pp. 66 - 71, 95 - 100。
③ 见 Friedrich Katz, "Labor Conditions on Haciendas in Porfirian Mexico" 1; and Reynolds, *The Mexican Economy*, p. 96。

降低了需求,考验了既存的社会组织和生存策略。正如沃尔夫(Wolf)所说的:"资本主义比以往更强烈地破坏了以纳贡制和家族制为基础的生产模式。"①

世界经济带来的最后一波环境的破坏性的变革发生在撒哈拉以南非洲。那里的大部分社会直至19世纪90年代中期到"一战"之间的20年才面临世界经济带来的深远的、革命性的变革。塞拉利昂的主要经济作物棕榈,在1904年铁路线铺到盛产棕榈的门德地区之后三年内,翻了不止一番。塞拉利昂的总出口额在1896—1912年间增长了250%。② 整个西非的出口额在那个时期则增长了350%。③ 即使没有有力的土地法,西非在世界经济中的新位置严重削弱了其旧的社会控制模式。正如纳什所述,"在任何一个'外国经济'中,经济上的最弱势者都失败了,发现自身处于社会分层的最底层,同时也是种族和劳动分工中最缺乏技术、报酬最低的那群人"④。

危机与制度变迁

世界性的力量改变社会、在一代人之内动摇了其根基的那个时代的不足是它并没有带来对这个时代的社会转型的重要实质的

---

① Wolf, *Europe and the People without History*, p. 311.
② 数据来源于 J. Barry Riddell, *The Spatial Dynamics of Modernization in Sierra Leone* (Evanston, Il.: Northwestern University Press, 1970), pp. 21-3。
③ 从1895年到1912年,数据来自 Crowder, *West Africa under Colonial Rule*, p. 288。克劳德认为这种扩张从1913年直到经济大危机期间并没有持续。
④ Nash, "The Impact of Mid-Nineteenth Century Economic Change," p. 171.

理解。旧生活模式突然被破坏,给人们很短的时间来改变其生活的策略。微调是远远不够的。对于农民和工人而言,这些年是充满危机的,是他们生命中的困难的、不安全的转折点,是放弃一套生存策略而寻求一套新的生存策略的过程。这个时代同样还包含他们互动的制度的突然的、剧烈的变迁;这些制度只不过是人们与他人互动而建立起来的一套规则和角色。

19世纪非欧洲社会的危机暗示着存在一种和社会科学中普遍观点不同的制度变迁的解释。制度变迁的标准观点是由新古典经济学家阐释的。① 在新古典主义的表述中,制度变迁是边际性的。也就是说,当特定参数或环境条件变化时——譬如说,具有不同能力的人的出现或因人口数量和人类知识的不同而改变的资本存量的出现——导致对规则的相应改变。

就这样,制度变迁渐进地进行着;由不同环境造成的每个新的收益或成本都在修改着人类的行为和互动。当新的制度安排带来的预期收益超过预期成本时,人们就会乐于改变规则。一套规则,或者说一个制度,包含着数不清的特殊规定;因此,系统作为一个整体受制于作为道德规则的成文法,将会慢慢地、边际性地改变。

19世纪的急剧变迁和危机的经验,意味着在重大的制度变迁的传统新古典解释之外,存在另一种解释视角。强大的势力的集

---

① 见 Lance E. David and Douglass C. North, *Institutional Change and American Economic Growth* (Cambridge: Cambridge University Press, 1971); and Douglass C. North, *Structure and Change in Economic History* (New York: W. W. Norton, 1981)。

中会促成急剧的制度解体;这在新的土地使用、税收政策和交通模式的刺激下,和19世纪后期资本主义的强大动力一起发生。历史性的危机或转折点都和涉及人们生活许多方面的整体性制度变迁相关。制度在其规则和手中的事件无关的时候开始弱化。危机意味着这些规则的大部分同时变得与多数民众无关。此处的制度变迁模式不是一条表示边际变化的曲线,而是一个历史断裂的形象,如同并不多见的灾难性的意外的突发。① 在这种爆发之间,渐进的变迁能告诉我们很多社会知识,但是特定时刻制度的解体和重建——蛋形人的摔倒和重组——给我们指出了冲击社会的里程碑式的变革。

离开理论,回到历史

在19世纪,亚非拉社会绝非率先经历这种大规模制度解体。正走向封建时期尾声的西北欧社会面临着同样的变革和断裂。此

---

① 很多其他社会科学家已经论述过不连续的制度变化。如,Suzanner Berger, *Peasants Against Politics: Rural Organization in Brittany 1911—1967* (Cambridge, Mass.: Harvard University Press, 1972);克拉斯纳在"Approaches to the State: Alternative Conceptions and Historical Dynamics"中论述过"punctuated equilibrium"(断续性平衡),见 *Comparative Politics* 16 (January 1984): 223-46;也见 Krasner, "Regimes and the Limits of Realism: Regimes as Autonomous Variables," *International Organization* 36 (Spring 1982): 497-510; and Alfred Stepan, *The State and Society: Peru in Comprative* (Princeton: Princeton University Press, 1978), p.47; Fen Osler Hampson, *Forming Economic Policy: The Case of Energy in Canada and Mexico* (New York: St. Martin's Press, 1986), ch.2; Michael Mann, *The Source of Social Power*, vol. I, "A History of Power from the Beginning to A.D. 1760" (Cambridge University Press, 1986), p.3, 其中论及"权力发展的不连续性的特点"。

处不打算充分阐述封建社会的解构,尤其是诸如英格兰和荷兰(法国和斯堪的纳维亚国家则其次)那些封建因素正在快速消失的社会。但是还是有几点能说明危机是在重塑社会时扮演何种重要角色的。

1450年之后发生的政治和经济的重大制度变迁前大约一百年前,黑死病暴发。在杀死了三分之一到一半的欧洲人口之后,它严重削弱了所有领导人及其组织的控制力和能力。在14世纪剩下的时间里,这些领导人面临的问题因为瘟疫的四次暴发而更加恶化了。黑死病削弱了地方封建领主权势的组织基础(如果他们幸存下来的话)。同样,人口的减少使得卑贱的农奴们面临比以前更多的需求。地租减少了,耕地数量也减少了,工资上涨了。在一些地区,变革摧毁了整个土地拥有者阶级。地方和地区社会组织明显削弱。虽然不像黑死病那样覆盖范围广且破坏性大,但1337年到1453年之间战事频繁的百年战争,在很多地区扩展了这些浩劫。对关键资源的浪费和战争带来的普遍的破坏,给处于1450年到1600年之间的人类历史上制度创新最甚的年代的社会施加了很多重要的限制。

霍布斯鲍姆(E. J. Hobsbawm)写道,早在14世纪中期,"欧洲封建社会明显地出现了问题"[1],欧洲一些地区的社会组织开始遭到削弱。16世纪的(制度)创新——一个比以前的政治单位拥有更多社会控制的国家,和被海上列强所控制的、包含更多且覆盖更

---

[1] E. J. Hobsbawm, "The Crisis of the Seventeenth Century," in Trevor Aston, ed., *Crisis in Europe 1560—1660* (London: Routledge and Kegan Paul, 1965), p. 5.

广的欧洲经济——之后,到17世纪,地方性的社会组织有所削弱。整个17世纪,经济衰退、缓慢的人口增长(由于两百年来最糟糕的流行病)、三十年战争(1618—1648年)、教会的分裂、一系列的动乱和内战(由英格兰的清教徒所引导的),都为敲响中世纪欧洲占主导地位的地方性和地区性的社会组织的丧钟奠定了基础。

旧的制度性秩序并不会轻易投降。只有严重的危机,就像14世纪、17世纪欧洲的危机或19世纪非西方社会的危机,才能使得人们陆陆续续地抛弃可靠的、采用很久的生存策略,即使这些生存策略意味着可怕的困境。通过社会控制的碎片化而广泛地削弱社会只会在人类历史的几个时刻偶尔发生。在19世纪,打乱秩序的力量是世界市场;在以前是其他力量打碎了旧的社会控制模式。关键问题不在于资本主义是直接原因,而是资本主义的影响具有制度上的摧毁力。当旧的制度安排瓦解,并不会有什么不可避免的力量自然地把社会引向一个"更高级"的文明。旧制度瓦解后的问题在于,它并不必然意味着自然有其解决方案——一个新的制度安排的蓝图。在欧洲,旧制度瓦解之后,出现了少数几个新的强大的中央集权的国家。值得指出的是,在欧洲还出现了许多种其他类型的社会组织:改革了的公侯国、再造的帝国、重新安排的农奴制度。但是,除国家之外的所有其他类型的组织,都没能延续到20世纪的第二个25年。

席卷了亚非拉的大规模变革并不必然会导致强大的集权国家——即使是在独立之后。但是,19世纪和20世纪初突然爆发的变革还是对社会组织和社会控制造成了巨大的、深远的影响。此类灾难性的后果为社会的大型制度变迁扫清了道路。皮季里姆·索罗金(Pitirim A. Sorokin)写道:"**这个可变的、不确定的国家,为社会制度的迅速变迁——截然不同的社会形态的出现——提供了很好的基础。社会此时处于一个可塑的状态,就像半熔化的蜡油,可以被塑造成任何形状。**"①

旧式社会控制的衰败

在19世纪末,已在欧洲盛行了半个世纪的自由主义开始进入了世界其他地区的中心地带。一旦到具体的地方,自由主义便采用了一些权宜的形式和倾向。土地合并、把农民重新束缚在土地上、社会地位之间日益扩大的差距,以及强迫劳动,这些看起来都并不怎么符合自由主义。自由的国际秩序的存在,却依赖于世界市场使自身渗入偏远社会的最底层的能力。欧洲各国的领导人从他们的社会在17、18世纪的经验中得出结论:繁荣来自商业化。蒂利指出,在这几个世纪,"促进民族市场的发展成了某种国家宗教,而抵抗民族市场则是一种罪孽"②。现在他们的商业化目标还保留着,只是他们的打算超出了建立狭小的全国性市场的目标。他们实现这一目标、确保实行规则以建立一个世界范围的劳动分工的必要条件的工具是:源于其本土政权的和殖民者们在新的全

---

① Pitirim A. Sorokin, *Man and Society in Calamity: The Effects of War, Revolution, Famine, Pestilence upon Human Mind, Behavior, Social Organization and Cultural Life* (New York: E. P. Dutton, 1943), p.120.

② Tilly, *As Sociology Meets History*, p.206.

球秩序中寻求立足点时设计出来的土地、税收和交通政策。

随着世界经济的快速和深入渗透,各个社会里的旧的社会组织的领导人经常发现,他们所提供的东西开始和其支持者们的需要和问题变得无关起来。当人们失去土地、离开祖祖辈辈居住的村子,或者更换工作类型的时候,他们旧有的生存策略开始变得过时、不再适用了。在亚非拉那些社会控制严重下降的地方,人们都经历了社会突然被削弱的情况。实施那些旧的关于人们该如何行事的规则的能力在新的条件下衰退了。旧的奖惩方法过时了。

当然,社会组织和社会控制随不同的社会而不同。但每个社会都会遇到类似的为旧式组织唱的挽歌。现存的组织大多经受了扩张中的世界市场的渗透的考验。在印度,马登(T. M. Madan)抱怨印度数代同堂的家族的衰弱。① 巴勒斯坦乡下的强人同样也是19世纪末期的变革的牺牲品。② 在19世纪中期,世界经济几乎完全摆脱了奴隶制,这使得塞拉利昂的地方领导人失去了每一个重要的社会控制的基础。

自然,这些旧式社会控制的衰败并不标志着一个浪漫和谐的前资本主义社会的结束。③ 旧的社会控制可能是贬低人格、剥削性的、弱化人的能力的。同样,这些社会控制形式的衰败也并不预示着它们能在人们的新的生存策略的基础上最终复原。巴勒斯坦快

---

① T. M. Madan, "Social Organization," in Singh, ed., *Economic History of India*.
② Eric. R. Wolf, *Peasant Wars of the Twentieth Century* (New York: Harper and Row, 1969), p. 17.
③ Samuel L. Popkin, *The Rational Peasant* (Berkeley: University of California Press, 1979)称此为"农村的神话"。

第二章 社会控制的削弱

彻底退出历史舞台的强人,在经历了半个世纪的衰落之后的20世纪前十年,却在伊拉克复兴了。在塞拉利昂的一些部落群体,许多地方领导人作为英国任命的首脑而得到了新生。印度数世同堂的家族经历了一些磨难,但还是保存了下来,继续作为人们生活中的一个重要因素。

那些使自己得到复兴的领导人和组织并不是简单地因为意外之财。我们将在第三章和第四章讨论在殖民地社会是如何重新创造这些社会控制和社会组织的。在那些未经历过西方统治的国家,那些拥有把握侵略性的市场带来的机会所需的联系和资本的人,经常把自己转化成权力经纪人。他们提高了自己的位置,并重塑其旧的社会组织,以提供新的、相关的生存策略。一些此类社会确实有某种程度的向上和向下的社会流动。现在,通过他们和外国企业的联系,强人们能够将这种他们自己位居顶层的社会结构固定化。他们所能获得的新资源能被用以稳固他们作为大众的权力经纪人并限制本土国家(精英)的野心和自主性。

无论是在殖民地社会还是在独立社会,普遍的危机使得通过建立新的制度安排重建社会控制变得十分迫切。农民、新的城市工人阶级和农村无地劳动者的危机使得他们需要改变其生存策略。旧的规则不再管用;旧的社会控制一去不返。

旧的社会控制奄奄一息,并不是因为资本主义不可避免地冲击了这些社会,正如浪潮不停地将岸上的沙子卷入大海一样;市场并不会自动扩张,将世界其他大部分地区都包括进来。实际上,市场的扩张是由那些能控制政治政策的人们所推动的。在殖民控制不存在的情况下,强力的人物操纵着统治机构,通过立法或利用法律以实现其他目标。独立的国家或帝国则通过那些揭示西方(富强的)秘密的政策,试图保护自己不受强大的内部或外部势力的威胁。

在殖民地国家,西方人运用各种政策以确保能获得供货商,并且确保这些供货商能按其要求供货。在殖民地和非殖民地,这些政策都重塑了土地权利;他们把人们驱往一个使用现金的社会,并使得市场能渗透到最偏远的地方。殖民政权的其他政治政策——下面两章的主题——在此刻为社会注入了关键的新资源,有助于确定到底谁能且最终利用旧的社会控制被削弱的机会,并引入新的社会控制。

我现在已经完成了我尝试回答如下问题的第一步:为何许多第三世界国家在试图增强其国家能力和社会控制时步履蹒跚,而少数几个国家则取得了较大的成功?那些促使亚非拉社会卷入欧洲统治的世界经济的政策对这些社会有很强的变革性后果。当世界力量使得旧的社会控制突然间不再适应多数人生活中的日常急需时,旧的制度安排瓦解了。旧的奖励、惩罚和策略不再能为人们最迫切的需要和困难提供解决办法,也不再能提供该如何行动和信仰什么的指令。

现在我把问题转到重塑这些社会上。社会控制必须被重建;摔坏了的蛋形人必须被重新拼在一起。在下面两章,我力图寻找下述问题的答案:如何解释西方殖民统治下的人们重塑社会结构的方式?换句话说,他们是如何构建新的制度安排的?在西方统治下,什么人能上升到本土社会的顶层？外部力量是如何限定新的社会控制的运用方式的？在第三章和第四章分析了几种新兴的社会组织类型后,我将在第三部分论证新的社会控制模式对"二战"后第三世界国家的国家能力和国家特性的影响。

第三章 为弱国家奠基:塞拉利昂的英国殖民统治与社会控制的碎片化

谁是受益者?

独立国家的社会控制

作为更大的世界社会体系的一部分,第三世界社会适应了源自其边界之外的推力和压力。伴随世界市场的扩张并和西方国家影响很远的强权紧紧系在一起的各种势力,对这些社会的总体结构和个人的日常生活都产生了深远的影响。一个世纪以前,大型的合资公司和其他积极的企业家们打开了西方人和世界上遥远的异国之间的永久性的直接通道,并取代了本地商人或小型的外国商人,以及少数民族的中间商。如前文所述,霸权主义的西方列强,如法国和英国,引入了关于土地使用、税收,以及(建设)通往内陆的更好的交通设施方面的政策。即使在他们没有直接统治的地区,西方的商人和国家官员也为当地领导们实施类似政策做

第三章 为弱国家奠基:塞拉利昂的英国殖民统治与社会控制的碎片化

好了准备。

在西方统治和当地人统治的社会,这些政策同样都促进了源自欧洲的世界市场深刻、急剧和全面的渗入,并促成新的生产方式的出现。即使政策没能达到设计和执行它们的人想要的具体目标,它们还是打开了变革之门,变革力量如此之大,动摇了现存的社会组织,摧毁了其中一部分,并促使剩下的组织进行了巨大的调整。许多组织彻底消失了;其他的则生存了下来,但是很难从它们发挥的功能上认出其本来面目;还有一部分则从新环境中找到了救助。

税收、土地和交通政策润滑了欧洲市场渗透的车轮,使得旧的生存策略无法继续维持。当旧的社会控制方式崩溃时——旧的奖赏、惩罚和符号在新环境下失去了其适用性和意义——人们依旧需要生存策略,以及提高生活水平的机会。因此,毫不奇怪的是,在亚非拉很快就出现了新的社会控制分布模式。实际上,新萌芽的出现和旧常规的逝去基本上是同时的。但是19世纪末世界市场的深化造成的旧的社会控制的瓦解并没有带来新的生存策略的蓝图。出于分析性视角的需要,有必要把旧策略的瓦解和新策略的产生分开处理。当今第三世界国家的国家能力差别的一个重要原因就是:是哪些个人和群体在一个急剧变革的时期创造了新的生存策略。谁能提供适合处于农业商业化剧痛中的无产阶级和农民的生存策略?谁能抓住新环境提供的机会并重建社会控制?这些问题将在第三章和第四章得到回答。通过初步回答这个问题,我将探讨这些社会中出现此类社会结构的原因。然后我将集中回答这一社会结构将如何影响当今国家的国家能力和特征。

对谁能利用旧的社会控制方式的削弱这一问题,反驳者们认为,至少在一个层面,存在和第三世界社会的数量和多样性一样多的答案。学者们很少透过表面去理解旧的社会控制模式对新模式的影响。当然,一个关于既有社会结构在一个剧变的时代如何影响变革的速度、方向和内容的成熟的理论是本书所不能及的。但是我们还是可以看到,社会内部既有的社会差异对谁能提供资本、利用联系渠道、运用其他资源来抓住快速扩张的市场带来的新机会,具有重大影响。

很少有人会质疑一个社会的独特特征会影响到世界经济对该社会的最终作用。一个横冲直撞的市场并不会如许多变革理论所说的那样简单地粉碎传统社会旧的、过时的结构,也并不必然为一群未分化(undifferentiated)的经济"行动者"提供获取资源的平等或比较平等的机会。反过来,这些诸如社会阶级、种族、宗教、性别、资本的既有分配,以及运气等基本因素在每个个案中都强烈地碰撞,相互作用,影响市场的运作并最终决定谁能制订有约束力的规则、建立有效的社会控制和新的生存策略。

除了分析旧模式对新模式的影响之外,其他分析路径通过超越国别研究而提供更普遍的答案,有助于区分谁从不断扩张的国际市场中获益。在那些能脱离西方殖民统治的本土政权统治的社会中,也存在着重要的共性。这些国家或帝国的无知且自相矛盾的领导者们尝试建立新的社会控制的努力往往是和其目标相悖的。它们的行动都因它们的政权在一个政治体之间的能力差距日

第三章 为弱国家奠基：塞拉利昂的英国殖民统治与社会控制的碎片化

益扩大——一些国家拥有压倒性的破坏能力和经济权力，而其他国家则远远落在后面——的世界中的脆弱性引起的。在19世纪的最后25年，和其他一些国家一样，奥斯曼帝国和墨西哥的领导者们也试图影响其社会的社会控制的转变，从而为其在国际舞台上的活动提供更多的资源。他们极力寻求那些能增强其国家权力的做法，一如欧洲国家以前所做的那样。这些政权对其民众采取的政策措施包含税收、土地使用法、大规模修建铁路等，这些措施都源自20世纪中期以来一直占据领导者头脑的克服国家脆弱性的雄心。他们有足够的理由感到自身的脆弱：他们见证了穆罕默德·阿里被征服、克里米亚战争、美墨战争，以及马克西米连的统治等一系列事件。

他们在国际舞台上的弱点在国内同样对他们不利。他们实施新政策的时候，似乎看到了能给他们带来大量新税收和权力的希望。但令人沮丧的是，他们发现并没有一个积累剩余资本、将其社会工业化，以及建立强大的军事力量的捷径或秘方。

但与此同时，一些国内群体却早已通过与外国资本和商人的直接联系而加强了自身的地位。在诸如墨西哥、奥斯曼帝国等地，这些群体的不断增强的力量导致了严重的后果——他们有能力按自己的利益来扭曲开明的公共政策。当一项诸如为农民提供种子之类的改革实施时，我们都认为这将增强国家能力、在创建一个更自由公正的社会秩序的同时，削弱外部势力的影响。但事与愿违，这些改革最终却将财富集中于一小群人手中；穷人还是处于这一小群有权有势的地主的控制之下。在多数国家，此类改革没能创造出直接和国家相联系、能为国家领导者提供对抗其他社会组织和虎视眈眈的外部势力所必需的资金的农民。在一个地主们既控制着农民，又维持着独立的和外国商人的联系，从而使得社会控制呈现碎片化分布的社会，很难出现一个独立的国家领导者。

独立后的墨西哥和奥斯曼帝国的政治领导者们因此而面临严重的限制。如果没有社会控制，他们无力动员，取得高度自主性、规制社会关系以及在地方层面适当配置资源所必需的人力和物力资源。农业生产所需要的资源，以及更为重要的，配置这些资源的能力——这些都是形成各种新的生存策略的基石，在一小群地主而非自主的国家领导者手中逐渐积累起来了。虽然墨西哥和奥斯曼帝国之间（同样，在亚非拉各国的社会之间）存在巨大的文化差异，它们的社会组织和社会控制之间却存在令人惊讶的共性。从墨西哥到土耳其，从萨尔瓦多到伊朗，从哥伦比亚到埃及，一个很小的地主阶级——有时甚至是少量几个家庭，12个或者200个，或者其他什么数字——从大规模的耕地兼并中受益匪浅。

殖民政权的社会控制

我在本章的首要兴趣并非本土政权，而是如下问题：谁在19世纪末20世纪初西方统治的亚洲和非洲社会中重建社会控制？哪些本土要素从新环境中受益并形成社会关系的新规则？虽然离最终答案还相去甚远，我还是将再次提出一些影响新社会结构特征的共同因素。

除了西方支配的市场和进一步深化市场影响的国家政策对社

第三章 为弱国家奠基:塞拉利昂的英国殖民统治与社会控制的碎片化

会控制造成的影响,亚洲和非洲的殖民权力同样在其他方面对社会生活产生了重要影响。在本章和下一章中,我将努力证明社会控制的分布及其重塑在很大程度上取决于西方国家在土地使用法、税收和交通之外的其他行动。虽然西方人担任着殖民地国家的各种官方职务,并经常和那些与非西方社会投资和贸易的商人们有共同的观点,但这些官员并非完全由扩张市场这一动机所驱动,他们的视角和商人们在一些重要方面存在差异。

基于如何定义国家利益的观点上的差异,同样将西方官员自身划分开来。位居哪个国家机构、如何判断自身的职业机会,这些都影响官员们对国家利益的理解。比如说军官们的政策建议往往是基于大的战略考虑,而殖民官员们更多地考虑当地的行政效率和社会和谐。与此同时,那些身处殖民地的官员们都努力和那些可能给他们带来不必要的危险的公众信息做斗争。简而言之,殖民者的政治和个人动机的混合对亚洲和非洲本地的社会结构、社会控制的重建产生了重要影响。

殖民官员们所受的交叉压力和所持的不同视角对他们所统治的领土的政策产生了重要影响。这些坐在殖民地国家各个机构的椅子上的各色官员们所思考的东西,远不止如何把当地产品纳入国家范围的和国际范围的市场、建立新的生产模式以适应欧洲市场的需要、为欧洲产品建立新的客户群体等问题。出于其他原因,他们需要在本土居民中选择谁可以利用国际市场带来的好处,从而使其有能力建立社会控制。简而言之,殖民者们想操纵新的社会控制的规则及其制订者。

对殖民官员们独立的政治和个人考虑,至今还研究甚少。英国官员们混淆了他们和英国企业家们的区别,以及他们各自独立影响社会关系的程度。哈里·约翰斯顿(Harry Johnston)爵士1985年在外交部的演讲中提到:"(塞拉利昂的)英国行政当局所要做的就是和双方都友好相处,并将本地劳工介绍给欧洲资本家。"① 然而,殖民官员和官僚们实际扮演的角色却远非愉快的媒人。通过分析资本主义不断扩张背景下国家行动者们所扮演的角色,我们将开始揭示19世纪殖民地社会所发生的变革。这些变革对随后的几十年——实际上,甚至今天——都影响深远:在一些国家,"阶级""部落"和"种族"等术语对于分析这些国家及其国家-社会关系具有重要意义。

政治霸权与社会控制的新分布

社会科学家们经常无视外部政治力量——尤其是其他主权国家——对殖民地社会长期有意或无意的影响,尤其是和扩张的世界市场的影响带来的影响相比时,这一点更容易被忽略。② 绝不是所有形式的外部统治和影响都会产生同样的结果。外国统治和影响在方向和强度方面的差异,以及外部势力和内部社会结构的组

---

① 引自A. P. Kup, *Sierra Leone: A Concise History* (New York: St. Martin's Press, 1975), p.192。
② 拉尔夫·布拉依班第(Ralph Braibanti)认为,文献"忽视了前殖民权力的经历,特别是英国、法国、荷兰和美国在帝国统治的背景中,政治体系的构建"["Political Development:Contextual Nonlinear Perspectives," *Politikon* 3 (October 1976):8]。

合上的差异,都会导致各个国内社会组织在获取社会控制方面能力的差异。①

如英国在印度或塞拉利昂的英国直辖殖民地的统治之类的殖民主义,是西方政治霸权的最强烈的体现形式,直接将社会中的关键决策权正式据为己有。没有一个殖民政权的统治是缺乏当地人的参与和协助的,而这些参与者和协助者们也反过来从殖民国家授予他们的权威中受益颇多。外部权力在阻碍或支持建立发展国内集中化的领导和胜任的行政职员——这二者是形成一个集权的国家机构的基础——时处于十分重要的地位。殖民者们能将分配资源、机会和奖赏的权力在国内不同群体之间分配;而这反过来又能改变农民和工人们的生存策略。官员们则能克扣资源。权利的分配既可以有利于一个单一的、集权的群体,从而巩固其社会控制,也能向众多的其他社会组织倾斜,而造成社会控制的碎片化和冲突的环境。

在本章和下一章,我将论证:殖民者们的行为能极大地影响哪些本土人物在扩张的世界市场造成巨变之际重构社会控制的能力。无论殖民地国家最终将成为网状还是金字塔型社会,都不仅仅是旧有的社会结构的产物;社会控制的新分布同样源自西方列强的行为及其和本土势力之间的联盟。这些势力在他们建立殖民地的地方影响事态发展的能力很强。其他形式的统治,如国联授权英国在巴勒斯坦的委任统治(league of national mandate)或在塞

---

① 塞拉利昂在殖民时期分为包括弗里敦在内的直辖殖民地和内陆的保护国。两者并称为 Sierra Leone Colony and Protectorate。此处指弗里敦周边的直辖殖民地。——译注

拉利昂的英国的保护国（British protectorate），虽不同于直辖殖民地，但在方向和强度上都接近于殖民主义。第三章和第四章将详细描述英国的决定对塞拉利昂和巴勒斯坦这两个霸权统治强度最大的社会的影响。

同样还需要强调，西方列强其他形式的政治霸权同样能极大地影响社会结构，虽然影响力没有殖民主义那样具有决定性。第二种政治霸权类型是外国对权力的直接干涉——谁来统治、财富如何花费、何种组织能够存在，等等，但此种霸权并不涉及关键决策权的实际占有。存在着一个名义上独立的本土政权，如19世纪晚期和20世纪初期的埃及政权。在这种情况下，虽然外部势力在决定社会控制的分布，尤其是其在本土政权领导人和其他社会组织之间的分布时，是很受限制的，但也是举足轻重的。这种霸权的典型例子是20世纪最初20年美国在加勒比地区的位置和"二战"前英国在外约旦扮演的角色。

第三种也是强度最低的霸权类型是：外部势力设定了重要的结构性要素，但不干涉统治的具体细节。一个典型的例子是美国在20世纪30年代到60年代初之间在加勒比地区的影响。还有其他很多例子：英国在19世纪对奥斯曼帝国宫廷的影响，在对塞拉利昂实行殖民统治前在其腹地的影响；美国在20世纪早期和墨西哥的关系。在所有这些例子里，外部势力的国家利益都影响到本土的统治机构和社会之间的关系。但此种影响远不如西方殖民主义，乃至英国1882年之后对埃及的统治之类的宗主关系那么直接和强烈。

第三章　为弱国家奠基：塞拉利昂的英国殖民统治与社会控制的碎片化

即使我们区分了这三类政治霸权,在不同国家间还是存在巨大的差异。譬如说,英国的殖民主义和法国不同,而二者又和比利时、葡萄牙的殖民主义有着本质的区别。而且,同一个国家在不同地区的殖民政策也各不相同(譬如说,比较法国在塞内加尔和摩洛哥的统治),因为地方上的殖民官员们都在本地决定政策时拥有很大的回旋余地。同样,殖民者所面对的社会和文化的多样性也影响了殖民统治的本质,以及新形成的社会控制的结果。

在对这些区别作出分类方面,已经有了一些尝试。例如,在非洲的殖民主义中,学者们区分了以下三种政策类型:法国人进行由自己担任包括低级行政职务在内的几乎所有职务的"直接统治";英国则由当地人来担任这些职务,进行"间接统治";而比利时则采取混合型的"半间接统治"。① 另一种分类法同样基于非洲,阿普特(David E. Apter)基于社会结构和信仰体系来区分社会;他认为前殖民社会中,有的是具有价值理性的价值体系,有的是具有工具理性的价值体系;有的是有层级的、金字塔型的权威体系,有的则是碎片化权威体系。在应对西方影响时,这些差别会产生相应的后果。②

---

① 见 James S. Coleman, "Tradition and Nationalism in Tropical Africa," in Martin Kilson, ed., *New States in the Modern World* (Cambridge, Mass.: Harvard University Press, 1975), p. 17;也见 Thomas Hodgkin, *Nationalism in Colonial Africa* (London: Frederick Muller, 1956)第一部分对其的批评,见 Immanuel Wallerstein, *Africa, The Politics of Independence* (New York: Vintage Books, 1961), ch. 4.

② David E. Apter, *The Politics of Modernization* (Chicago: University of Chicago Press, 1965), ch. 3.

因此,西方国家对亚非拉社会受鼓励的、被允许的或无意产生的本土社会控制的类型的长期影响也存在重要的差异。西方社会所培育的社会控制的类型在扩张的世界经济带来毁灭性冲击、旧的社会控制模式日益式微之际尤为重要。经济危机和混乱迫使农民和工人同那些能满足他们需要、解决他们问题的人建立联系,使得社会控制陷入混乱,而那些手握资源的人则通过改造旧组织或建立新组织而相互争夺,力图使自己在新环境下获得社会控制。

在这场争夺中能否取得成功不仅取决于既存的社会结构(这里,社会结构指的是谁处于能有效利用新资源或度过当前危机的有利位置)或个人技巧,而且还取决于殖民国家采取的各种特殊政策。本土的强人们能用在这一关键时期重建社会控制的各种手段,很大程度上取决于殖民统治者有意或无意采取的各种措施。通过各种政策,殖民统治者们将关键的经济和政治资源分配给这些人而非另外一些人。

简而言之,这些殖民政策允许或者鼓励为特定本土领导人及其组织建立其社会控制的坚固基础。在这些政策所涉及的地方民众的所有区别之中,有一个区别对国家社会关系具有长期的影响。殖民统治者可以为许多地方型本土精英提供各种获得资源的有利渠道,而使得他们在社会的一个有限部分中建立起社会控制;或者外国殖民者可以支持一个最终能建立中央集权国家的覆盖全国的中央机构。

对于本土社会而言,这些获得资源的特殊渠道之间的区别有长期的效果。它们决定谁能为民众提供生存策略所需的基本要

第三章 为弱国家奠基：塞拉利昂的英国殖民统治与社会控制的碎片化

素——是那些足够广泛且强大到足以成为国家的组织，还是那些做梦都未曾想过要取得国家范围内的社会控制的地方性组织。熟练地运用这些通过殖民国家政策而获得的资源，使得一些社会组织而非其他社会组织，能重建社会控制。实际上，如果最终能统治整个疆域的组织能设计出此类策略的话，涌现出一个拥有强大能力的强国家的机会也就大大增加了。

然而，一旦某些地方强人成功实施了生存策略，在全社会范围内改变社会控制的分布也就变得十分困难了。虽然一个社会中对社会控制的成功挑战随处可见，由于一些在第五章和第六章将详细讨论的原因，全面改变既有的生存策略和社会控制的尝试却会遭遇巨大的困难。只有在极少数的环境下，譬如在货币经济的渗透下，社会遭受了深刻而广泛的混乱，社会中多数人的生存策略一下子都失效了。通过大力扩张某类本土组织的活动范围和资源，使其承担新的任务，同时严厉地限制其他组织的活动乃至生存，殖民国家为当地社会结构打上了深深的烙印。

就这样，西方国家在影响殖民国家的社会控制模式——这种模式即使在殖民统治退缩乃至结束之后很久仍继续存在——中发挥了重要作用。它们影响了谁——地方性强人还是那些能建立起一个集权的本土统治国家的人们——最终拥有为民众提供生存策略的要素所必需的资源和权威。要发展一个能创建国家的组织，其创立者们必须事先支配民众生存及社会流动所必需的一定的物质资源，如土地、资金、工作机会等。在符号层面，他们必须创建一种接受乃至合法化特定资源分配方式、与社会的生产分配方式相适应的社会分层的世界观。通常情况下，他们提供各种各样的民族主义意识形态。

对于殖民国家而言，谁从其统治中受益这个问题也是至关重要的。它自身能否维持其统治取决于它统治的社会中存在何种形式的社会控制。因为即使在最直接的殖民统治形式中，殖民者还是需要很大程度上借助本土社会组织来实施政策、维持秩序，因此统治者们必须仔细挑选他们在本土社会中的盟友。简而言之，新的社会控制产生于殖民者和被殖民者这两个截然不同的利益群体之间的重合。

殖民地塞拉利昂和托管地巴勒斯坦中的犹太人社区这两个例子都显示了外部统治者对附属国所持目标的不同是如何导致该国国家利益概念和当地社会该如何控制的政策间的差异的。有关塞拉利昂的情况是本章剩余部分所着力讨论的，而巴勒斯坦的例子则构成了第四章的主要内容。英国殖民者在这两个社会中倡导实施截然不同的社会控制的分布；其结果则是英国殖民官员采纳的决定对这两个社会的社会结构和政治统治产生了持久而不同的结果，并一直延续到独立之后。他们的影响超出了部落、党派、酋长之类的基本社会关系，而在社会中占据突出位置。

重造社会控制：小民与领袖

西非有一块被称为塞拉利昂的领地经常处于英国统治之下。18世纪时，英国人在非洲统治者的保护之下在塞拉利昂的沿海地

第三章 为弱国家奠基:塞拉利昂的英国殖民统治与社会控制的碎片化

区定居,在18世纪末期,英国商人开始在某些沿海地区获得影响力。英国人将获释的奴隶安置在弗里敦的项目中和1791年兼并塞拉利昂公司的行为一道,逐渐建立了英国的统治地位。最终,到了1808年,沿海地区成为英国直辖殖民地,到了1896年,内陆地区成为英国的保护国。直到1951年,新宪法才最终将殖民地和保护国作为一个单一实体。

但塞拉利昂人和欧洲人的接触却要追溯到500年以前。早在16世纪初期,和葡萄牙人及其他欧洲人之间的贸易就已经确立了一些规则。奴隶贸易是18世纪到19世纪期间使得这种合法的但后来又非法化的接触得以产生、发展的关键,但象牙、棕榈仁和棕榈油、花生以及其他产品的出口同样使得欧洲人和非洲人走到了一起。许多当地强人都通过一个包含各种商品——从定价很高的食盐、丝绸到人——的市场体系来加强他们的社会控制,一些新兴的本土统治者也从类似的网络中崛起了。

虽然在19世纪晚期奴隶贸易的结束使得许多酋长和强人丧失了维持社会控制所必需的资源,但棕榈油贸易的快速增长却使得"那些占据河流上游——这些地方因无法通航而使得贸易者们聚集起来以购买产品——的人因为租金和关税而变得富有"[①]。由于内陆的酋长们都试图控制这些有利可图的河流上游并打开通往欧洲人所控制的沿海地区的通道,对这些关键地区的争夺时常引起残酷的地方性战争和世仇。

---

① Christopher Fyfe, *Sierra Leone Inheritance* (London: Oxford University Press, 1964), p. 226.

对于 19 世纪大部分时期而言，在内陆地区维持秩序很大程度上依赖于那些掌握着重要资源的本土领导者能否将这些资源运用到建立社会控制之上。但到了 19 世纪末期，侵略活动逐渐增多的英国军队开始对那些争夺贸易通道的地方性冲突和战争有所影响。殖民地统治者们不再对内陆纠纷袖手旁观了，他们甚至开始选择他们喜欢的人来担任当地的领导。但即使是这样，内陆地区的大部分直到 19 世纪最后几年才被英国有效控制。

直到 1896 年保护政体建立，英国对塞拉利昂的直接行政管理才得以形成。在 19 世纪末期（乃至更晚）那些疯狂瓜分非洲大陆的年代，英国和其他殖民国家并不希望在这个大陆建立统治权。但随后的时间里，虽然他们自称是文明的使者，但他们的目的却是建立永久的统治权，或者至少是在能预见的未来建立直接控制权。英国总督弗雷德里克·卡迪尤（Frederic Cardew）关心的问题不仅仅是保证维持不断增长的棕榈油的供应——这对于制造炸药和人造黄油至关重要——所必需的稳定环境。虽然势单力孤，很少有人支持他在塞拉利昂建立并维持一个帝国，但他却抱有为建立英国的直接统治奠定基础的雄心。他的统治的一个后果是建立了一支管理混乱、因滥用武力而臭名昭著的警察队伍。

一支稀疏地分布在全国各地的警察部队并不足以保证社会控制和社会秩序。尽管卡迪尤总督和其他人都宣称新的司法、行政和财政制度的优越性，但多数保护体制的实际的行政管理是通过一群本地领袖实现的。在这方面，塞拉利昂和其他欧洲的殖民地

第三章 为弱国家奠基:塞拉利昂的英国殖民统治与社会控制的碎片化

国家并没有什么差别。正如罗纳德·罗宾逊(Ronald Robinson)所说的那样,帝国的本质就是和精英合作的技巧。① 即使在19世纪末发生了地方酋长及其追随者们反对英国统治的棚屋税战争(Hut tax war)之后,那些英国政策制定者们还是坚信经济统治很大程度上需要倚赖现在已经日益受英国人支持的地方酋长。

除和地方酋长结盟外,英国殖民者们的另一个选择就是和那些日益增长的受过西方教育的精英们结盟。实际上塞拉利昂和其他非洲、亚洲国家的20世纪历史——无论是独立前还是独立后——都集中在地方强人同那些西方文化、教育的产物(城市精英)之间的或明或暗的斗争上。后殖民地时期这些斗争的结果因地而异,部分取决于独立前殖民者的偏好。克里斯托弗·克拉彭(Christopher Clapham)发现,在法国殖民地,"久经世故的本土精英……事实上在很多方面都几乎和法国人一样,无法区分……他们的特权地位在法律和政治上都得到了认可"。而英国殖民地却与之大相径庭,"高度欧化的亚洲人和非洲人……都是怀疑和蔑视的对象"②。英国官员们公开蔑视他们,认为他们不可能成为当地酋长的替代者。鲁道夫·冯·阿尔贝蒂尼(Rudolf von Albertini)认为:"由于出生和教养的关系,地方长官、居民和委员们对埃米尔、酋长和名人们的感觉要比对新精英好多了。后者要成为非洲

---

① Ronald Robinson, "The Excentric Indea of Imperialism, with or without Empire," in Wolfgang J. Mommsen and Jurgen Osterhammel, ed., *Imperialism and After: Continuities and Discontinuities* (Boston: Allen and Uniwin, 1986), pp. 267 - 89.
② Christopher Glapham, *Third World Politics: An Introduction* (Madison: University of Wisconsin Press, 1985), p. 22.

人的代言人的宣言被公开而轻蔑地拒绝了。"①

正如其他在非洲和亚洲的殖民地一样,塞拉利昂的社会控制并没有为外国人垄断。与之相反,本土势力在许多重要渠道分享了这些控制。然而那些和英国人共享社会控制的人却是严格挑选的:只能是本地酋长,新的受过良好教育的精英则被排斥在外。虽然对当地酋长的偏爱并未能彻底消除这些受教育的精英们成为社会控制的竞争者的机会,但它影响了塞拉利昂和其他国家的长期的内部权力平衡。

英国人的"通过传统的地方酋长实施统治"的观念有欺骗性。譬如塞拉利昂北部,传统的林巴(Limba)酋长制度其实并无传统可言。② 实际上,和英国人的设想相反,在保护体制之前,林巴并无公认的酋长制度;只是在英国资源的支持下,那些早先的非正式的酋长们才成为保护体制下的酋长。塞拉利昂也是如此。在其他领地,英国人也创造了传统的角色和官员。譬如说,耶路撒冷大穆夫提学者(Grand Mufti of Jerusalem)一职便是英国人在"一战"后创立的,并由此跻身英国统治者钦点的最重要的巴勒斯坦穆斯林领导人行列,即哈吉·阿明·侯赛因(Haj Amin al-Huasyni)。

在英国人建立了酋长制度之后,林巴地区本土领导者的社会控制基础随之发生了巨变。首先,西方统治者打碎了旧的政治精

---

① Rudolf von Albertini, *European Colonial Rule, 1880—1940: The Impact of the West on India, Southeast Asia and Africa* (Oxford, England: Clio Press, 1982), p. 315.
② Ruth Finnegan and David J. Murray, "Limba Chiefs," in Michael Crowder and Obaro Ikime, eds., *West African Chiefs* (New York: Africana, 1970), pp. 416–19.

第三章 为弱国家奠基:塞拉利昂的英国殖民统治与社会控制的碎片化

英阶层。英国人用由14个同级酋长统治的制度替换了由3个主要领主统治的制度。后者只为少数地方领导者所认可,因为那些原来顺从的地区领导者突然宣称他们对其领土享有自治权。其次,权力之前取决于领导者改变其统治区域的能力,但英国人的介入意味着一个领导者的统治范围现在已受到殖民者新设的疆域划分的严格限制。再次,或许也是最为重要的是,因英国人正式划定酋长的责任和特权并为此投入了大量资源,地方领导者的权力得以迅速增长。"和之前的情况相反,现在的地方统治者们得到了宪法的认可,他们之间及他们和其治下民众的关系也得到了法律的确认,他们属下的官员(职责)也得到了清晰的界定。这些'新的'地方酋长们发现他们的地位比其前任们要强大很多。"①酋长们现在有了征税和征用劳动力的正式权力,并在必要的时候诉诸地区委员会来运用这些权力。新秩序确立了英国造的"部族权威"中酋长们的权力和老者的地位,这和之前的时期截然不同。

塞拉利昂的门德部落(该国两大重要部落之一,另一个是滕内)的社会控制的变化多少和林巴模式有所不同,然而在一个重要的方面却和林巴几乎相同,"现在的酋长地位和传统的截然不同了"②。正如一位酋长所说的那样,"之前(在门德地区是1896年)并没有现在意义上的酋长一职。大军阀们占据大量领土。但在

---

① Ruth Finnegan and David J. Murray, "Limba Chiefs," in Michael Crowder and Obaro Ikime, eds., *West African Chiefs* (New York: Africana, 1970), pp. 417.
② Arthur Abraham, *Mende Government and Politics under Colonial Rule* (Freetown: Sierra Leone University Press, 1978), p. 214.

1898年的起义之后,英国政府认为最好还是把这些地区划分为多个由酋长控制的地区,因此最终造就了很多酋长"①。

在门德,英国的政策造成了酋长制度的迅速扩展。在保护体制之前的1880年,门德地区共有9个政治权威体并存;到1889年,则有27个酋长统治区;1912年达到了82个;到1924年则多达上百个。之后采取了一些合并措施,将数目减到了"二战"后的近百个。② 无论前殖民时期门德的政治结构是否具有阿瑟·亚伯拉罕(Arthur Abraham)所说的权威和控制的深度和广度,英国的强制和要求在其构造上改变了领导者的统治基础这一点是毋庸置疑的。只要酋长们原来的权力是基于其作为军阀或军事保护者的角色的,那么社会控制的基础的剧变是不可避免的。每个酋长最终都必须求助于英国殖民势力,这一点就足以改变社会控制的本质。那些原先没有领导权的酋长们尤其需要依赖英国人的支持和援助。

即使对那些在英国人取得统治权之前就拥有强大权力的酋长们而言,新的环境也改变了其领导权的实质和力量。对英国的资源和权威的最终依赖,一方面为建立新的本土社会控制提供了新的基础,另一方面也给酋长们施加了疆域和其他方面的各种限制。譬如说,英国巡视委员(traveling commissioner)阿尔蒂齐(T. J. Alldridge)将亚瓜(Nyagua)酋长描述为一个逾越了英国人的限制的领袖。而亚瓜则认为阿尔蒂齐是"一个极为傲慢、对英国政府缺

---

① Arthur Abraham, *Mende Government and Politics under Colonial Rule* (Freetown: Sierra Leone University Press, 1978), p. 174.
② 前引书,p. 175。

第三章 为弱国家奠基:塞拉利昂的英国殖民统治与社会控制的碎片化

乏礼貌并要求高规格接待他个人"的人。① 在棚屋税战争结束后不久,亚瓜在英国人中的(不良)声誉使得他被捕并遭到放逐。本土领导者们维持的社会控制及和英国人的合作之间的联系毫无疑问是十分重要的。酋长们按照殖民当局的喜好进行统治,但英国的影响力反过来也严重倚赖酋长们的社会控制。

相对于后来的宪法安排,英国人在19世纪末和20世纪初只授予了酋长们很有限的权力。酋长们承担着安全、征税、为公共工程招募劳力,以及其他各种次要的任务。然而,无论酋长们接受的是何种任务,都和贸易增长造成的混乱一道,在这个时期起了关键作用。就在1896年之前,商人们还是改变内陆地区人们生活的主要力量。罗(Rowe)总督说:"当地妇女收集了几蒲式耳棕榈叶,向那些来到他们村庄的塞拉利昂商人(来自殖民地的克里奥尔女小贩)换取手帕和眼镜。"②克里奥尔人是定居在弗里敦的解放了的奴隶们的后裔。在保护体制建立之前,由欧洲人、克里奥尔人和叙利亚人组成的商人们将他们生产的陶器带到乡村,换取他们所需的棕榈叶和花生。

然而和"一战"前二十几年的经济大潮相比,19世纪晚期的此类经济关系并未带来新的生产方式、移民和阶级关系。虽然1898年爆发的棚屋税战争打断了这一进程,但英国商人随后马上大量

---

① 引自 Arthur Abraham, "Nyagua, the British, and the Hut Tax War," *International Journal of African Historical Studies* 5 (1972):95。
② 引自 C. H. Fyfe, "European and Greole Influence in the Hinterland of Sierra Leone before 1896," *Sierra Leone Srudies* 6。

141

涌入这一保护国体制国家。从1898年到1908年，承包商们铺设了大量铁轨。1909年的贸易量是1904年的两倍，1912年更是1904年的三倍。1912年的关税是1900年的三倍，棚屋税以每年2 000英镑的速度稳步增长。① 越来越少的内地生产商通过克里奥尔商人进入世界市场。法伊夫(Christopher Fyfe)写道："打开保护国体制的铁路给克里奥尔人带来了新的竞争。欧洲的企业不再满足于在河流沿岸立足，而依靠克里奥尔人进入内地并成为其代理。"② 不断渗透的国际市场无情地将经济重心从农业种植业经济移开。劳动力流动范围不再局限于本村，其工作内容也超出了耕作和畜牧，采矿成为一大产业。在这场令人眩晕的变革漩涡中，酋长们灵活地运用英国当局授予他们的有限的权威在深陷广泛的社会混乱的塞拉利昂人民中巩固他们的社会控制。

然而英国人发现他们通过酋长实现的统治不尽人意。通过"一战"，足够多的社会经济变化使得英国人意识到现有的制度并非实现有效治理的合适机制。殖民官员们担心快速的变化使得酋长们有限的官方职能——局限于征税、废奴、防止公开的混乱——不再适合时代需要。在英国当局定下的宽松的框架之内，酋长们在征税、交租和强迫劳动方面都有很大的行动自由。不时有新的任务被移交给个别酋长，但这些角色在20世纪30年代还是微不足

---

① Christopher Fyfe, *A History of Sierra Leone* (Oxford: Oxford University Press, 1962) p. 612.
② Ibid., p. 613. 英国人的行为所导致的不满和混乱的迹象早已经显现了。"贸易虽然繁荣，岁入增加不如以前，但殖民地的居民发现他们自己处于日益加剧的贫困状态中，丝毫没有可能实现商业繁荣。"(p. 614)

第三章 为弱国家奠基:塞拉利昂的英国殖民统治与社会控制的碎片化

道的。譬如说,一个酋长可能被授予"医疗权力",行使一些公共卫生职能。

英国当局对有效政府的关注引发了改革以及对改革的改革。在 20 世纪的各个时期,殖民官员们忙于行政上的修修补补,设立和重设行政区划,不停地努力对政府实行合理化改革。他们选择性地扩展或收缩他们授予酋长的权限。

对于这一关注最为认真的表述来自资深行政区委员芬顿(J. S. Fenton)1935 年的一个报告。

> 面临现代环境(教育、开矿等),各领地的本土机构显得不再让人高枕无忧……本土机构可能在近期受到严重的打击。旅行和采矿日益变得简单,这意味着大量陌生人口涌入领地,而这些人知道别的地方的情况,批评并轻视弱小的本土政府或那些压迫性的人或机构。①

按照芬顿的报告,最著名的英国政府改革展开了,建立了一个本土行政部门或本土权威体系。这项改革是从尼日利亚引进的,著名的总督弗雷德里克·卢格德(后来的卢格德男爵)最先采用这一体系。本土行政体系提高了最高酋长们(Paramount Chiefs)在指定的"部族权威"中的权力。最高酋长们担任名为领地国库的财政机构的首脑,被授予了新的征税权力(政府的税收一半来自于最高酋长们征收的税),并取得了社会服务和所谓的发展方面的立法

---

① 引自 Martin Kilson, *Political Change in a West African State* (New York: Atheneum, 1969), pp. 20 – 1。

和行政权。

最高酋长们在财政、税收、立法、社会服务和发展方面的角色给了他们前所未有的积累权力的资源和机会。因此英国政策的影响超出了他们宣称的维持旧有社会组织的范围。在生活习惯和社会结构剧变的前夕,英国人赋予了酋长们大量新的权威和资源,使其能以此进行社会控制。本土行政体系"一致地将一半或更多的经费花在酋长及其他世袭官员的薪水之上"①。克拉彭发现:

> 通过把领地建设为"本土行政"的首要单位,英国当局将领地,尤其是酋长职务,变得令人垂涎;通过限制酋长成为其领地内特殊家族的代表,英国当局在各领地内部创立了一个拥有各自追随者的地方性庇护者群体,从而在其内部建立了相互竞争的基础。②

在选择酋长的时候,英国人有意识地排除了那些受过良好教育的精英。一个黄金海岸的官员认为他们是"非洲绅士自我选择并自我任命的集合体",而尼日利亚的卢格德则称其为受过教育的傲慢的精英。③

一旦酋长们运用通过本土行政体系授予他们的新的权威、薪

---

① Martin Kilson, *Political Change in a West African State* (New York: Atheneum, 1969), p. 212.

② Christopher Clapham, "The Politics of Failure: Clientilism, Political Instability and National Integration in Liberia and Sierra Leone," in Glapham, ed., *Private Patronage and Public Power: Political Clientilism in the Modern State* (London: Frances Pinter, 1982), pp. 84-5.

③ Von Albertini, *European Colonial Rule*, p. 331.

水、税收和应急款项,并灵活运用,继续增加他们的权力,英国人就发现,很难扭转这一进程。譬如说,英国人为满足20世纪40年代的战时军需而制定了增加粮食产量和木材供应的计划,却发现酋长们完全不是这些新政策的称职执行者。"二战"后的50年代,英国当局试图通过削弱酋长们广泛的控制权来改善局面。殖民官员们先是任命了地区委员会,接着又配置了政府外地工作人员(government field staff),来取代酋长执行政策,但很快发现绕开酋长执行的成本很高。新的英国委员会的新行政措施受到了严重指责,其中一项是未能建立和人民大众的联系。① 委员会和外地工作人员们发现很难和当地群众建立联系纽带,而这至少部分是因为酋长们早就掌握了一定程度的社会控制。

英国当局陷入了"该收回多少酋长的传统权力而又不失去过多(作为酋长最具价值的资产的)公众的尊重"的两难困境之中。② 在殖民统治的最后几年,英国人又开始倚重酋长进行统治,使得这些本土领导者们得以超出其征税和其他行政职能,而在新的选举体制中取得重要的地位。虽然一开始酋长们按照英国殖民者的意愿进行统治,但不久英国殖民者就发现他们(的权力)已受到酋长们的社会控制的严重制约。

许多酋长治下的人公开表达他们对酋长们通过其掌握的对货

---

① *Report on the Commission of Inquiry into Disturbances in the Provinces* (Freetown: Grown Agents for Overseas Governments and Administrations on Behalf of the Governments of Sierra Leone, 1956).

② Little, *The Mende of Sierra Leone*, p. 210.

币经济至关重要的资源而获取利益的不满。他们还表达了对酋长们作为殖民当局的行政官员角色的不满。① 事实上，1955—1956年期间在国家的北部爆发了反酋长暴乱。那些人数少却发挥重要作用的少数派，由于其空间和社会流动性的增加而脱离了酋长的控制区域，对由英国人造成的酋长职位和权力深恶痛绝。这些少数派包括少数受过大学教育的人、私营部门的一部分企业家（乃至一些工人），以及殖民行政体系中的本土官员。受教育精英和酋长的冲突很多，并随时间而增长。在塞拉利昂，由于那些经常流动的克里奥尔人占据了很多此类职务（顺便提一下，他们同样在他们迁入的西非国家中占据了很多类似职务），酋长和受教育的本地人之间的冲突愈发激烈了。

不过，随着他们开始适应变化的环境，新的权威和新的收入来源普遍地使得酋长们加强了统治。那些得到英国当局认可的酋长不仅仅疏解了怨愤，还弥补了社会控制旧的基础——包括奴隶制、战争、征税权、土地权等等——的式微对他们的威胁。这些权力的旧的资源或者消失了，或者被塞拉利昂的英国行政当局收回了。②

简而言之，在社会控制旧的基础式微、旧的生存策略崩溃之际，殖民者却提供了新的依附锁链所需的基础。一般而言，酋长们的新的社会控制远超出其原来的社会控制。英国统治者通过将人们视为由酋长领导的社会组织的成员，而非拥有个人权利和

---

① Wallerstein, *Africa*, p. 42.
② Kilson, *Political Change*, p. 65.

需求的个体,而进一步强化了依附的锁链。在这样一个背景下,任何对经济发展的关注都需要借助酋长——尽管他们效率低下——作为引导民众的渠道。在这种情况下,多数民众所采纳的生存策略都是基于酋长的组织——部落。部落是殖民国家的主要盟友,而要研究20世纪部落变迁的实质,你必须仔细思考它和国家的关系。通过部落组织,酋长掌握了包括物质资源、工作、暴力、防御在内的关键资源;而其中的部分资源来自国家。另外,在建立持久的社会控制的时候,部落的符号性意义也经常被酋长们所强调。因此,部落在现代世界中继续作为一个关键的结构而存在。

英国的多元利益

当英国殖民当局在无数的酋长中制造碎片化的社会控制时,其政策背后是分歧的、有时甚至是冲突的利益。英国人之间存在的这些差异给处于由扩张的资本主义引起的混乱前夕的塞拉利昂造成了影响深远的后果。

身处伦敦的英国政府官员主要通过殖民地部表达他们的一个看法。他们视塞拉利昂乃至西非,为其全球性大不列颠帝国计划的一小部分。而同时,身处塞拉利昂的英国官员却按照另一套——往往是不同的——国家利益观念行事。他们强调西非的地方性和区域性事件相对于英国的总体性战略地位的重要性。最后,英国商人同时给在伦敦和弗里敦的官员们带来另一种实质性的压力。这些维多利亚时期的企业家们认为英国全球扩张的主要动力是英国的企业,而非国家。①

对于伦敦的政策制定者们而言,19世纪末期的塞拉利昂,实际上整个西非,相比于埃及和苏丹——更不用说印度,对于伦敦的政策制定者们而言几乎没有任何战略价值。1865年,议会任免的委员会甚至提议从西非彻底退出。② 殖民地秘书(总督的副手)金伯利(Kimberly)伯爵在1873年写道,他希望"没有一届英国政府会疯狂到从事建立一个类似于在西非建立帝国的事业"③。到了19世纪90年代,外交部对西非的政策继续保持低调和惯性,西非对他们而言是一个既缺乏苏丹那样的财富(虽然比东非要好),又缺乏苏丹和埃及那样占据通往印度的要道的战略位置。"没有什么比1882年到1895年间英国在热带非洲选择东非而相对忽视西非这一点更令人惊讶的了。"④

外交部对西非事务的任何一项积极关注都来自法国在该地区的扩张所带来的各种麻烦。即使如此,英国官员们还是更多地寻求以外交手段来调节法国人的扩张雄心,确保英国商人进入西非的渠道。伦敦的官员们担心对塞拉利昂和西非地区的和法国冲突

---

① 见 Ronald Robinson and John Gallagher, *Africa and the Victorians* (New York: St. Martin's Press, 1961), p. 3。
② 见 Gustav Kashope Deveneaux, "Public Opinion and Colonial Policy in Nineteenth-Century Sierra Leone," *International Journal of African Historical Studies* 9 (1976): 56 - 8。
③ 引自 Brian L. Blakely, *The Colonial Office 1868—1892* (Durham, N.C.: Duke University Press ,1972). p. 41。
④ Robinson and Gallagher, *Africa and the Victorians*, p. 393.

第三章 为弱国家奠基:塞拉利昂的英国殖民统治与社会控制的碎片化

的殖民权利要求是不适当的,可能会急剧恶化英国和法国的外交关系。在 1892 年之前,外交手段还是比较有效的。举例来说,面对法国和德国的协议,英国人在 1884—1885 年的柏林非洲问题大会上做出了其在非洲帝国统治的垄断权的让步,设定了瓜分非洲领土的比例和规则。直到 19 世纪 90 年代和法国在尼罗河的争端进一步升级、法国军队持续进入西非的时候,英国人才最终决定继续在西非扩张。

殖民地大臣纳茨福德(Knutsford)爵士迈出了第一步,从 19 世纪 90 年代开始批准和酋长们制定的新协议。1895 年上任的殖民地大臣约瑟夫·张伯伦则从逻辑上扩展了柏林大会的决议,开始了一项为建立帝国而扩张的殖民政策。张伯伦的帝国观念摒弃了之前维多利亚时代国家相对于私人企业缺乏重要性的观念,相反,他视国家为那些从事海外事务的大不列颠人的领导者。随着新观念在伦敦的扎根,卡迪尤最终得以让其官员在 1896 年通过建立保护国进一步加强了对塞拉利昂内陆地区的控制。

即使是在伦敦的政策制定者中,关于帝国扩张对国家利益的影响的争论还是很激烈的。张伯伦在殖民地部的位置使得他在西非事务的重要性上持有和其政府同僚不同的看法。"首相(索尔兹伯里)和几位内阁大臣认为对西非不值得多费口舌去争论。"[①]19 世纪最后几年和法国在全球范围内都加剧的冲突,使得张伯伦能大肆宣扬其观点并实质性地改变英国在西非的角色。

[①] Robinson and Gallagher, *Africa and the Victorians*, p. 408.

殖民地秘书大胆的领土扩张行为取得的成功是基于之前奠定的基础的,但这又反映了张伯伦和其内阁同僚关于国家利益的更大的分歧。虽然在19世纪最后30年,伦敦的官员们对在西非的帝国扩张保持低调,行事谨慎,但英国的海外官员却持有完全不同的观点。他们采取了稍后才由张伯伦合法化的坚决果断的政策。尽管19世纪60年代、70年代乃至80年代的伦敦官方政策反对在西非内陆的扩张,当地的官员们却定期地扩张英国的领地。下面的引文描述了这些官员的扩张行为可能引起的白厅官员的惊恐:

> 萨缪尔·罗积极提倡尽可能地向弗里敦的北部和东北部扩张,以阻止法国人的扩张。在他的领导下,到了19世纪70年代中期,英国殖民者们不顾来自伦敦的禁令,和当地统治者们达成了无数的和约。罗达成的一些协定使得那些努力避免和法国发生冲突的伦敦的官员们尴尬万分。另外一个例子是殖民官员干脆否认了他们所签订的协议。①

对于身处弗里敦的殖民官员们来说,法国人在塞拉利昂的姿态相对于那些身处伦敦的官员们而言,显得更具威胁性和潜在的破坏性。法国人取代英国人在尼日利亚取得的成功给弗里敦的英国官员们带来了更切实的担心。好战的酋长们对内陆贸易控制权的争夺使得内陆地区无法稳定,英国殖民者早就想干预了;法国人插手其中,通过扶持其代理人而浑水摸鱼,使得英国人更加急于干涉。19世纪70年代中期之后,英国人对那些不顺从的酋长的惩罚

---

① Deveneaux, "Public Opinion and Colonial Policy," pp. 57–8.

第三章　为弱国家奠基：塞拉利昂的英国殖民统治与社会控制的碎片化

性讨伐变得十分常见。只要有可能，他们总是扶持他们支持的人担任酋长。即使这样，法国还是在1882年取得了北部的控制权。法国人（至少对于那些远在伦敦的官员们来说）静悄悄的蚕食政策的累积性效果使得非洲的英国殖民者们惊恐万分。

法国势力可能破坏英国内陆贸易的想法，和内陆酋长之间日益增长的矛盾和策略变化一道，使得英国皇家殖民官员更频繁地在其殖民地之外卷入各种事务。卡迪尤改变了边境政策，使其有利于在内陆地区扩展英国控制。亚伯拉罕说，在成立保护国之前的几年，"一个异象是'我们实际上掌握了保护国的一切权威，但没敢宣布这一事实'"①。张伯伦在塞拉利昂完成的法理上的结论实际上早在几年前就是既成事实了。阿尔贝蒂尼说："从非正式帝国到有效的殖民控制的转变进程非常缓慢，以至于难以觉察。转变的动力来自身处西非的领事和总督们，而非伦敦的官员。"②

统治塞拉利昂的英国人设计的政策——比如1889年短命的英法边界协议——缺乏耐心。作为非洲的政治统治者，他们基于自身对英国利益的判断，努力取得尽可能安定的地方环境。而且他们坚信他们的职业前途取决于此类果敢的行为。他们认为他们的上级们所谈论的不要扩张英帝国的诺言，只不过意味着身居伦敦的官员们不想惹是生非，卷入无关紧要的骚乱之中——西非就是这种情况。从19世纪30年代开始，即使有伦敦禁止扩张殖民领土的禁令，塞拉利昂的总督还是早就开始努力取得足够的控制权，

---

① Abraham, *Mende Government and Politics*, p. 115.
② Von Albertini, *European Colonial Rule*, p. 305.

以确保安全稳定,防止各类骚乱。

和任何地方的好官僚一样,他们努力建立一个不让对他们不利的信息——武力处理他们所面临的地方性状况——传到他们的上级耳中的环境。他们的策略是和酋长们签订友好协议,确保其影响力和贸易安全,并取得影响最具破坏性的事件——酋长们对贸易利益的争夺——的优势地位。贸易安全非常重要,因为一个因治安不良受损失的商人最有可能向文官监督系统上报对他们不利的信息。在保护国建立前的最后几年中,如果一些酋长还保留着与法国的联系的话,总督会通过新的武力入侵和扩展边境等方式进一步干涉。

英国商人们对塞拉利昂的关注和对英国利益的认识有时和白厅官员们不同,有时和地方殖民官员们不同。首相索尔兹伯里在1982年还认为塞拉利昂的贸易量如此之小,以至于可以事先排除对该地区的领土野心。① 在当地做生意的英国商人却并不这么认为,虽然他们扩张英帝国控制的要求要晚于当地殖民官员们的实际行动好几年,他们最终还是在19世纪80年代向政府施压,要求扩张。他们之所以改变想法,寻求英国殖民统治的庇护,主要是因为酋长间日益增长的纷争和法国人令人担忧的扩张,都危及了他们的贸易垄断权。同样,他们最终认识到"只有铁路、税收和密切的行政管理才能最终使得西非的农业转变成为出口农业"②。近海贸易者们极力鼓动政府建立必要的基础设施,扩张帝国,以确保投

---

① Robinson and Gallagher, *Africa and the Victorians*, p. 383.
② Ibid., p. 394.

资安全和有利可图。

1884年,对西方感兴趣的利物浦企业家们成立了非洲贸易组织。法伊夫说:"他们经常向政府强调,非洲以及和非洲的贸易,都是英国的权利,如果有外国卷入,殖民办公室和外交部都难辞其咎。"[1]进入19世纪90年代,他们(和殖民办公室的一些人)感到,索尔兹伯里试图以压制法国来获取利物浦和曼彻斯特的选票。[2]

简而言之,这些"商业英雄"(一个辩护者这么称呼他们)或"棕榈油暴徒"(这是更普遍的称呼),从一开始和伦敦的政策制定者们一道持怀疑态度,慢慢转到了当地殖民官员们的立场上了,认为成功的贸易只能源自他们自身的成功统治。但是整个19世纪,商人们都未能实现这个目标,或许是因为在西非的贸易量实在太小了。

英国人对酋长们的依赖

在西非,地方官员们承认了英国的主导地位。但在19世纪末商人们借助商业的巨大推力摧毁旧的社会控制之前,他们塑造本土社会控制的努力却始终步履蹒跚、进展缓慢。而且直到1896年伦敦政府确立了自身统治的合法性,这些官员们才具备直接塑造新的社会控制所必需的资源。简而言之,20世纪塞拉利昂新的社会组织和社会控制部分地源自英国利益的奇特组合及其和特定的当地人群体之间的联系。

1896年之后,当地的英国殖民官员们开始采纳以最低成本实

---

[1] Fyfe, *A History of Sierra Leone*, p. 500.
[2] Ibid., p. 503.

现旨在确保其统治的安全和稳定的政策。保护条例本身就强调"安全、和平和秩序"的理念。这些官员们视自身在英国文官体系中的晋升的机会来自有序地打开贸易扩张之路,并从贸易扩张中获得其费用。① 他们的专业声誉和职位会因任何一次错误的计算而蒙羞。那些早就对他们评价不高的伦敦的殖民地部官员们,按照殖民地官员们不惹是生非的能力给他们排序。②

卡迪尤在其无止境地征收行政支出所需的税收时犯了一个大错:棚屋税导致了一场代价不菲的造反。另外还引起了皇家委员戴维·查默斯爵士(Sir David Chalmers)的调查——这是卡迪尤和其他殖民官员们最不想看到的。虽然殖民地部最终接受了卡迪尤,而非查默斯的观点,但塞拉利昂的统治者关心的问题是,他们的错误计算带来的不仅仅是来自伦敦的仔细审查,还有他们的政权在当地的颜面扫地——当查默斯到达的时候,上千人前去热烈欢迎。

查默斯的报告认为起义是因为官员们对棚屋税问题缺乏敏感。商人们对行政当局的支出、加诸他们的税收、让他们承担公共开支等等都很不满,他们向查默斯控诉这些问题,甚至无私地建议让一个由英国商业委员会任命的委员会来替代现任的殖民统治者。③ 如果有人说英国在塞拉利昂的政策是其商业利益的直接体

---

① 卡迪尤自己有一个比其他官员更雄心勃勃的观点。他预见了从贸易保护到公共支出增加导致产量大增和贸易繁荣的过程。
② Blakely, *The Colonial Office*, p. 118.
③ Fyfe, *A History of Sierra Leone*, pp. 590-93.

第三章 为弱国家奠基:塞拉利昂的英国殖民统治与社会控制的碎片化

现的话,他们会报之以嘲笑。

考虑到棚屋税战争之后伦敦政府更加严格的审查所带来的额外压力,当地殖民官员更加急于重建他们所看重的稳定和安全。殖民官员们甚至无视酋长们在起义中所扮演的重要角色,而恳切地和他们合作建立统治。新的统治以酋长为立法者、法官和行政官员,同时试图通过那些碎片化本土社会控制的政策来有效地遏制造反和起义。利特尔(Little)在评论1951年塞拉利昂的碎片化状况时说道:"现在的保护国看起来更像由两百个地位相似的、独立的酋长领地组成。这些领地都自成体系,形成独立王国。"①

这些殖民官员们为一个持续冲突的环境创造了基础。他们迅速地增加了酋长的数量,加强了其权力,同时也加剧了竞争派系之间的冲突。② 他们试图在20世纪建立一个旧的网状的社会。大量资源用于新建和重建酋长们在其领地内的权威——这些领地在行政上呈碎片化状态,且各自为政,各自有一套不同的治理人民的规则法令。这对独立时期和独立后塞拉利昂的社会控制的分布产生了深刻影响。在世界市场急剧而深刻的渗透摧毁旧的社会控制模式和人们的生存策略之际,殖民官员们运用官方资源,按照自身偏好,决定了未来的社会模式。看起来英国的殖民官员们并不清楚破碎的社会模式和他们设计的新的行政安排之间的互动会带来什

---

① Little, *The Mende of Sierra Leone*, p. 206.
② Abraham, *Mende Government and Politics*, p. 172; George Balandier, "The Colonial Situation," in Pierre Van den Berghe, ed., *Africa* (San Francisco: Chandler, 1965), p. 42; Crawford Young, *The Politics of Cultural Pluralsim* (Madison: University of Wisconsin Press, 1976).

么后果。卡普(Kup)认为:"社会被全方位地重构……但这一点似乎被殖民者们遗忘了。"①

19世纪90年代,当地方官员、伦敦的官员和商人之间就英国在西非的利益是什么达成了初步一致时——协议由伦敦政府批准,限定在保护国框架之内,决定性的行动也就产生了。而具体的政策则由地方官员们执行,他们认为英国的利益在于在当地维持尽可能低成本的和安全的统治。

依赖酋长进行统治带来了各种各样的问题。正如前文已经说过的那样,英国人的任何一次认真动员人力物力资源的努力都以惨败告终。虽然酋长们能确保安宁,但殖民官员们认为永久的英国统治必须依赖英国政治价值和法治的引入。短期的便利可能会使得长期利益无法实现。惠特克(C. S. Whitaker)雄辩地论证了英国在尼日利亚东北部所遇到的类似两难困境:

> 困境的症结在于英国人试图依赖他们试图改造的体系来实现统治。英国人的管理意味着实施英国的标准,但当前他们却必须支持传统的规范和管理技术,因为这能确保稳定和普遍的服从……在和酋长们打交道的时候,英国人必须策略性地选择是挑剔还是宽容地对待他们:对正统和创新做法都加以称赞,在肯定传统文化的同时向酋长们介绍西方价值观,鼓励本土行政机构成为负责人的政府机构,但坚持控制权毫无疑义地由殖民政府持有,在承认老的特权的同时以功能理

---

① Kup, *Sierra Leone*, p. 192.

第三章 为弱国家奠基:塞拉利昂的英国殖民统治与社会控制的碎片化

性原则配置资源和奖赏,坚持基于农民福利而对本土行政体系进行监督,却不鼓励大众和英国官员之间的直接联系。①

在塞拉利昂,类似的矛盾几乎总是在损害行政体系。英国人发现,一旦酋长们运用英国资源重建社会控制,他们将很难削弱这些强人的控制。"二战"期间,英国官员们克服无数困难才完成加给他们的获取更多资源的任务。他们设计了促进(尤其是粮食)生产和出口的政策,但无济于事。合并酋长领地——有的领地占地仅有几平方千米——以合理化行政管理,也只取得了很小的成就。英国人最终降低了削减酋长特权的目标,因为他们意识到在塞拉利昂安全而廉价的英国统治最终依赖这些碎片化的酋长领地的社会控制。碎片化产生了深远的影响;它不仅仅影响了独立后塞拉利昂的国家能力,还影响了其国家的性质和政策。

为何殖民官员不寻求集中社会控制

塞拉利昂的权力碎片化实际上是多种力量的合力作用的产物。19世纪晚期西方和非西方国家间急剧增长的贸易对塞拉利昂产生了深刻的影响,一如对其他地区一样,即使塞拉利昂只是英国的一个很小的贸易伙伴。新兴的季节性和永久性移民,以及新的生产组织方式,都预示了农作物和矿产出口的增长。和外向型经

---

① C. S. Whitaker, *The Policies of Traditon: Continuity and Change in Northern Nigeria 1946—1966* (Princeton, N. J.: Princeton University Press, 1970), pp. 40-6.

济的新的联系使得人们旧的生存策略及提供这些策略的机构逐渐变得无足轻重。

在这个时候,英国殖民当局为塞拉利昂注入了更新了的或全新的策略和制度赖以建立的资源。一系列的因素使得英国殖民者将其有形或无形的资源投给新老酋长们。这些因素包括:对廉价而有效的社会控制的急切需求、担心给任何一个本土的领袖以潜在的极具威胁的社会控制垄断权、在非洲其他地区获得的经验,以及塞拉利昂旧的社会制度安排。

通过自己的文化透镜,英国人找到了他们确信的酋长们赖以构建吸引人的生存策略的令人信服的符号。显然对于许多社会控制能力急剧下降的本土领导者们而言,英国人更关注公开的分层模式。毕竟本土领袖们确实拥有英国人赖以建立其统治的已有的社会组织。英国人赖以重构社会控制的符号和组织有助于理解20世纪塞拉利昂的文化。旧有的信念和社会结构得以继续在未来发挥重要作用。虽然具有许多独特性和文化的持续性,但塞拉利昂社会同样面临非洲和亚洲国家比较典型的限制和条件;一个不断扩张的市场正在吞噬那些作为销往世界其他地区的初级产品生产者的民众,以及支配性的权力有意识地将资源分配给一群各自拥有其规则的本土领导者。

殖民者们出于以下原因而通过这些异质的本土领导者群体来实施其管理。首要原因是殖民者自身权力的脆弱。在广袤的领土上扩张,英国和其他殖民列强都无力取得他们在本国辛辛苦苦所取得的成就——使得拥有不同于国家的规则的社会组织丧失合法性,动员民众直接支持国家机构。由于投入的人力物力远不足以建立一套集权化的规则和程序,欧洲列强的统治只能严重地依赖本土领导者。在大多数殖民地,欧洲人都太弱小,无力通过自己的集权化的机构来施加他们的有效的生存策略和社会控制。

自身的弱小和借助于本土领导者实施统治造成的后果和期望的远不相同。罗宾逊(Robert Robinson)在其关于帝国主义的划时代著作中,正确地强调了在塑造帝国主义本性中"受害者在本国政治中协作或不协作"的不可或缺的重要性。① 本书前面的讨论和罗宾逊学派的不同在于,本书强调了帝国主义列强在选择合作者时起着关键作用。

然而,殖民者借助碎片化的群体及其领导者们运作的偏好并非只是因为他们的弱点。英国人的利益超出了投资和贸易的领域,而和英国国家自身的复杂运作相关。两个群体表达了这种国家利益——伦敦的官场(政府,尤其是殖民办公室)和海外领土的官员。罗宾逊和其合作者约翰·加拉格尔(John Gallagher)一道,使得研究者的视野超出了伦敦而进入殖民地的重要人物和事件之中,从而有助于更好地理解帝国主义。他们指出了英国之外的广阔世界,以及一个更为复杂的扩张过程——而不仅仅是保护主义和自由贸易的争论。身处伦敦的英国官员们最关心的是战略性问题,但这并不必然意味着帝国的扩张。罗宾逊和加拉格尔在他们

---

① Ronald Robinson, "Non-European Foundations of European Imperialism: Sketch for a Theory of Collaboration," in Roger Owen and Bob Sutcliffe, eds., *Studies in the Theory of Imperialism* (London: Longman, 1972), p. 118.

的《非洲和维多利亚名人》一书中认为,对战略安全,尤其是和印度相关的战略安全的考虑,和官员们认为威胁到这些安全的非洲地方性危机的结合,才是英国扩张的根本原因。

不幸的是,罗宾逊和加拉格尔的文章缩小了国家的范畴并高估了帝国扩张的个人意志因素。英国的国家不仅仅包含那些考虑国家总体战略的帝国的高级指挥者;国家的其他机构同样在扩张帝国以应对地方性危机中扮演了一定的角色。这些地方性危机并非偶然发生,它们受到英国官员们的影响。应该把罗宾逊和加拉格尔所说的偶然性危机放在英国驻当地官员深思熟虑的计划之下,才能更好地理解它。这些地方官员们拥有和英帝国的全球战略完全不同的一套利害关系:他们视当地的政治和社会稳定为他们在文官体系内部升迁的必要条件;他们支持制订的政策往往和伦敦的官场及英国的商业利益背道而驰。

虽然英国自身的弱点是一个重要原因,但还有其他许多因素导致了英国官员们依赖碎片化的本土领导者来统治。这些地方官员并不具备欧洲统治者们拥有的在本国使旧机构丧失合法性并直接动员民众的相同动机。在欧洲,过去几个世纪中此类行动的动机源于强邻环伺的环境中统治者面临的威胁。巩固国内的社会控制能使大量新的物质和人力资源为统治者所用而巩固其地位。但殖民地的情况截然不同。在地方性危机爆发的时候,地方官员从外部搬来的救兵——广泛的国家资源——使得他们确信在其辖区内巩固自身的社会控制是昂贵的,而且可能带来不稳定的后果,因此不是必要的,甚至可能是危险的。这一点在棚屋税战争中得到了证明。他们的稳定和安全的目标可以通过建立并维持一个碎片化的、网状而具有多个权力支柱的社会的政策来达到,即使这样一个社会会给动员人力物力资源带来极大限制。

对埃及的简要分析

即使在那些不像撒哈拉以南中部非洲那样随意形成,而且文化更具同质性的国家中,殖民政策也同样对社会控制具有类似的碎片化效果。埃及由于其悠久的政治历史和相对同质的文化,展示了在一个不同于塞拉利昂多元文化的社会中,帝国权力是如何导致严重碎片化的社会控制的。

埃及的例子十分复杂,但很有意思。面对埃及近乎破产的国家和令人不安的下级军官反叛,英国人犹豫乃至极不情愿地于1882年占领了这个国家。一个非官方的英国组织——海外债券持有者委员会,力劝缺乏热情的格拉德斯通(Gladstone)的自由主义政府保护英国债权人的投资。但是梯格诺(Robert L. Tignor)却认为:"埃及是因印度而非债券持有者而被占领的。占领之后的改革和控制政策意味着占领本身是防御性的。埃及行政当局的首要任务是维持这个占据战略要地的国家的稳定。"①

埃及个案的复杂性部分源自英国统治者们的目标冲突,一些人认为要采取真正的行政改革,这样英国人就能尽早退出埃及,另一些人则认为应尽量以低成本的方式维持埃及国内稳定。改革的

---

① 见 Robert L. Tignor, *Modernization and British Colonial Rule in Egypt*, 1882—1914 (Princeton, N.J.: Princeton University Press, 1966), p.24。

强烈意愿削弱了村庄首脑和显要人物的权威。虽然在19世纪不同的统治者治下,这些人的社会控制和财富都有所减少,但在英国人占领埃及之前,他们却过着很好的生活。但英国人很快改变了这一切。不仅仅他们的财富减少了,他们还被英国人转变成为行政管理链条的末端。如贝尔所说:"许多任务都是以前他们作为村庄首脑时就作为其权力基础而存在的;同时一些新的行政性任务也交给了他们;司法机构剥夺了他们在处理农民间争议时的自由裁量权。"①

改革的冲击削弱了农村地区旧的生存策略的供应者。改革同样建立了一些司法和行政基础组织,这有助于形成某种程度的集权化控制的基础——当然比塞拉利昂要强得多。然而,能最终在埃及社会中建立集权化社会控制的改革受制于英国人的另一个目标——维持低成本的社会稳定。英国总督认为在埃及要做到得失平衡,付出不能高于回报。

尤其是在占领埃及的初始兴奋过后,英国人发现,不必承担集中化控制埃及所带来的高成本和风险,也同样能建立社会控制、维持埃及的稳定和确保苏伊士运河安全所可以凭借的基础。大土地所有者是地方性的受益者。整个19世纪90年代,他们都享受了英国政策带来的好处,扩张了耕地并扩大了出口棉花的种植面积。和建立碎片化社会控制的新基础同样重要的是,英国人还建立了

---

① Gabriel Baer, *Studies in the Social History of Modern Egypt* (Chicago: University of Chicago Press, 1969), p.58.

新制度:村委会、省议会和遗嘱检查法院①,这些都赋予了大土地所有者不受中央权威严格控制的关键的权威和资源。一直到20世纪还影响埃及的农夫生存策略的机制形成了。

简而言之,相比于那些有众多社群或种族群体的国家,即使在那些像埃及那样历史、地理和宗教都有利于建立大规模统治,同时还具有同质文化群体的国家,殖民政策同样能导致社会碎片化。从19世纪80年代开始,英国的殖民政策就鼓励碎片化社会组织的形成:地主们在他们控制的村庄内实施他们自己的司法体系和有各自特色的农民的生存策略。虽然埃及国家现在在试图集中社会控制时面临的困难不像塞拉利昂那样难以驾驭,但二者没有本质上的区别。

新的社会结构对独立后的国家政治的影响

1961年塞拉利昂独立的时候,其国民被分为18个不同的种族群体。门德族和滕内族是最大的两个部落,占全国人口的三分之二。和其他地方一样,对于塞拉利昂的民众来说,部落和其他的群体认同都不是持久不变的,而是不停变化的。② 克莱德·米切尔

---

① 见 Eric Davis, *Challenging Colonialism: Bank Misr and Egyptian Industrialization 1920—1941* (Princeton, N. J.: Princeton University Press,1983), p. 54。
② 例如可见 Young, *Politics of Cultural Pluralism*。也见 Charles F. Keyes, ed., *Ethnic Adaptation and Identity: The Karen on the Thai Frontier with Burma* (Philadelphia: Institute for the Study of Human Issues, 1979)。凯斯(Charles F. Keyes)在他的序言中提醒说:"总而言之,种族身份作为人们的适应性战略面对着数种社会经验。"(p. 6)

(J. Clyde Mitchell)在其对南部非洲的著名人类学著作中阐释"卡列拉舞",展示了城市化是如何重塑部落认同的边界并带来新的群体团结。① 殖民统治、被纳入世界经济,以及诸如基督教传教士活动等其他因素,对19世纪和20世纪亚洲和非洲的群体认同造成了深刻影响。

在撒哈拉以南的非洲,新殖民地边界往往缺乏坚实的历史或文化标准,人们经常会面临大量新的经验,为他们提供新的参照群体,颠覆旧的分层模式。非洲大陆成了一个关系变动、认同变化的大熔炉。通过他们给特定的行政机构、精心挑选的领导者及其组织投入大量的资源,殖民者能大力影响社会生活结构的形成、部落边界的变化、个体对部落的认同。

通过选择性地支持某些生存策略,殖民者们深刻地影响了个体对其所处各个群体优先性的排序。部落、语言群体、种族群体在19世纪末20世纪初发生了剧变,很大程度上是因为殖民者对特定社会组织的选择性支持。新部落维持了以前的联系,他们诉诸旧的符号,重拾旧的组织形式。殖民地国家边界内新的社会碎片化建立在旧的社会分隔和阶层之上,但又和前殖民地时期有所不同。酋长们现在运用新的物质资源进行奖励和惩罚,从而获得社会控制。他们重塑了部落的符号体系,并和其他酋长结盟,以加强其组织化的统治。需要强调的是,新的社会碎片化并非完全建立在旧

---

① J. Clyde Mitchell, "The Klela Dance: Aspects of Social Relationships Among Urban Africans in Northern Rhodesia," *The Rhodes-Livingstone Papers*, No. 27 (Manchester: Manchester University Press, 1956).

的部落符号和纽带之上。随着世界经济的扩张和旧的生存策略的逐渐削弱,殖民者有意识的政策通过指引权威、武力和物质资源的流向,对重塑社会控制的分布起了很大作用。

殖民时期的社会遗产在后殖民时期继续存在。"独立后20年,"一个作者写道,"部落仇恨继续存在,并对国家发展的综合性政策造成了障碍……"①对于今天的塞拉利昂人来说,和类似政策在其他殖民地一样,这些以往时期的英国政策对其社会和政治生活造成了持久的影响。这些政策影响了包含本土社会控制的分布和可能形成的生存策略在内的社会结构,而社会结构反过来又对20世纪塞拉利昂的国内政治和国家能力产生了深刻的影响。

塞拉利昂独立之初,人们就看到了过去一个世纪中形成的社会结构将对新国家的特征和能力产生深刻影响的第一个迹象。在独立前就已经为奠定独立后的统一采取了一些措施。譬如说,克里奥尔人华莱士(I. T. A. Wallace)于1938年组织成立了旨在缩小克里奥尔人和塞拉利昂人民之间距离的西非青年联盟。华莱士的努力是克里奥尔人教化、教育观念陈旧的孩子们的长期努力的一部分。② 然而,独立的时候,这些努力反而减少而成为模糊的记忆了,同时克里奥尔人分裂的可能性也增加了。第一任总理米尔顿·马盖(Milton Margai)博士为应对这个威胁以及社会中其他潜

---

① George O. Roberts, *The Anguish of Third World Independence: The Sierra Leone Experience*(Washington, D. C.: University Press of America, 1982), p. 9.
② Leo Spitzer, *The Creoles of Sierra Leone: Responses to Colonialism, 1870—1945* (Madison: University of Wisconsin Press, 1974), ch. 6.

在的不稳定因素,开始了重塑国家的进程。他给内阁重新洗牌,增加了克里奥尔人在内阁中的数量,同时提升他们担任了一些高级文官。"实际上,"罗伯茨(George O. Robertz)说,"包括部长和高级秘书在内的高级文官,大多数都是克里奥尔人,这种现象延续至今。"①

克里奥尔人的支配地位促使那些关心他们自身低等地位的人作出制度性回应。原保护国体制下的利用部族纽带来形成自身和选民间的联盟或者阻碍其他群体(尤其是克里奥尔人)取得支配性地位的工具。他们还以部落为连接其选民和一套超越酋长们狭隘且貌似脆弱的领土控制权的符号体系的工具。部落的边界随环境变化——不同群体的支配地位,人们从一个地方搬到另一个地方,以及酋长和选民们在这些环境中创造或设置障碍的需要而变。

独立后不久,门德族的统治引发了结盟的进一步变化和国家领导者为加强自身力量而影响结盟行为的努力。马盖总理的门德族和提心吊胆的滕内族之间的紧张关系预示了新国家面临的不祥的困难。即使在20世纪50年代,马盖还在勤勉地尝试取得部落地区分布的平衡。他通过保护酋长们不受竞争对手威胁,保障其行为享有不受监督的自由,提供政府贷款等奖励,获得了酋长们的支持。正如克拉彭所说,虽然地方民众的社会控制还被酋长们所把

---

① 关于克里奥尔人的作用超出了本研究的范围。上述内容,可参看 Spitzer , *The Creoles of Sierra Leone*; and Avner Cohen, *The Politics of Elite Culture: Explorations in the Dramaturgy of Power in a Modern African Society* (Berkeley: University of California Press, 1981)。关于华莱士,见 Roberts, *The Anguish of Third World Independence*, p. 99。

第三章 为弱国家奠基:塞拉利昂的英国殖民统治与社会控制的碎片化

持,但中央政府还是取得了相当程度的优势。马盖在运用任命权来增强其优势地位这一点上驾轻就熟。

> 主要的奖励是最高酋长的地位,当然还有其他各种奖励:酋长会议主席职务、领地首府的所在地选择、相邻领地间的边界争端(的调解)、各种因领地合并而产生的领地内部的争议(的调解)。地方派系间对这些奖赏的竞争,不可避免地导致了地区分裂并阻碍了地方团结精神的产生。这赋予了中央足够的行动自由来操纵地方——这正是马盖最为擅长的政治形式。①

上面的引文必须逐字逐句地理解:马盖的行动自由来自任命和操纵,但除此之外他的权力受到很大的限制。他在调整酋长制度或甚至是废黜其中一个酋长时都必须十分谨慎。由于人们的社会控制很大程度上都为酋长的组织所把持,马盖拒绝对酋长们的特权提出挑战,以此"带来"社会稳定和他个人任期的安全。他对制度的唯一一次实质性改革发生在独立前不久,当时他设立了酋长会议主席一职,从酋长们手中夺取了部分权力。其他方面,酋长们手中赖以维持其社会控制的奖惩措施维持不变。酋长们顺应了独立后社会环境对他们继续把持社会控制提出的新要求,独立时有读写能力的酋长的数量是"二战"后那几年的数量的两倍。

酋长们还学会了利用他们作为其民众和国家之间的中间人的地位谋取更大利益。在1968年塞拉利昂的一个问卷调查中,42%

---

① Clapham,"The Politics of Failure," p. 86.

的受访者认为最高酋长是提出地方工程建设计划的人,而只有1%的人认为是议员,另外有32%的人认为是部门首脑或乡镇首脑。酋长们还同样造成了他们能影响其民众命运的印象。在问卷调查中,64个农民中有7人认为他们有机会改变不公正的国家法律,而51人认为他们有机会改变不公正的部落法律。①

马盖及其继任者们只有在冒极大风险的情况下才能挑战这些酋长,因为动员能力主要掌握在他们手中。虽然是借助于国家资源,但他们成功地把持了社会控制。正如约翰·卡特赖特(John R. Cartwright)所说:"塞拉利昂的国家领导人能用来对付酋长的策略是很有限的。"②马盖的地位取决于他任命和"购买"酋长们的支持的技能。但是其他人也能操纵此类游戏;反对者们从那些遭马盖轻视的部落里面寻找心怀怨恨的酋长们。他们同样录用那些反对酋长控制的力量,尤其是那些受过良好教育的精英。1964年马盖去世的时候,对国家权力控制的政治竞争演变成为一系列的派系斗争,占优势的有时是这个部落及其追随者,有时候是另一个。直到1967年军队取得政权,才暂时中断了国家控制中的派系冲突。

门德族人控制的军事政权虽然在首都取缔了部落纷争,但它并未解决任何掌权的群体或派系所面临的基本两难困境。1971年由滕内族将领领导的军事政变同样没能尝试提出根本的解决之

---

① John R. Cartwright, *Political Leadership in Sierra Leone* (Toronto: University of Toronto Press, 1978), pp. 126 ff.
② Ibid., p. 132.

第三章 为弱国家奠基:塞拉利昂的英国殖民统治与社会控制的碎片化

道。国家的控制权并非是采取能惠及大部分普通民众的政策的可靠保障。此外,动员部分民众——他们是带来影响深远的政策变革所需的基础——同样不够,因为酋长们持续的社会控制使得他们自身成为联结农村民众的渠道,即使他们在首都的权力被削弱了。马盖博士"在地方层次对酋长们的依赖意味着不挑战他们的权威。地方政府在1956年到1964年他去世期间未受挑战,即使一半以上的财政资金花在酋长们的报酬和行政费用上"①。殖民时期民族主义运动的领袖和独立后的执政党塞拉利昂人民党,缺乏独立影响民众的组织手段,因此在它殖民时期就开始依赖酋长们和本土行政体系。②

塞拉利昂人民党对酋长们的依赖使得塞拉利昂的民族主义运动得到缓和。人民党从未成为殖民统治的"半国营"替代品;也就是说它未能提供奖惩之类的包括贷款、农产品营销、警察等经常和国家联系在一起的服务。③ 这些服务能建立沟通民众的联系渠道,英国在这方面做得很好。政党的纽带要通过酋长们连接而非直达个体。④ 即使在城市地区,部落组织适应了新环境,人民党则通过这些部落组织而在城镇中扩大了影响力。

---

① Kup, *Sierra Leone*, p. 214.
② 此外,民族主义政党的领导人中,有许多人是最高酋长的亲戚。这一点不足为奇,因为酋长们将其资源积攒起来用于支付他们的儿子出国旅行或接受高等教育的费用——这正是新精英的典型经历。在1961年独立前夕,塞拉利昂人民党的公务员中,30%是酋长的子侄辈或孙子辈。见 Kilson, *Political Change*, p. 232。
③ Scipio, *Emergent Africa* (Boston: Houghton Mifflin, 1965), pp. 46-7, 55.
④ 见 Kilson, *Political Change*, p. 264;以及 Christopher Clapham, *Liberia and Sierra Leone* (New York: Cambridge University Press, 1976), p. 121。

简而言之，塞拉利昂人民党尝试通过民族主义意识形态来为社会建立一套新的价值和信念体系，这一点不同于那些建立了有效社会控制的组织和酋长们。酋长们限于其地方性的权力基础，在独立前后都注意满足其民众的需求和解决其面临的问题，并不惜使用武力。因此，在塞拉利昂的社会中，即使缺乏广泛的支持和合法性，酋长们还是拥有要求民众服从的权力和机制。国家——先是殖民地国家然后是独立国家——只能动员起非常有限的民众和资源。

正式独立并未突然赋予国家组织为获取民众服从所必需的制度基础。酋长们遍布全国的碎片化权威继续支配着政治图景，虽然是以一种远不如弗里敦的派系斗争那么明显的形式存在。正如吉尔森（Kilson）在独立后几年所说的那样，"本土行政体系在1961年塞拉利昂取得独立后继续存在，并将在未来几年内继续是塞拉利昂政治构成的一部分"①。

国家与新精英

当然，在塞拉利昂也存在创立碎片化社会——每个碎片都有自身的社会控制形式、一系列规则、奖赏和惩罚，以及象征性符号——的反方向的趋势。传教士教育就是培养受教育的精英的第一步，这些精英的兴趣和关怀超出了狭隘的地方边界。希尔斯（Edward Shils）最先命名后殖民地社会中此类集团的成员为知识

---

① Kilson, *Political Change*, p. 202.

第三章 为弱国家奠基:塞拉利昂的英国殖民统治与社会控制的碎片化

分子;马科维茨(I. L. Markovitz)随后称非洲的此类精英为"组织化的资产阶级"①。他们是塞拉利昂和其他第三世界国家中那些操纵工业、军队和警察,以及日益增长的官僚队伍的人;简而言之,他们形成了新国家及其组织化的盟友。他们中的大多数有西方教育背景,很多则几乎是自动进入了文官体系。克里奥尔人和酋长们的儿子或侄子们一样,占据了相当的比例。他们在新国家中的地位仅仅是加强了他们早就享有的极大的利益和特权;不促进其社会中上层社会利益的国家是不存在的。

在独立前的非洲,这些受过教育的群体和那些过时的酋长们之间的分裂似乎就是当地政治的本质所在。许多观察者都确信尽管酋长们有英国的支持,但有组织的资产阶级将在独立后获胜,过时的酋长们将逐渐衰败。许多人确信,知识精英的成功将建立在其在国家行政中的角色及其一致的立场之上。马科维茨称有组织的资产阶级为"组合的统治集团"②,具有一致的目标和组织,而这正是酋长们所缺乏的。强人的联盟局限于一个地区或部落,但组织化的资产阶级的纽带和利益却是全国性的。

---

① Edward Shils, "The Intellectuals in the Political Development of the New States," *World Politics* 12 (April 1960): 329 - 68; Irving Leonard Markovitz, *Power and Class in Africa: An Introduction to Change and Conflict in African Politics* (Englewood Cliffs, N. J.: Prentice-Hall, 1977).

② Markovitz, *Power and Class in Africa*, p. 208. 一位东南亚问题的专家阐述了类似的关于知识分子阶层的团结特别是控制国家的观点。本内迪克特·安德森(Benedict Anderson)写道:"从殖民国家到民族国家的一步步的转变,这种转变可能不仅要通过一个团结的共同体,也要通过一系列旅程而使其官员感受到。"[Anderson, *Imagined Communities: Reflections on the Origin and Spread of Nationalism* (London: Verso, 1983), p. 105.]

初看上去,这些精英确实取得了胜利。他们统治了大都市并引起了西方人的注意。没有人怀疑"日益增长的在更高舒适生活水平维持政治官场的代价"①。他们所统治的塞拉利昂,以及其他非洲国家,看上去都像一个可怕的组织。在规模和资源上,国家比任何其他组织都庞大。"作为国家日益普遍且深入社会的结果,多数非洲国家,包括塞拉利昂,领工资者多数就业于国家机构或半国营机构。"②

实际上,一场学术争论正聚焦于后殖民地国家的"过度发展"问题。③ 在塞拉利昂,从国家庞大的官僚机构、不断增长的威权主义特性和暴力的使用中,都能看到国家的重要性日益显著,尤其在1968 年西亚卡·史蒂文斯(Siaka Stevens)总统及他的全民议会党统治时期。和许多其他赤道非洲国家一样,独立后的民主制度之后紧跟着"一个政治操作和制度试验的阶段,政治精英们试图借此建立各种类型的威权体制,以巩固其权力并延长统治"④。

那么,出现那些能在竞争中毫无顾忌的党派最终控制国家这一结果,就不足为奇了。史蒂芬·赖利(Stephen Riley)发现,塞拉

---

① Markovitz, *Power and Class in Africa*, p. 207.
② David Fashol Luke, *Labour and Parastatal Politics in Sierra Leone: A Study of African Working-Class Ambivalence* (New York: University Press of America, 1984), p. xv.
③ Hamza Alavi, "The State in Post-Colonial Societies: Pakistan and Bangladesh," *New Left Review* 74(July/August 1972): 59 – 81; and Colin Leys, "The 'Overdeveloped' Post Colonial State: A Re-evalution," *The Review of African Political Economy* 5 (January-April 1976): 39 – 48.
④ Collier, *Regimes in Tropical Africa*, p. 2.

第三章 为弱国家奠基:塞拉利昂的英国殖民统治与社会控制的碎片化

利昂政治中最核心的一点就是,"一个提取型、强制型且作为最大的雇佣者和上演派系冲突、权力竞争的场所的后殖民地国家"①。在非洲和其他地区,一个强大的城市精英群体,有些人称之为一个强大"阶级"——组织化的资产阶级,和一个所谓的"过度发展"的国家的同时出现,看起来似乎正在决定可预见的未来社会控制的操纵和分配。②

然而,对独立后塞拉利昂官员们的热切期望却多少有些空洞。作为一个组织,国家未能扮演其应有的角色。社会控制出乎意料地继续留在了国家之外的社会组织之中。包含国家官员和组织化资产阶级成员在内的城市精英发现他们所谓的阶级团结十分虚弱,国家机构的权力更是一个幻觉。政治并非是国家自主性的表现,亦非单一阶级的统治,而是完全不同的"妥协和劝说"的演示。③任命和操纵,而非社会控制和动员,仍是国家能力的外在限制。忠实地履行各项社会政策,使其直达基层的能力,是那些部委的官员们尽量想逃避的。军队能给政治带来"纪律",正如之后产生的一党统治能通过取消党派斗争和对国家控制的公开争夺带来纪律一样。但是军队和党都不能有效地改变社会控制碎片化分布在社会中的状况。丰富的钻石储藏使得塞拉利昂能获得其急需的财政资源,半数的出口收入来自主要的采矿区,但这并不能替代规制社会

---

① Stephen Riley, "Sierra Leone Politics: Some Recent Assessments," *Africa* 52 (1982):106.
② 当然,有些著作讨论了阶级和国家的联姻,如 Collier, *Regimes in Tropical Africa*。
③ 引自 Riley, "Sierra Leone Politics," p. 107。

行为、动员民众的能力。

形成于19世纪末、20世纪初的社会组织状态,受扩张的世界市场和英国政府的密谋影响非常之深,对后来的发展具有深远的影响。即使它们远离国家中心,散布的社会碎片依然很大。对于研究者而言,尽可能少注意这些边缘地区的要素对政治和权力的影响极具诱惑力,因为国家中心看起来是那么强大、专横,而具有决定性作用。托马斯·考克斯(Thomas S. Cox)在其研究塞拉利昂军政关系的书中这么定位国家中心的作用:

> 在弗里敦——同理在洛美(多哥首都)、基加利(卢旺达首都)、班吉(中非共和国首都)、科托努(贝宁首都)——政变的许多主要参与者,如电台和总统府,都集中在一个方圆几里的区域内。这里同样居住着政府大员、高级军官。由于集中在这么一个狭小的物理空间,军政关系和正常的居住在首都的文官间政治关系并无二致。①

我曾试图论证要理解社会控制位于何处、国家领导人面临何种能力限制这些问题——英国殖民政策的部分后果,我们必须超出国家中心,而将视野投到城市贫民窟、市镇和乡村的地方民众和貌似微不足道的酋长们的关系之上。确实没有一个酋长能单独挑战国家领导者的权威,但所有酋长聚集在一起,通过对边远地区的社会控制,却能给国家领导者增强国家能力的努力造成严重后果。

---

① Thomas S. Cox, *Civil-Military Relations in Sierra Leone: A Case Study of African Soldiers in Politics* (Cambridge, Mass.: Harvard University Press, 1976), p. 220.

第三章 为弱国家奠基：塞拉利昂的英国殖民统治与社会控制的碎片化

在第六章和第七章，我将进一步分析社会控制碎片化和国家能力及国家本质之间的关系。但此处我只是从一个初步分析的角度出发，认为国家成为了一个大慈善家，但未能从其善行中获取控制和权力。

国家能采取激烈的行动，替代某个酋长或无情地推行某项政策。但这些行动都是很冒险的，因为国家的动员能力是如此有限。当社会控制集中于酋长们手中时，此类激烈行为只能偶尔且选择性地为之，而且经常是在极端形势下。在日常事务中，资金流入了私人（酋长们或新兴组织化资产阶级）手中，从而强化了和国家机构推行的规则相竞争的规则，而非国家规则本身。[1] 这就是为何关于塞拉利昂的近期研究都是如此悲观——"失败的政治"或"独立的痛苦"——的原因。

观察家们将塞拉利昂的失败归因于其领导者。譬如，罗伯茨认为他们是裙带主义、腐败且傲慢自大的。[2] 毫无疑义，在塞拉利昂和其他国家，这些问题都大量存在。在本书第六章和第七章的理论讨论部分，我将解释国家领导者的这些特征和碎片化社会控制之间的联系。我的理论还将解释冲突环境中的符号联系——总统和酋长们学会相互妥协的关系。但此处，我只是简单提出腐败和傲慢都只是国家领导者和地方强人关系的征兆而已。卡普这样

---

[1] 见 Christopher Allen, "Sierra Leone," in John Dunn, ed., *West African States: Failure and Promise: A Study in Comparative Politics* (Cambridge University Press, 1978), pp. 196 ff.
[2] Roberts, *The Anguish of Third World Independence*, p. 103.

总结塞拉利昂的情况：

> 非洲的政客们是脆弱的甚至短暂的，他们来了又去；而酋长们却是持久的，冷眼旁观而无动于衷，他们投票支持那些政客——也让他们的子民们支持……除了吸纳酋长们的地方政府之外，没有其他令人满意的政府形式能在塞拉利昂建立。酋长们怨恨本地的政党官员，但实际上却没有一个政党能建立一个基层组织……因此，总统需要酋长们，而酋长们也需要总统。①

酋长们的持续影响力、种族和部落的政治力量，并非简单地是古代史的产物。（近代的）英国的殖民政策，和扩张的世界经济造成的社会混乱一道，是塞拉利昂社会控制重塑的主要因素。部落、政党和酋长这些词都是同与人们最密切相关的生存策略联系在一起的。英国的统治深远地影响了哪种生存策略能在 20 世纪的非洲有用武之地。

殖民主义、社会碎片化与弱国家

通过本章的分析，本书的中心问题——如何理解不同国家国家能力的差异，尤其是为何在一些第三世界国家中，国家成了一个社会中任何个人和组织，即使是雇员最多、利润最大的企业也无法

---

① Kup, *Sierra Leone*, p. 221. 当卡特赖特说到甚至在军队接管政权后，"文职官员依然保留着政府与村庄沟通的主要渠道"时，他提出了一个类似观点［John R. Cartwright, *Politics in Sierra Leone 1947—67* (Toronto: University of Toronto Press, 1970), p. 255］。

第三章 为弱国家奠基:塞拉利昂的英国殖民统治与社会控制的碎片化

忽视的组织;而同时这些国家却无力改变支配其社会中日常行为的规则?——也就有了答案了。本书从第一章开始就以一种启发式的策略——从何处、如何寻求其解释的路标——为这个答案做了铺垫。所有国家都处在一个由其社会中无数社会组织构成的混合物之中。社会是网状结构的,社会控制碎片化地分布于无数社会组织之中——而国家则在实行其政策时必须面对这些可怕的障碍。雄才大略的国家统治者、政府部门的管理能力及其复杂的机制和资源本身并不是国家有效贯彻社会政策的充分条件。只注意这些处于核心的因素而忽视边缘的社会组织对国家及其能力的影响,是极具误导性的。我们的路标指示我们分析问题时将视野拓展到大都市以外,而注意社会控制实际上是如何分布于社会之中的。

除了提供模型或启发式策略,我们的答案同样回答了为何一些社会有碎片化的社会控制而其他国家则无。15世纪之后的深刻的社会混乱破坏了人们的生存策略,从而为之后国家的涌现奠定了基础。事实上,这是强国家出现的前提。在欧洲,14世纪的大灾难,在17世纪上半叶的危机的强化下,破坏了封建主义的生存策略。而对于绝大多数亚非拉国家而言,旧的生存策略的破坏则发生在欧洲支配的世界体系带来巨大压力之际,这一点我们在第二章中已经深入讨论过。尤其是在19世纪50年代之后,在几个霸权国家的主要政策引领下,欧洲和美国的快速工业化推动了世界经济的扩张。这在欧洲和非欧洲国家都造成了类似的结果:旧有的社会控制基础和生存策略都被迅速削弱,乃至摧毁。

无论是在欧洲还是其他地区，旧的策略被摧毁了，但是并不知道将来用何种新的策略来替代它们。国际体系中的各种力量再次强烈影响了各种社会的社会控制和生存策略的重构。譬如说，在欧洲的一些社会中，正在兴起的国家体系中相邻的政治体造成的对领导者个人及其政治生存的威胁，使得领导者愿意承担风险来直接动员其民众和资源。为了建立和其民众的人力和税收直接联系的渠道，国王们发动了和那些试图维持碎片化社会中社会控制的人之间的激烈斗争。他们建立了军队、警察、征税机构和法院，以图在其领土中建立一套单一的国家机构来取得集中化的社会控制。国王们建立这些机构的能力，和是否存在充足的忠诚的才智之士来充实这些机构一样，具有重要意义。忠诚问题是最重要的，因为它说明了人们从其旧的社会组织基础中脱离出来，而将自身的前途和国王的伟大计划的成败联系在一起了。在欧洲的部分地区，这样的人力源自中世纪欧洲晚期的自由城市。

对于亚非拉社会而言，社会控制的重塑发生在一个世界上早已是强国林立的背景中。19世纪后期，在扩张的世界市场和一个强国林立的国际环境一道造成的大混乱背景中，只有日本这个非欧洲国家脱颖而出，成为一个强大的中央集权国家。对于塞拉利昂之类的国家，殖民统治者们运用其掌权的优势，支配资源和权威，来深刻地影响本地力量如何构建社会控制。他们为那些广泛分布的强人们提供在碎片化社会中建立各自社会控制的必要资源。

英帝国的官员们拒绝了其他各种可能性。譬如说，他们认为

第三章 为弱国家奠基:塞拉利昂的英国殖民统治与社会控制的碎片化

建立一个强大得足以压倒所有当地势力或将他们纳入一套单一规则的国家,太过奢侈。他们对于在大都市里建立军队和培养受教育的当地精英群体之类的活动也袖手旁观,而这正是集中社会中的社会控制的机构所必需的人力。

在任何一个个案中,社会控制的碎片化——社会中规则制定的多元化——极大地限制了独立后国家能力的增长。即使手中拥有大量可支配资源,即使能毫不费力地消灭掉任何一个强人,国家领导者们还是发现他们受到了严格的限制。任何一场旨在加强国家能力——渗透和规制社会关系、分配资源,以及从其社会中提取更多资源的能力——的战役都会严重地削弱强人们的特权和社会控制的基础。许多国家领导者发现他们的政治前途很大程度上依赖于强人们通过其社会控制所能提供的社会稳定;强人们有直接和民众接触的渠道,并能以各种特殊目的动员民众。悖论(我们将在后文深入讨论)是:在强人们日益依靠国家资源来支持其社会控制的同时,国家领导者们却也日益依靠这些强人们,而正是这些强人在运用着这些资源,对抗国家法律和规则。简而言之,关于为何一些第三世界国家在加强国家能力时如此一筹莫展,我们的初步答案是:殖民统治在民众寻求新的生存策略的时期引导了碎片化社会控制、冲突环境的形成。

第四章　为强国家奠基：
巴勒斯坦的英国人与犹太复国主义者

重建社会控制的不同情况

19世纪中期,在世界市场与欧洲国家权力大肆扩张之后,社会控制的重建在亚洲、非洲和拉丁美洲走上了不同的道路。我们将看到,巴勒斯坦犹太复国主义者对社会的集中控制与塞拉利昂的碎片化控制形成了鲜明对比。即便在那些在殖民者到来前就异质化的社会中,控制的碎片化及弱国家的最终产生也并**不一定**是殖民主义的必然结果。那种直接的殖民统治,如法国或葡萄牙的殖民主义,采取了与英国有些不同的方法来引导社会资源,并使其对本土的社会控制在分布和强弱上也有所不同。即使同处于英帝国殖民统治之下,不同类型的统治也伴随着截然不同的结果。

尽管塞拉利昂可算是英国前殖民地的典型代表,这绝不意味

第四章 为强国家奠基:巴勒斯坦的英国人与犹太复国主义者

着英国的殖民地都同样具有持续的碎片化的社会控制——因为不同的组合产生了不同的结果。即使在大英帝国(殖民地)之内,国家之间也有强弱之分。在人口数量相似的情况下,也有一些国家比塞拉利昂强得多。如果上一章对塞拉利昂的分析还算切中要害的话,那么这些国家在力量上的不同很大程度上应该能通过外来力量对社会组织形式的影响得到解释。当很多社会的旧有生存策略已经宣告失败之时,正是这些外来影响为它们打开了历史性的机会之窗。

譬如说,和在塞拉利昂相比,英国对印度的影响就是相互矛盾的,时而倾向于使之更碎片化,时而倾向于建立更牢固的统治。为人称道的印度公务员系统的诞生带来了一系列连锁反应,从而催生了全国范围的统一的精英阶层。迪特马·罗瑟蒙德(Dietmar Rothermund)曾指出,印度公务员扮演了维护一整套统一规则的"仲裁者"角色。[1] 在英国影响下所建立的具有凝聚力的印度军队和法律系统(以及与之伴随的印度职业军官、律师和法官的增多)同样为独立后建立一个强大国家奠定了牢固的制度和人力基础。新教育制度的建立也取得了同样效果。同时,英国殖民者的权力和资源从一开始就集中于各个王公、地主和其他贵族——这些人后来都成了富农——手中。由此便奠定了多方强者对国家进行碎片化社会控制的基础。自1947年以来印度的国家-社会关系在本

---

[1] Dietmar Rothermund, "The Legacy of the British-Indian Empire in Independent India," in Wolfgang J. Mommsen and Jurgen Osterhammel, eds., *Imperialism and After: Continuities and Discontinuities* (London: Allen and Unwin, 1986), p. 141.

质上多表现为国家与富农阶层之间的妥协和斗争。前者具有相当的动员能力（与塞拉利昂相比），而后者则牢牢控制着农村生活的各方面。①

以色列提供了一个与塞拉利昂相反的例子，强人统治及碎片式的社会控制不再是国家-社会关系的特称。以色列社会，即便仅是犹太人的那一部分，也是一个极具异质性的社会。然而，国家通过实行一系列社会政策体现出了各方面的能力，从改变民众的日常生活习惯到支配并动摇与之较劲的社会团体。这一切使以色列位居少数几个强国家之列。

在巴勒斯坦建立犹太人社会的背景

在世界体系中，为20世纪的巴勒斯坦带来剧变的力量最初其实扎根于相距甚远的地方。欧洲特别是东欧的犹太人在整个19世纪都直接面临着席卷欧洲大陆的狂乱的政治经济旋风。欧洲各民族为求得生存而纷纷改变策略，一些新的标志的出现则把这些策略紧密联合起来，这使犹太民族的生存面临严重危险。19世纪后期，这些标志的重要性与日俱增，特别是那些代表新侵略性民族主义的标志，有效地将犹太民族排除在外。这些"外邦人"的种种策略使犹太人的不同显得更为突出。例如在罗马尼亚，"犹太人无

---

① 例如可见 Akhil Gupta, "Technology, Power and the State in a Complex Agricultural Society: The Green Revolution In a North Indian Village" (Ph. D. Diss., Stanford University, 1987)。

一例外地失去了公民身份,即使在他们世代生活的地方"①。戴维·维塔(David Vital)曾引用 1877 年罗马尼亚法院的一项裁定,该裁定宣布:"犹太人没有他们自己的国家,所以他们也不属于任何一个国家。"②

以欧洲为基础的世界经济的增长和欧洲大陆新国家政权的巩固扰乱了犹太人及其他种族的社会统治基础和原有生存策略。这种混乱加上犹太人在欧洲国家新的治国策略中屡遭排斥,共同构成了所谓的"犹太人问题"。在犹太民族的历史上,也正是在这一时期,在他们面临日益强烈的反犹情绪、公开抨击和敌对的国家政策之时,很多犹太人开始认识到其旧有生存策略(如遵循希伯来的生活规范、推崇社区组织、与君主联盟等等)并不能满足新的需要。

面对犹太人问题,犹太人做出了极富创造性的积极应对,至少包括以下四种解决方案。首先,他们试图尽可能地使自己被基督教的欧洲社会吸纳,以最大的热情拥抱他们的风俗习惯。其次,他们开始创立新的犹太制度,如改革犹太会堂运动,从而能使自己在不丧失犹太人身份的同时得到充分改变而融入欧洲社会。这之后的第三种解决方案是大批离开欧洲,主要迁往美国以及其他很多国家。最后,无论就一般社会还是犹太人社会,他们都提出了激进的社会改革措施,以从根本上消除犹太人问题。无政府主义者、共产主义者、社会主义者、邦得主义者等纷纷勾勒出他们所设计的未来社会的轮廓。在这些社会中,犹太问题得以产生的基础完全不

---

① David Vital, *The Original of Zionism* (Oxford: Clarendon Press, 1975), p. 89.
② 前引书,p. 90。

复存在。为了向这些目标迈进,他们参与了犹太人占绝大多数的种种运动和组织。

犹太复国主义就是其中的一种激进社会改革方案。在著名的维也纳犹太教徒西奥多·赫茨尔(Theodor Herzl)的领导下,它的创立者们构想出一种社会变革。在这种社会中,犹太人不再只占据其他社会中挑剩的弱势位置,而是在犹太人自己的社会和自己的领土中担任"正常"的社会角色。赫茨尔写道:

> 我们已经真心地尝试融入到我们所在国家的社区里,力图保存先辈的信仰。但这样做不被允许。我们徒劳地成为忠诚的爱国者,有时甚至是超越一切的忠实;我们徒劳地和其他公民一样牺牲生命和财产;我们徒劳地为增强本土人文和科学的名声而奋斗,徒劳地从事贸易和商业以增加其财富。在我们世代生活的国土里,我们至今仍被其他人贬斥为异类,而事实上这些人的祖先还没到达这里的时候,这个国家就早已能听到犹太人的声音了。究竟谁是"异类"是由多数人决定的;这一点以及其他涉及民族之间关系的事本质上都属权力之争。[1]

在赫茨尔运动的领导人经过一番内部争论之后,犹太复国主义者于20世纪初达成共识,将巴勒斯坦地区的以色列地(Eretz Israel)作为犹太人的领地。对失去社会归宿的犹太人来说,没有其他地方更具有这种象征意义,让犹太复国主义者能有力号召其加

---

[1] Theodor Herzl, *The Jewish State* (New York: Herzl Press, 1970), p. 110.

第四章 为强国家奠基:巴勒斯坦的英国人与犹太复国主义者

入这项事业。此外,巴勒斯坦地区总保持着一定数量的犹太居民,并且自19世纪80年代之后增加得相当快,从1881年的23 000人增加到"一战"爆发后的85 000人;不过这仍然少于国家总人口的20%。其间有近100 000犹太人移民到巴勒斯坦,但有一半多在到达后又很快离开了这片荒凉的亚洲边地。

犹太复国主义当然并没为在巴勒斯坦建立犹太人社会提供多少具有实质内容的生存策略。直至1914年,他们也只不过提出了一套关于犹太标志的方案(或者更确切地说,很多套相互竞争的来自不同派别的标志),而这些标志最终也只能算是生存策略的一部分。犹太复国主义组织缺乏的是能配合这些标志并能为有效的生存策略提供物质基础的一系列奖惩机制。在这片土耳其人统治的巴勒斯坦地区,犹太社会是随着穆斯林和基督教阿拉伯这些建立得更稳固的社会一起发展起来的,它那时很大程度上还处于初步形成阶段。在这一历史性的时刻,即犹太人正迁至这个国家并竭力寻求可行的生存策略之时,究竟应该建立一种什么样的社会控制,还是一个悬而未决的问题。

犹太人在巴勒斯坦重建社会控制的经历无疑是一个不同寻常的例子。毕竟,向这片遥远土地的移民加速了他们旧有策略的消亡。不过这种移民与19世纪世界市场的扩张有很多分析上的相似性。我将在第八章中谈到,移民是粉碎旧有社会控制形式的最有力的方式之一。再加上新世界经济体系对犹太人的影响以及东欧的侵略性民族主义,移民对犹太社会产生了强烈的颠覆作用。于是,打破犹太人面临的原有社会控制方式与摧毁其他社会中现存的社会控制方式并无多大差别。

其他诸多方面也使得这个例子不同寻常。比如大多数原犹太移民者来自欧洲而非第三世界。巴勒斯坦的犹太社会伊休夫(Yishuv)①在已建立的阿拉伯社会中,是以两种民族社会为背景发展起来的,并且这两种社会截然分裂。此外,很多犹太移民具有建立统一政治实体的强烈动机,以及对犹太历史和宗教中某些共同标志的高度忠诚。从这些及其他各种重要方面来看,伊休夫的确非常特殊。

尽管如此,特殊案例对一般现象仍具有启示作用。这一点无论在一般性的还是专门针对伊休夫的研究中都得到了很有说服力的论证。② 在社会受挫力量重新建立社会控制这一方面,伊休夫和之后的以色列社会以鲜明的例子展示了外来力量怎样影响这一过程以促使强国家的最终产生。丹·霍罗威茨(Dan Horowitz)深感伊休夫对社会变迁话题具有普遍的启发作用。在谈及这一问题时,他写道:"他们具有种种文化、意识形态上的分裂及其包含的严重的潜在冲突,但伊休夫竟然以它的'向心'倾向战胜了'离心'倾向;伊休夫在委任统治期间的历史其实可被描述为一种持续的增长、整合与加强社会自主性的过程。"③我将在第六章中更详细阐

---

① Yishuv 是"巴勒斯坦地区犹太社区"的希伯来语简称。——译注
② 关于一般方法论问题,见 Arend Lijphant, "Comparative Politics and the Comparative Method," *American Political Science Review* 65(September 1971):682-93;关于详细的个案,见 Dan Horowitz, "The Yishuv and Israeli Society-Continuity and Change," *Medina U'Mimshal* (1983):31-67(希伯来文著作,标题已翻译)。
③ 前引书,p.46(由我翻译)。

述,离心力与向心力之间的抗争乃是贯穿整个第三世界政治过程的核心。这些力量在以色列相互对抗的经历可以引导我们去理解那些在其他方面与其历史相差甚远的国家。

英国建立犹太机构的主张

奥斯曼帝国在"一战"中惨败,英国继承了它之前在中东地区部分省份的统治权。这对当地居民,特别是巴勒斯坦的居民产生了强烈冲击。巴勒斯坦地区的很多阿拉伯人对正在兴起的犹太复国主义的威胁本来就已感到忧心忡忡,现在巴勒斯坦又成为一个统一国家,不仅与其他阿拉伯及伊斯兰世界相分离,还由外来的基督教权力统治——这更加深了他们心底的焦虑。[①] 这里的犹太人面临的前景则似乎变得乐观了。统治者承诺在巴勒斯坦促进建立一个犹太人的民族家园,这使犹太复国主义者终于可能实现其梦想,建立一个自主的犹太社会。

早在 1918 年英国进军巴勒斯坦之前,其外交大臣贝尔福(Balfour)就在 1917 年 11 月 2 日致罗斯柴尔德爵士(Lord Rothschild)的信中写道:"英王陛下政府支持在巴勒斯坦建立犹太人的民族家园,并将尽一切努力促成这一目标的实现。"这一看似简单的声明却让整个中东地区陷入混乱:犹太人为之欢呼;阿拉伯

[①] Joel S. Migdal, *Palestinian Society and Politics* (Princeton, N. J.: Princeton University Press, 1980).

人则在此后的每个11月2日都哀悼和游行。《贝尔福宣言》成为随后英国在巴勒斯坦建立统治的奠基石。① 当时由国联委员会通过的"巴勒斯坦托管原则"就在前言中这样声明：协约国"认为委任统治国有责任将之前于1917年11月2日发表的声明加以实施"。

新的委任统治体系与殖民体系颇为相似，因为都涉及由外国权力直接任命社会中最高的官方决策者职位。但与在非洲建立殖民帝国不同的是，因为托管地未来具有不确定性，托管国不打算建立强有力的统治。《国联盟约》第22条就明确指出了所有托管地的暂时性和临时性。事实上，"一战"留下的反帝国主义的遗产引发了长达半个世纪的所谓的"帝国的衰落"②。委任统治国于是纷纷想方设法建立当地势力，这样在不可能建立永久性殖民地的情况下也能保障它们在该地区的利益。

在巴勒斯坦，托管原则明确规定了英国执政当局与当地犹太势力共同分享权力的需要："第4条：建立一个合适的被承认为公共实体的犹太人机构，旨在对巴勒斯坦政权提出建议并进行合作，以处理经济、社会和其他各方面等可能影响到犹太民族之家的建

---

① 促成《贝尔福宣言》的原因和对它的即时反应，见 Leonard Stein, *The Balfour Declaration* (London: Vallentine, Mitchell, 1961)。关于英国发表此宣言的动机，见 *Esco Foundation for Palestine*, *Palestine*, vol. 1(New Haven: Yale University Press, 1947), pp. 114 – 18。也见 Ronald Sanders, *The High Walls of Jerusalem: A History of the Balfour Declaration and the Birth of the British Mandate for Palestine* (New York: Holt, Rinehart and Winston, 1983)。
② Max Beloff, "Britain's Liberal Empire 1897—1921," vol. 1 in *Imperial Sunset* (London: Mthuen, 1969)。

立和巴勒斯坦犹太人利益的事宜。"①

20世纪20年代前期,英国决定鼓励建立犹太人机构并支持其在伊休夫的经济和社会事务中发挥积极作用。这是形塑犹太社会的性质乃至整个巴勒斯坦的未来的一个关键因素。但它同时也引致了一系列英国人未曾意料的反响,远超出其所能应付的范围。当英国人试图让巴勒斯坦的阿拉伯人作为当地力量参与统治的时候,他们发现阿拉伯人完全不愿接受基于《贝尔福宣言》之上的权力分享。事实上,阿拉伯领导阶层拒绝正式参与任何对托管地的管理,包括建立一个与"犹太机构"并行的阿拉伯机构,因为这一选择包含了在巴勒斯坦为犹太人建立民族家园的承诺,而实际上涵盖了《贝尔福宣言》。面对阿拉伯人和犹太人之间日益加深的敌意,英国从一开始就表现出缺乏调解的能力(尤其明显的是1920年4月阿拉伯人爆发的第一次反犹太暴动),以至英国官员纷纷断定在巴勒斯坦构建一个统一的政治框架是无法实现的。尽管在20世纪30年代的官方发言中,他们仍把实现统一作为其目标,其实在20年代早期他们就基本上不抱希望了。

认识到这一点无疑给英国人带来了深深的失望。从伦敦外交部官员的战略观点来看,在"一战"末期控制巴勒斯坦及这一富庶的新月地带的其他部分是至关重要的。因为控制这些地区意味着

---

① 1919年法国巴黎和会期间,犹太复国主义领袖魏茨曼(Chaim Weizmann)对十人委员会阐述了机构的理念,谈及巴勒斯坦和全世界犹太人的犹太人委员会或机构-代表。他的理念回应了其他犹太复国主义者为犹太人要求最大程度自治的建议。见 *Palestine*, vol. 1, pp. 156–64。

除了在南面控制着苏伊士运河这条通往印度洋的水路之外,英国又在北面获得了一条抵达波斯湾进而通向印度的畅通无阻的陆路。在"一战"末期,对扩张中的布尔什维克的恐惧进一步扩大了外交部的担忧。更有甚者发出警告,认为土耳其和布尔什维克很可能联合起来通过中东威胁印度,这加强了整个地区对英国的战略性价值和英国对巴勒斯坦的牢牢控制。①

踏入巴勒斯坦之前,英国人曾一度相信如果能建立一个统一的托管国,致力于犹太民族之家并且同时保护阿拉伯人的权利,那么自己在巴勒斯坦的战略地位就能确立。他们认为通过权力分享可以避免直接统治领地所带来的高昂成本。这种安排甚至还能在托管正式结束之后促成一个稳定政权的建立,从而确保英国的利益。这些希望在托管实行之后都迅速化为泡影。早在1920年,前外交大臣贝尔福,这个曾起草了点燃犹太民族希望的文件的人,在提到巴勒斯坦时竟称之为"不划算的买卖"②。1922年,议会为是否要完全放弃托管地而争论不休。③ 随着20年代和30年代阿拉

---

① Aaron S. Klieman, *Foundations of British Policy in the Arab World* (Baltimore: Johns Hopkins University Press, 1970), p. 25. 在托管时期所写的一份英国文件这样描述其战略价值:"巴勒斯坦是连接非洲和亚洲的桥梁——尼罗河和幼发拉底河间唯一有用的走廊的一部分。埃及在另一边而巴勒斯坦在这边,这与苏伊士运河相似,因为它提供了在运河上抵抗从北面来的陆地进攻的可能性。"[Royal Institute of International Affairs, *Political and Strategic Interests of the United Kingdom* (London: Oxford University Press, 1939), p. 142.]
② 转引自 Elizabeth Monroe, *Britain's Moment in the Middle East 1914—1956* (London: Chatto and Windus, 1963), p. 79. 然而,贝尔福本人从未放弃过其对犹太人民族家园的信念。
③ 见 Norman Bentwich, *England in Palestine* (London: Kegan Paul, 1932), p. 82。作者是犹太复国主义的热情支持者,是20世纪20年代英国在巴勒斯坦的首席检察官。

伯人与犹太人之间紧张关系的加剧,外交部也越来越怀疑巴勒斯坦的战略重要性及建立自主的犹太民族之家的可行性。①

当英国殖民当局的官员面临实际上需要统治这片领地的责任,并且认识到犹太人和阿拉伯人不可能在一个统一的托管国家之内达成和解之后,他们开始尝试一些新的政治框架。20年代早期,他们认识到领地上的很多权力需要下放,从而将阿拉伯人和犹太人社区的机构分开,虽然诸如安全和公共工程等职能需要由托管国本身来保留。②巴勒斯坦当地力量之间社会控制的重新构建带来了深远的影响。虽然这其中的某些影响是负面的,比如英国人日益倾向于采用典型的分而治之的形式,利用阿拉伯人和犹太人的斗争从中渔利,但其中也有明显的益处可得。

对犹太人来说,从英国资源分配中所能获得的好处并非源自与委任统治官员之间亲密的个人关系。实际上,犹太领导人与这些官员的关系不是直接对抗(如1919年的军政权)就是强烈怀疑和持续紧张[如1920—1925年驻巴勒斯坦总督赫伯特·塞缪尔(Herbert Samuel)领导的政权]。英国人按惯例定期地限制犹太人移民和购买土地,以对付阿拉伯人的种种敏感情绪和暴力事件,这削弱了整个委任统治时期英国官员与犹太人代表之间的友好合作。犹太人声称,这些限制是对《贝尔福宣言》的承诺和托管原则

---

① 见 Michael J. Cohen, *Palestine: Retreat from the Mandate* (New York: Holmes and Meier, 1978)。
② Bernard Wasserstein, *The British in Palestine: The Mandatory Government and the Arab-Jewish Conflict 1917—1929* (London: Royal Historical Society, 1978)。

的违背。然而，需要特别强调的是，英国人与犹太人之间的合作虽然是不和谐的，但仍然是一种合作。

犹太人获得的好处正来自英国人授予他们的权力,虽然他们之间存在着紧张与对抗，或者从某种程度上说这种紧张与对抗正是原因所在。伯纳德·沃瑟斯坦(Bernard Wasserstein)曾写道：

> 对于在巴勒斯坦建立"犹太民族之家"，塞缪尔故意采取了一种消极被动的政策：巴勒斯坦政府对犹太复国主义的任务只在于创造政治、法律和(相对较少的)经济上的必要条件，以使复国主义者自己能顺利开展活动；政府会促进但不会直接鼓励或指导犹太人移民与定居。这对政府来说好处在于可以防止让国家收入转化为对犹太复国主义发展的投资。①

英国人因为无法为巴勒斯坦建立统一可行的政治框架而绝望,这却正好为复国主义者创造了优势，为建立一个自主的、社会控制相对稳固的犹太社区奠定了基础。就连英国实行的一系列诸如对移民的限制,也在某种程度上帮助犹太复国主义加强了中心领导力量,使其控制了少数移民许可证的分发权。对阿拉伯人来说,英国统治的影响却恰好是相反的。由于阿拉伯人拒绝奉行与委任统治国合作的原则,他们错失良机,无法利用英国的权威与资源来援助全国范围内还处于雏形中的阿拉伯机构。当然,阿拉伯与英国的合作是存在的；没有哪种殖民统治可以不要合作。然而，

---

① Bernard Wasserstein, *The British in Palestine: The Mandatory Government and the Arab-Jewish Conflict 1917—1929* (London: Royal Historical Society, 1978), p. 87.

这种合作的基础却是建立在个人关系上的(例如阿拉伯人中的警察、地方官员或职员)或者是以地方组织为基础的(例如与委任统治国建立了官方关系的村委会)。这种合作限制了英国能为阿拉伯居民提供的资源和权力,并且这种有限的资源和权力还被用于加强碎片化的(社会)控制。①

简而言之,英国提供的资源与其说是物质性的不如说是履行任务式的,这在欧洲通常是由国家机构来完成的。阿拉伯人以增强民族权力为目标,却几乎没有从英国当局获得多少好处,因为他们拒绝官方回应包括《贝尔福宣言》在内的托管原则。对于复国主义者来说,英国政策包含很多不利因素,多数与资金短缺有关,但也同时包含着巨大的潜力。复国主义者对国家任务的承担至少部分地显示了他们对委任统治国信心的松动,而这最终为他们在国家里建立稳固的社会控制奠定了基础。英国人选择了一种独特方式来进行合作与提供资源,我们在下面将看到犹太人是怎样抓住这种独特方式所提供的大好机会的。但目前我们仍需首先回答的问题是,究竟哪些犹太人从中受益。是哪些人选择与英国合作,并由此获取了建立有效社会控制所必需的资源呢?

犹太人之间的争斗

英国关于认同"一个合适的犹太机构"的主张集中于犹太人间

---

① Joel S. Migdal, "Urbanization and Political Change: The Impact of Foreign Rule," *Comparative Studies in Society and History* 19(July 1977):328-49.

在伊休夫建立社会控制的斗争。根据英国人所能允许的范围,"犹太机构"将成为犹太社区所有机构的中心。围绕控制这个机构所进行的种种斗争塑造了整个犹太政治组织的特征与能力,包括它在1939年后抵制英国方案的能力(当时犹太复国主义者认识到,英国已废除托管原则的合法性)。托管原则所选中的作为英国-犹太合作基础的机构,也正是以后的犹太强国家即以色列的先驱。

"巴勒斯坦托管原则"的第4条间接回答了谁会领导"犹太机构":"只要在组织和构成上与托管原则基本符合,犹太复国主义组织就将被承认为这一(犹太)机构。"托管原则对于世界犹太复国主义组织(WZO)的明确承认为这一组织赢得了国际联盟的许可,从而增强了它所宣称的在犹太人中的地位,即真正解决犹太问题的代表性实体。托管原则第4条中所认同的犹太人实际包括两种。它既指巴勒斯坦的犹太居民(伊休夫),也暗指全世界更大范围内的犹太人口,对后者来说犹太民族之家是其避难所。结果,伊休夫的犹太人和来自国外的犹太人领袖纷纷加入争夺统治权的行列。从巴勒斯坦的犹太人和散居在外的犹太人(Diaspora)中形成了众多团体和联盟,争先掌握对"犹太机构"的控制权。这些团体的领导人有些是那个时代犹太人中的杰出者:包括路易斯·布兰代斯(Louis Brandeis)、内厄姆·古德曼(Nahum Goldman)、弗拉季米尔·亚博廷斯基(Vladimir Jabotinsky)以及其他人。其中查姆·魏茨曼和大卫·本-古里安领导的联盟最为突出。尽管这两个联盟曾在许多重要关头有过亲密合作,它们所采取的策略却迥然不同。我们可以把魏茨曼的策略称为外部策略,把本-古里安的称为

第四章 为强国家奠基:巴勒斯坦的英国人与犹太复国主义者

内部策略。①

魏茨曼的外部策略:建立全球共识

1929年,一部关于"犹太机构"的宪法终于产生。这一宪法受到了包括复国主义、非复国主义、巴勒斯坦和散居在外的犹太人的广泛认可。从某些方面来说,这一切应归功于魏茨曼。1904年,30岁的他从东欧移民到英格兰。之后,作为知名的科学家和复国主义者,他成功诱导英国发表《贝尔福宣言》,并使自己迅速成为复国主义运动的领袖。他的注意力通常集中在同时代的国际领袖和实干家身上——劳合·乔治(Lloyd George)、亚瑟·贝尔福(Arthur Balfour),以及在犹太人中拥有财富和影响力的人。他的策略在于利用自己无尽的政治才能培养英国的政治家和在欧洲、北美的有影响力的非复国主义犹太人。通过持续不断的各种谈判,他为自己在巴勒斯坦的自主犹太社会的领导权奠定了基础,而统领这个社会的是一个基础广泛的"犹太机构"。

即使在托管原则正式出台之前,当英国军队还在通过旧的行政机构对巴勒斯坦进行统治的时候,魏茨曼领导的世界犹太复国主义组织就敦促英国允许其在巴勒斯坦境内成立一个准政府。早在1918年12月,即英国获得巴勒斯坦实际统治权的当月,这些犹太人就起草了一份《巴勒斯坦临时政府纲领》。从某些方面来说,

---

① 事实上,我在草稿中称,本-古里安战略是在伊休夫的杰出的劳工犹太复国主义领袖伊扎克·本-兹维(Yitzhak Ben-Zvi)、伯尔·卡曾尔森(Berl Katznelson)和钱恩·阿洛索罗夫(Chaim Arlosoroff)的产物。

英国对他们的行动采取了鼓励支持的态度。1918年3月,英国人将复国主义委员会,即沃瑟斯坦所说的未来以色列政府的雏形,派送到巴勒斯坦。① 在魏茨曼的领导下,这个由几国犹太人所构成的委员会将通过各项措施协助民族之家的建立,并扮演英国当局和伊休夫之间的对话者。然而,委员会并不满足于这些;它提出建议,要求每项政策在执行之前都要得到委员会的同意,当然这一建议并未得到英国军方行政官员的善意接受。整个20世纪20年代,魏茨曼一方面始终与英国人保持对话,敦促其全面履行《贝尔福宣言》的条款,另一方面也煞费苦心地达成了一系列妥协,目的是为犹太人在巴勒斯坦的整个事业,尤其是发挥"犹太机构"应有的作用,赢得非复国主义犹太人的支持。

复国主义委员会的确是未来自主的犹太社会的核心。魏茨曼从1918年开始负责这个委员会,但他的兴趣远超过委员会在巴勒斯坦需要关心的基本日常事务。等到委员会设置了处理伊休夫的教育、技术事务、农业和移民的部门之后,魏茨曼索性将自己的领导权移交给他人,全心从事他的全球游说事业。如果把他的风格用于发展伊休夫的生存策略和动员能力的细微之处,那是极不协调的;他的主要兴趣并不在于有选择性地利用复国主义委员会所得的资源作为自己在巴勒斯坦进行社会控制的基础。这种组织性工作对他并没多少吸引力;相反,他把热情都投入到各项书面和口头的协议中,以在全世界犹太领袖中达成广泛的共识。他的时间

---

① Wasserstein, *The British in Palestine*, p. 24.

也都用于在这些人中间穿梭往返。魏茨曼写道:

> 那些年我的大多数时间都用于旅行,有时有妻子陪伴,有时独自一人……我实际上呆在家的时候只是去往不同目的地如美国、巴勒斯坦、德国、法国、荷兰、比利时的间隔时期,更不用提参加各种国际会议了。我试图发展(复国主义)运动,与各个政府和犹太社区建立联系,并在此过程中与不同国家的政治、文学和科学界建立了很多友好关系。我逐渐感到,在布鲁塞尔、巴黎或旧金山,与在家里是几乎一样的。①

作为复国主义运动组织的主席,魏茨曼在整个 20 年代都在为建立一个基础广泛的犹太机构而不懈努力。他击退了犹太复国主义其他派别的反对,包括由布兰代斯领导的美国复国主义运动者和欧洲诸派系。接着魏茨曼又设法分别与非复国主义者犹太集团和复国主义者缔结了联盟。前者能提供建设民族之家所急需的资金与技术,后者能为争取主权提供思想动力。他还本着自己的开创精神成立了一个基础性的基金会(基金会名为 Keren Hayesod),以便从那些不愿加入世界犹太复国主义组织(以下简称 WZO)的犹太人中吸纳资金。1923 年,WZO 代表大会授权魏茨曼实行关于建立广泛的犹太机构的计划。之后,他花费六年时间精心培养出美国、英国和其他地方的非复国主义领袖,并设计出政府组成的详尽方案。

---

① Chain Weizmann, *Trial and Error* (London: Hamish Hamilton, 1949), p. 407.

本-古里安的内部策略：建立伊休夫的社会控制

本-古里安为控制犹太机构所采取的内部策略与魏茨曼的外部策略形成了鲜明对比。在英国提出成立犹太机构这一想法的最初几年里，本-古里安及其他社会主义者在巴勒斯坦的活动都严重依赖 WZO。① 他们从事的事业几乎都算不上接近自给。颇具讽刺意义的是，魏茨曼战胜布兰代斯之后（布兰代斯要求 WZO 以商业运作为基础，将资金只用于巴勒斯坦有利可图的投资），却正好为本-古里安及其同事所开创的事业确保了资金来源。他们从事的事业往往出于各种原因，却少有真正符合经济标准的。在20世纪20年代，工党仅掌握了 WZO 约20%的代表席位，其财政依赖还继续存在。他们在这一组织中影响甚微。

本-古里安应对这些财政与政治弱点的策略最初看起来似乎有些古怪。他并没把时间花费在国际游说上，而是集中精力在巴勒斯坦建设工党，并扩大它们对伊休夫的控制范围。彼得·梅丁（Peter Medding）曾指出："从在巴勒斯坦重新定居开始，工党就保持着意识形态上兼容一切的生活观，力图从多方面满足其成员的需求和利益。他们发行单独的期刊，并组织了单独的职业介绍、食物救济所、借贷基金、文化活动和农业合作社。"②

---

① Yonathan Shapiro, *The Formative Years of the Israeli Labour Party* (Beverly Hills: Sage, 1976), p. 74.
② Peter Y. Medding, *Mapai in Israel* (Cambridge: Cambridge University Press, 1972), p. 9.

一开始,各党派之间相互竞争,试图为生活在以色列的成千上万的工人提供种种可行的生存策略。但在20世纪20年代以前,这种竞争极少关乎利益,因为工党所掌握的物质资源如此之少,无法让人们实现什么有实际意义的策略。工党所能大量提供的属于生存策略的唯一部分仅是各种符号。在这种情况下,各派系是按照在意识形态上的细微差别而形成和发展起来的。巴勒斯坦的所有政党在1920年以前都是很不固定的组织,其党员构成与人数每年都在变化。最初,工党在发展稳定的领导阶层方面超越了其他党派,但它们顶多也只算热点话题的讨论中心,不具有多少其他功能。

英国接管后,这种状况并未得到立刻改变。军政府当权者秉承了殖民统治者的传统,并没为建立一个稳固的犹太领导阶层做出什么努力。他们反对伦敦促进犹太民族之家的政策,因此也拒绝推行这一主张。到20年代,文官夺得统治权。由于赫伯特·塞缪尔的文职政权无法为犹太人和阿拉伯人创造一个统一政治框架的基础,英国统治者开始允许犹太人在承担自己的公共服务职能上发挥积极作用。本-古里安和他的哈瓦达党(Achdut Haavoda)就是利用英国的这种容忍来发展自己的。

哈瓦达党(Mapai的前身,后来成为以色列工党)成立于1918—1919年。在所有相互竞争的党派中,它最终占据了优势,并成为犹太国家成立初期占统治地位的本土组成部分。虽然这一党派的意识形态在"一战"后的关键十年里并不为犹太社会内部所广泛接受,但由于它能充分利用英国和WZO提供的资源与机会,仍在巴勒斯坦获得了成功。20世纪20年代和30年代，该党为众多虽然还小但不断增长的伊休夫人口提供了切实可行的生存策略，主要集中于内部的两方面。

首先（当然第二方面远比这一方面更重要）是一套伊休夫单独的代表性的政治结构，独立于WZO所包含的世界范围内的代表性政治结构。在英国不反对的情况下，伊休夫领导建立了一套国内制度，称为以色列议会（Knesset Israel）。① 第一届伊休夫议会于1920年经选举产生，其中80%的合格选民参加了选举。尽管巴勒斯坦犹太社会内部存在着某些基于宗教和社区上的分裂，以色列议会以迅速的步伐将伊休夫的政治生活置于同一制度之下。哈瓦达党在这一过程中发挥了中心作用。作为议会中的最大党，它在以色列议会的执行机构国家事务局（*Vaad Leumi*）中占据了关键位置。托管政府也对此帮助很大，根据1926年通过的《宗教社区条例》对以色列议会予以法律承认。

伊休夫的领导人，特别是那些加入哈瓦达党领导的世俗社会主义党派的人，对英国所持有的那种认为犹太社会主要是宗教社会的观念（正如1926年条例所暗示的）非常不屑，因为他们将伊休夫视为一个**民族的**政治社区。同时他们也反感英国允许个人退出以色列议会的政策与承认其他独立主义团体（如犹太正统社团的分支）为自主的宗教社区的政策。尽管如此，在本-古里安的政党所领导的增强伊休夫自主性的运动中，对以色列议会的法律承认

---

① 见 Dan Horowitz and Moshe Lissak, *Origins of the Israeli Polity* (Chicago: University of Chicago Press, 1978), pp. 42 ff。

第四章 为强国家奠基:巴勒斯坦的英国人与犹太复国主义者

仍构成了非常重要的一步。

仍然缺乏的是人们赖以实施生存策略的物质资源。这一点是如此重要,因为巴勒斯坦的经济极为贫穷落后。这一问题在20世纪30年代得到了有限的缓解,因为当时英国人开始允许伊休夫当局和地方社区理事会自己收税。但在很大程度上以色列议会和国家事务局在20年代都只处在附属地位,因为它们很少为哈瓦达党领导下的创造可行生存策略的中坚事业做出财政收入上的贡献。在当时,通过与富有的散居犹太人联合来控制犹太机构的动机是相当强的。

除了以色列议会这一完整的伊休夫政治结构以外,本-古里安和哈瓦达党创造可行生存策略所重点努力的另一方面是社会经济领域。在这一领域,他们试图建立的并不是多么完整的结构,而是一套适合其潜在选民——犹太工人的制度。1920年,工党创立了总工会(通常也称为Histadrut)。到1926年,巴勒斯坦70%的犹太工人都属于总工会。① 在20年代的总工会选举中,哈瓦达党获得了过半选票,从而得以控制其执行机构。

由于总工会的职能广泛,对它的支配权就显得尤为重要。英国人对总工会充满怀疑,但并未怎么阻碍它的发展。事实上,英国人给予了犹太中央领导层充分的行事自由,让他们通过总工会为犹太居民提供服务,内容包括医疗保健、职业介绍、行业协会、教育、工人救济处和公共工程局。到20年代末,在哈瓦达党领导人

---

① Shapiro,*The Formative Years*,p.18.

的指导下,总工会与巴勒斯坦大部分犹太居民之间都建立了依存关系。犹太新移民能在总工会找到他们赖以生存的主要基础,包括工作、住房与子女读书问题。所以,本-古里安及其同僚当时采取的最初战术是谨慎并有选择性地利用有限的资源来加强工人领袖对伊休夫的社会控制,并与犹太复国主义所提供的社会主义标志紧密结合起来,以最终提供一套可行的生存策略。在这一点上他们取得了突出的成绩。如霍华德·萨查尔(Howard Sachar)所写的那样:"几乎每一个人及其家庭生活的各个阶段都被置于工人组织的巨大天棚的遮盖之下。到'二战'前夕,总工会在犹太巴勒斯坦成为更强大的组织。对大多数伊休夫的人来说,总工会几乎成为犹太巴勒斯坦的同义词。"①

如果没有WZO,总工会很可能不会发展得如此之好。为了完成总工会的社会与经济任务,自然会有来自WZO的资金流入。另外,英国首先通过托管原则第4条,之后又经过塞缪尔及其继任总督的行动,对WZO给予官方承认,这也使总工会从中获益。作为复国主义组织的直接受惠者,英国对WZO的承认使总工会得以扩大其服务范围。当然,必须承认的是,各方之间也普遍存在着紧张关系。英国人因为当时将第4条纳入了托管原则而经常懊悔不已。一位英国官员这样写道:"我们在这个国家开了先例。我想在其他地方应该从来没发生过这种事,即把我们在这个国家的统治与另一机构——犹太复国主义委员会联系起来。"他接着又指出:

---

① Howard M. Sachar, *A History of Israel: From the Rise of Zionism to Our Time* (New York: Alfred A. Knopf, 1976), p. 159.

第四章 为强国家奠基:巴勒斯坦的英国人与犹太复国主义者

"英王政府是注定要为复国主义者尽心尽力了。"①

代表全世界组织的复国主义执行委员会(1920年之前称为复国主义委员会)成员与代表当地的总工会领导层之间也存在着矛盾。总工会的代表因为只能从WZO得到很有限的资金而感到频频受阻。而复国主义执行委员会的成员对本-古里安及其他工人领袖所建立的独立的社会控制也颇为不满。他们要求总工会一方的各项活动必须承担经济责任,试图利用对总工会的资助来控制其在巴勒斯坦的运作。对此,本-古里安在争辩中指出,决定资金流向的应该是犹太复国主义本身,而不是狭隘的经济标准。由于工人的利益代表了整个民族的真正利益,资金的自由支配权应由工人掌握。令人惊讶的是,尽管工人远未构成伊休夫人口的多数,这一论点却获得了胜利。

一开始,工人领袖需要依靠复国主义执行委员获得收入并打通与英国的关系。然而,总工会在伊休夫建立了有效社会控制这一事实却使执行委员会及后来的犹太机构自身都需要依赖工人领袖。为了进一步增强民族之家的自主性,WZO的代表不得不依靠那些在伊休夫建立了如此有效的社会控制的工人领袖,并不得不接受这些领袖的论点,即工人的利益最好地代表了犹太民族的利益。与其他组织相比,工人组织在动员犹太民众达成共同目标上的能力是出类拔萃的。

总工会卓有成效的工作打通了来自复国主义执委会的资金渠

---

① 引自 Wasserstein, *The British in Palestine*, p. 134。

道。执委会的殖民部吸纳了三分之一的总预算,主要将收入导向总工会的农业问题方面;劳工部则负责支持总工会的所有其他活动。① WZO很少对资金的实际分配过多干预,之后也只在面对伊休夫劳工领导强烈反对的时候才有所监督。正如夏皮罗(Shapiro)指出的那样,WZO领导人"很快认识到他们无法建立自己的官僚组织以完成各种必要的职能——特别是大多数执委会成员都是来自国外的犹太人"②。对此,WZO领导人亚瑟·鲁平(Arthur Ruppin)是这样解释为什么将权力转让给总工会一方的:"经验告诉我们,由于内部分歧,我们所做出的决定也总是支离破碎的。我们无法找到一组持有大体相同见解的核心成员来为事情定调,并以这种统一的基调来吸引其他成员。"③

伊休夫的劳工领导在其对巴勒斯坦已经建立坚实的内部社会控制的基础上,直接控制了"犹太机构",但直到20世纪30年代才实现。这也只是在本-古里安在WZO内采用一种实现联盟的新方法后才实现的。在英国统治的最初年代里,社会主义的哈瓦达党的领导们视复国主义执行委员会为"国外有钱阶级控制巴勒斯坦劳工的一个阴险设计"的制造者。④ 伊休夫领导人谢绝与这些资产阶级组成任何政治联盟,拒绝参加复国主义执行委员会,在运作WZO中仅限于发挥一种边缘性的作用。

---

① Shapiro, *The Formative Years*, p. 72.
② 前引书,pp. 78 - 9。
③ 前引书,p. 79.
④ 前引书,p. 37。

第四章 为强国家奠基:巴勒斯坦的英国人与犹太复国主义者

只有在20世纪20年代晚期后,哈瓦达党的领导人才改变了战术,开始进入与伊休夫和国外的中产阶级领导人结成的政治联盟。在那个时候,他们已经在伊休夫创造工具去建立社会控制。本-古里安形容这个战术变化为"从阶级到民族"①。第一步是在复国主义执行委员会中获得代表席位。"WZO领导人确信只有劳工才能在巴勒斯坦拥有实现复国主义目标的组织力量"②,他们中大部分就欢迎劳工领袖的新作用。

之后,劳工领袖们开始运用他们在伊休夫坚实的基础,进行动员以支持WZO的选举。本-古里安在欧洲、北美的城市的主要组织努力中花费了数个月。1933年,复国主义议会在布拉格举行,巴勒斯坦的工人党取得了重要进展。他们获得了318个席位中的138个,更重要的是,控制了"犹太机构"执行委员会的绝大多数席位。1935年,本-古里安是"犹太机构"执行委员会的主席,他的副手则掌控着关键部门。

本-古里安现在处于理想的状况中:对世界犹太复国主义组织的控制使他处于无可置疑的地位,从而被英国视为犹太人的民族领袖。不仅他的政党通过强有力的社会控制而掌控了总工会,而且还领导着唯一得到英国许诺的"犹太机构"。简而言之,本-古里安的内部策略漂亮地实现了。成功的关键首先在于充分利用了英

---

① 见 David Ben-Gurion, *From Class to Nation* (Tel-Aviv: Am Oved, 1974,希伯来文著作,标题已翻译)。
② Shapiro, *The Formative Years*, p.233. 劳工领袖的新职位在1927年遭到威胁,当时来自英国的犹太复国主义的一位更高效的执行委员哈里·萨查尔(Harry Sacher),采取了更严格的监督立场。到1929年,劳工领袖们已经巩固了地位。

国人提供的机会,包括对犹太机构的承诺,以及英国人在托管政权中调和犹太人和阿拉伯人失败后,把公共职责转给该机构的潜在倾向!

本-古里安取代魏茨曼而成为犹太复国主义运动的杰出领袖,并最终成为以色列的总理,直接来自于他的策略充分利用了英国人所给予的通过单一机构加强对民族之家的社会控制这一机会。这些策略完全集中于为移民的生存提供可行的战略而建立组织基础。直到20世纪20年代晚期,他最大限度地避开了魏茨曼的全球战略,尤其是在没效果的伦敦插曲之后。

相反,他呆在巴勒斯坦的家中,把他不寻常的组织天赋与从俄国移民来的一群年轻人的精力结合起来。对年轻人来说,本-古里安是国王,只要他们能采取行动,他的远见和行动计划就能形塑这新社会的核心。他们对犹太社会旧结构的反叛(特别是在东欧),使他们处于绝佳地位去支持党及其联盟组织的统治,而不会与对犹太社会特别群体的忠诚相冲突。他们加强了工党,同时本-古里安是工会的秘书长,因而给工人提供了一整套综合服务。只要伊休夫的控制是安全的,他就尽量利用这个基础去获取对"犹太机构"的控制。

魏茨曼的战略为民族之家成功募集了资金,但它最终没能想方设法运用这些资金去增强WZO对巴勒斯坦的控制。他的天赋在于协调沟通,不在于组织。在20世纪20年代,他没能将这些才能投入到伊休夫中,而后他又忽略了这些年轻人,他们刚从旧社会的束缚中解脱出来,而强烈希望建立新的架构以改变那些不同于

第四章 为强国家奠基：巴勒斯坦的英国人与犹太复国主义者

巴勒斯坦犹太人的民族和语言上的差异。

帮助本-古里安获得对"犹太机构"的控制权的一个偶然因素来自英国的决策。在整个20世纪20年代，以伦敦为基地的WZO经常游说英国官员，以推进民族之家的全面实现。为逃避这种压力，殖民部门官员决定在30年代初把犹太-英国的谈判从英国移到巴勒斯坦。在那个时候，最高专员沃科普（Wauchope）开始取代伦敦的殖民部官员成为犹太复国主义的关键联系人。正如劳工领袖在以色列议会的活动以及WZO开始在犹太人中支付组织红利那样，伊休夫领导们现在也开始比非巴勒斯坦的犹太领导人更关注于在重要议题上与英国人打交道，并影响英国政策。

在英国统治的20年中，直到1939年，劳工领袖和不屈不挠的本-古里安利用了英国所提供的任何活动，从分发移民许可证到征税。其中英国间歇性的限制性措施、犹太土地购买，就成为最重要的措施，以巩固犹太复国主义领导权对伊休夫的控制。正如巴鲁克·基默林（Baruch Kimmerling）在他的开创性著作《犹太复国主义与领土活动》中指出的，一个非常受限制的前线的存在在本-古里安和他的伊休夫领导人手中成为工具。[①] 正如犹太人提高了土地价格，犹太复国主义组织通过犹太民族基金（简称JNF）控制了所有犹太人土地中50％以上的部分。JNF用从散居的犹太人中聚集而来的资金购买土地。土地通过长期租约而分配给经选择的犹

[①] Baruch Kimmerling, *Zionism and Territory: The Socio-Territorial Dimensions of Zionist Politics* (Berkeley: Institute of International Studies, University of California, 1983).

太人团体和个人,这在建立集中的社会控制中是非常关键的。来自英国和世界犹太人的资源的整合,使在伊休夫的复国主义领导能够创造一种社会控制的模式,先是在巴勒斯坦的犹太人中,后是在20世纪30年代的欧洲犹太人避难者中,后者构成了犹太移民的巨大浪潮。

不同于塞拉利昂,殖民力量能起相反的作用。在巴勒斯坦,社会控制的重组包括了更大程度的巩固而不是碎片化。第4条和英国决定把一部分提供公共服务的职能交给犹太人,允许劳工领袖运用英国许可的"犹太机构"作为跳板,来集中社会控制。初始国家的巩固令人印象最为深刻。"犹太机构"的分支部门包括劳工、财政、贸易和工业、农业移民、组织、统计和政治部门,后者甚至发挥了外交部门的作用。劳工领袖控制了最重要的部门。正如霍利维茨(J. C. Hurewitz)所说,这些机构提供了极有价值的自我统治的经验以及训练有素的文职官员的核心。① 也许最重要的是来自新组织的依赖性的相互联接、社会控制。梅丁写道:

> 犹太社区因此享受了极宽泛的自治职能:选举产生的立法机构(以色列议会)和民族委员会(执行机构)代表了巴勒斯坦犹太人,与英国政府就公民和法定权利相关问题进行交涉,并负责经济活动、卫生保健,在1931年后又负责教育。在耶路撒冷的"犹太机构"执行局,是世界犹太复国主义组织的地

---

① J. C. Hurewitz , *The Struggle for Palestine* (New York: Schocken Books, 1976), p. 41.

第四章　为强国家奠基：巴勒斯坦的英国人与犹太复国主义者

方代表,被赋予了定居活动、移民、外交事务、教育(直到1931年)和防务的职责。到1935年,工党领导了所有主要的巴勒斯坦犹太人机构。①

魏茨曼确保了本-古里安的成功

本-古里安策略的成功依赖于熟练运用第4条和英国的统治特征所提供的机会。它不仅仅简单地决定于世界形势,该形势在19世纪晚期、20世纪早期制造了犹太问题和犹太人的严重社会混乱。魏茨曼当然也认识到第4条的重要性,但是他的策略最终却失败了,这是由于他更关注犹太问题而不是有问题的犹太人。对社会控制的缺乏持续困扰着魏茨曼和他的政党泛复国主义(General Zionist),他在WZO的地位不断下滑,最终魏茨曼不得不在1931年的第十七届犹太复国主义大会上做出一个重大的决定。对他的政策的不信任投票罢免了魏茨曼的WZO主席职位,这样就有另外两个派别他能予以支持。一个当然就是工党,而另外一个就是亚博廷斯基领导的修正主义派别。

在本质上,魏茨曼事实上曾经离修正主义者很近。毕竟,他不是社会主义者。和他一样,修正主义者也更关注国际事务而更少注意巴勒斯坦日常生活的组织。但最终,他选择支持工党。这种选择部分源于形式上的区别,但内容上的区别同样重要。亚博廷斯基的战斗性和他的为人一样,很有说服力,但与魏茨曼的本能相

---

① Medding, *Mapai in Israel*, p. 10.

冲突。另外，魏茨曼也被亚博廷斯基指控他对英国不够强硬所深深伤害。然而，他对工党的支持，也来自他认为修正主义者也遭遇了同样的失败，即也没有充分利用第 4 条中英国人给犹太人的机会。修正主义者在建国前继续坚持认为，给犹太人提供服务是托管政府的责任。他们藐视了托管政府的框架中为犹太自治提供的机会。修正主义者的地位没有给他们途径去控制奖励和惩罚，而这能够增强劳工力量。

被 WZO 的拒绝所伤害——"这种感觉侵袭了我，那就是此时此地法律之碑石应该被打破，"魏茨曼写道，没有过分谦虚——魏茨曼认识到本-古里安在伊休夫获胜的重要性。[1] 纵览摆在他面前的机会，魏茨曼写道：

> 两类人之间存在冲突，一些人相信，从流放这一非正常状态得到救赎的犹太人民，只有通过艰苦的道路，去关注每个目标，才能建立巴勒斯坦，并相信在这个漫长而艰苦的同沼泽、岩石的战斗中，犹太人民的创造力会经受艰巨的挑战；而另外一些人则屈服于流放这种非正常状态，寻求依赖一系列的奇迹而生存下去……我感觉所有这些政治方案对我们都没有价值……并不缺乏对政党和政府的尊重，也没有低估政治宣言的价值。对我来说，政治宣言只有适合于巴勒斯坦的实践时，才是真实的……我确实不知道是否有另外的建房方法能节省砖块。但我也不知道是否有其他的方法能建立家园，且能节

---

[1] Weizmann, *Trial and Error*, p. 42.

省土地、人力和建筑。①

得到魏茨曼的支持后,劳工联盟继续承担着 WZO 和复国主义的统治力量。

犹太人自治与英国的共谋

在殖民统治下,"犹太机构"和议会得到的自治是一个显著的成就。本-古里安和他的同僚异乎寻常地巩固了社会控制的途径,英国在这一过程中的作用更在于它所许可的而不在于它提供的或所做的。由于托管政府不愿意执行这些职能,因而允许在一个中央犹太机构的领导下发展社会服务和政治功能。

在诸如印度这样的案例中,殖民国家所提出的政策确实促使控制得以巩固,但也以另外的面目发生了作用,甚至更强力的政策也推进了碎片化。即使在印度,促进巩固的力量也是在殖民国家的背景下发生的,特别是创造了一支在英国技术训练下的文官队伍,或在组织内直接反对殖民国家,但最重要的是国大党。事实上,甘地称国大党为影子国家。

在巴勒斯坦,也有类似的犹太文职官员直接为殖民国家工作,但他们在最后争夺社会控制的斗争中是无关紧要的因素。犹太机构,虽然经常与英国相冲突,实质上还是作为殖民者所鼓励和认可并用来减轻其自身统治负担的组织而发展起来了。因此,在英国

---

① Weizmann, *Trial and Error*, pp. 418–19.

文官系统中服务的印度人很快就感觉到了多重忠诚的困惑,而在困难和秘密的环境中取得自治也困扰着很多民族主义运动。但这些弱点对本-古里安和他的同伴来说并不是严重的阻碍。

犹太复国主义者也有其他的重要优势来巩固社会控制。对很多犹太移民来说,特别是那些选择巴勒斯坦的人(1930年后,难民经常由于缺乏其他机会而不得不选择巴勒斯坦)已经认同犹太复国主义的神话和象征。很多人移民巴勒斯坦是因为他们深信犹太复国主义是解决犹太人问题的方案。这种情形下建立社会控制比"推销"犹太复国主义符号给满怀疑虑的公众当然更容易。即使对这些符号的理解不同于劳工领袖,犹太人还共享着对犹太宗教符号的忠诚,这给那些寻求实现社会控制和推行共同生存策略的人提供了共同的基础。通过移民对民众旧有生存策略起的破坏作用,犹太复国主义领袖们也获益于巩固社会控制的动力(见第八章)。

1920—1921年间在巴勒斯坦第一次大范围的阿拉伯人暴动的爆发,以及之后更多重大事件,特别是1929年和1936—1939年的事件的发生,都促使英国人重新审视其创造犹太民族之家的政策。英国人在巴勒斯坦建立统一的政治框架的幻觉破灭之后,其官员关于英国应扮演的角色的重要分歧表面化了。在塞拉利昂,政策并不统一,不是对英国利益的统一理解的产物,政策的效果也不是执行者们所希望的。

在巴勒斯坦实施实际统治是殖民部官员的责任。尤其是在1931年后的沃科普时期,他采用了他所惯常的模式,把对当地的实

第四章 为强国家奠基：巴勒斯坦的英国人与犹太复国主义者

际日常控制交给了巴勒斯坦当地官员。① 毫不奇怪，众多高级专员及其职员都倾向于实行既安全又方便的统治。遵循官僚机构的普遍而基本的原则，他们竭尽所能去阻止任何骚乱的消息传到伦敦。他们设计一个又一个方案，以控制犹太人与阿拉伯人间的紧张局势，只要不危及安全。最终，这些方案从他们手中夺走了很多实际统治权。中央政府和地方的权威地位虽然依旧保持在他们手中，但他们把很多管理职能都交给了两个社区，他们更多地交给了早就做好准备的犹太人。

不幸的是，尽管有方案，最高专员还是没能有效控制骚乱，并使伦敦官员不插手巴勒斯坦事务。1929年阿拉伯人大暴动带来了一个委员会，1936年阿拉伯人总罢工和起义又带来了另一个，并刚好碰到了愤怒的沃科普。一旦沃科普承认失败并把不愉快的议题放在伦敦官员手中，对发现耻辱就不会感到震惊了。战争部总结道："最高专员所采用的方法是完全无效的。"② 殖民地部大臣奥斯比-戈尔（W. G. A. Oamsby-Gore）认为沃科普是"一个可怜的人，当一切顺利时他是可敬的，但没有才能克服困难"③。另外一位高级官员则称："沃科普勋爵只是用知识和想象力去爱那些官员，但他不是去统治。"④

伦敦的殖民地部并没有比沃科普和巴勒斯坦的官员获得更大

---

① Aaron S. Klieman, "The Divisiveness of Palestine: Foreign Office versus Colonial Office on the Issue of Partition, 1937," *The Historical Journal* 22(1979): 425.
② 引自 Cohen, *Palestine*, p. 15。
③ 同上。
④ 前引书，pp. 15-16。

的成功。其官员继续寻找能使犹太复国主义和巴勒斯坦阿拉伯人这一不可调和的矛盾双方都满意的计划。他们最终恢复的计划基于1937年皇家委员会的建议,该建议被称为皮尔(Peel)委员会报告,建议对巴勒斯坦分割而治。在奥斯比-戈尔领导下的殖民地部官员支持分而治之,而强有力的安东尼·艾登(Anthony Eden)领导下的外交部官员则不希望实行该计划。

外交部反对对巴勒斯坦分而治之,源于对英国利益的细致洞察。殖民地部官员,其视野局限于帝国的衰弱和巴勒斯坦本身的悲剧,而外交部官员不限于此,他们把巴勒斯坦看作他们的全球战略的一部分。随着独立的阿拉伯民族国家的出现,外交部官员担心对犹太民族之家的支持,即使是在分割后的巴勒斯坦,也将极大地影响英国在该地区的利益和存在。正如阿伦·克利曼(Aaron Klieman)所写的:

> 分隔线不可能划分清晰:外交部东方局把分割看作对阿拉伯人的背叛;殖民地部的中东局则认为取消分割是对犹太人的背叛。对官僚政治来说,有趣的是这一事实:双方都视对方的立场将损害英国国家和帝国利益。①

最后外交部和艾登战胜了竞争对手。奥斯比-戈尔和殖民地部官员所支持的分割计划相比于强有力的外交部而言,在政府内部无法立足。1939年,英国发布了著名的巴勒斯坦白皮书,该白皮书确立了新的政策。这些政策被犹太人视为是对《贝尔福宣言》和

---

① Klieman, "The Divisiveness of Palestine," p. 438.

第四章 为强国家奠基:巴勒斯坦的英国人与犹太复国主义者

英国支持犹太民族之家政策的背离。白皮书表达了英国的意图,它将建立一个独立巴勒斯坦国家,阿拉伯人在十年期间将在其中占大多数,将犹太人移民的数量控制在占一小部分,最后是,如果没有阿拉伯人的同意,将完全禁止移民,将禁止出售土地给犹太人。毫不奇怪,这个文件导致了英国和犹太人间关系急剧恶化,导致公开的仇恨,这些仇恨难以得到忘却和原谅。

20世纪40年代,英国人重新发现,30年代早期就十分清楚的是,他们创造了一个自己也无法控制的怪物。30年代,英国人试图在小范围内阻止犹太人的活动,特别是犹太机构或它的联盟组织所统治的领域,诸如农业的新建区、土地购买和移民。英国官员发现,犹太领袖已经控制了英国人自己给予他们的活动而增加了力量,因而很快能绕过多数英国的控制和限制。[1] 甚至在白皮书发表后,托管国限制了犹太人进行社会服务和政治功能等额外事务。在30年代早期,英国官员感觉到他们自己在犹太人中履行这些职责,将进一步伤害和阿拉伯人之间的关系。[2] 另外,托管国缺乏提供这些服务的能力。

英国人花费额外的努力去撤销犹太劳工领袖已经巩固的社会控制,而1939年后英国却需要首先关注欧洲事务了。甚至20世纪30年代早期的某些时刻,当时犹太人领导的存在是如此令人厌烦,以至英国人已经采取一些精巧的或者不那么精巧的措施来削弱劳

---

[1] 见,例如 Kenneth W. Stein, *The Land Question in Palestine*, 1917—1939 (Chapel Hill: University of North Carolina, 1984)。
[2] Horowitz and Lissak, *Origins of Israeli Polity*, p. 45.

工领袖的控制了。例如,以色列议会的选举规则专门针对不同宗教团体而进行了区分。但是,犹太政党就提供了不同的候选人给三个群体:塞法迪系犹太人(Sephardic)、也门系犹太人(Yemenite)和阿什肯纳兹犹太人(Ashkenazic)。①

很多移民怀着共同的希望,相信犹太复国主义项目是解决犹太人问题的唯一方案,但伊休夫的社会和政治组织的潜力,按照种族界限、语言团体、出生国、宗教差异,并不是一开始就存在的。犹太人来自各个大陆,聚集在巴勒斯坦,并没有任何组织上的纽带。即使文化上的共同点——他们都是犹太人——也因衣着、语言、礼拜的形式等差异而显得有些微不足道。

然而,明显的结果是,英国人并没有充分利用这些差异:这些差异并没有政治化。犹太人中的社会群体有能力去推行他们自己的游戏规则,但并没有取得任何显著的成功。对大部分人来说,劳工领袖们把不同犹太人间真正的紧张关系导向了他们所统治的政治和社会机构中。劳工领袖统治了游戏规则。当西班牙系犹太人和修正主义者联合抵制了1944年选举时,他们发现他们反抗的基础已经被工党和其他政党所培养的产品瓦解了。

在20世纪20年代和30年代早期,英国政策开启的大门对于犹太机构太过宽泛,以致已经不可能摧毁机构的控制而重塑社会了。成千上万的犹太人已经定居在复国主义者拥有的土地上,并购买了被劳工领袖编织进生存策略的教育、保健和其他服务。或

---

① Horowitz and Lissak, *Origins of Israeli Polity*, pp. 42 – 43。

第四章 为强国家奠基：巴勒斯坦的英国人与犹太复国主义者

许只有当局从犹太机构中全面撤退而开展托管国自己提供的服务，才能消除本-古里安及其同僚所建立的社会控制。但是甚至这样激烈的行动也可能并不会奏效，因为工党的象征在犹太人中的力量不断强大。这样的撤退也只是一个英国人不可能接受的幻想。甚至在"二战"后劳工开始武装抵抗英国的统治时，犹太机构及其联盟机构还在很多领域和英国人一道，继续统治伊休夫。

只有在一个领域——安全和防务——犹太人自治的发展大大超出了英国共谋的范围。犹太的自卫组织——称为哈须莫尔（Hashomer，警卫队）——的存在可以追溯到世纪之初，但英国在"一战"后对他们进行了严格控制。1920—1921年的阿拉伯人起义，对巴勒斯坦的犹太定居者构成了极大的威胁。英国对起义的干涉如此乏力，劳工复国主义选择发展一个秘密军事力量哈伽拿（Haganah）。劳工复国主义并不是唯一试图组织防卫的犹太人。亚博廷斯基在1920年起义期间试图鼓励联合，但他没有成功。事实上，对防卫和安全的政策和力量的控制，是托管时期在伊休夫围绕社会控制的斗争的一个重要原因。

自议会成立时开始，劳工领袖们试图把防务也纳入他们提供给犹太移民的服务中。阿拉伯暴力的威胁被视为如此真实，以至不能想象劳工领袖会考虑一个无关紧要的英国管理机构或把安全议题留给犹太组织而游离于他们的控制。劳工领袖把哈伽拿置于总工会的政治支持下，之后就开始吸收哈须莫尔的成员进入总工会和他们的政党——哈瓦达党。各种策略开始被用于控制哈须莫尔成员。

哈伽拿是一支地下武装力量,非法运作;在有些场合中,也是一个半合法组织,英国人允许其执行那些他们不愿意或者无法执行的任务。例如,在哈伽拿非法输入武器的时期以及"二战"之后,甚至对英国的设施发动突袭。1936年,英国人创建并武装了犹太警卫队,并承认其在哈伽拿中的成员地位。

对劳工领袖控制哈伽拿的挑战也来自犹太社区。WZO为了整个犹太社区而勉强资助一支武装组织,但彻底被工党控制了。一个伊休夫的政党试图把哈伽拿置于国民议会而不是劳工联盟的控制下。亚博廷斯基成功地组织了另外一支武装伊尔根(Irgun Zvai Leumi),这打破了工党在伊休夫对暴力手段的垄断控制。另外一个团体,赖危(Lehi,斯特恩帮)采取恐怖主义行动并突袭英国人。甚至在哈伽拿内部,都有总工会控制下的军事领导的标志。

劳工领袖从他们的立场上感觉到,如果允许独立的武装力量去组织伊休夫,就会危害他们的社会控制。[1] 他们不时与伊尔根和赖危协调努力;其他情况下,当他们感觉这些团体反对伊休夫的最高利益时,他们就把这些武装力量的成员移交给英国。本-古里安比其他领导人更坚持一个基本原则:阿拉伯人的暴力潜力如此之大,必须控制好防卫力量,不管在保持共识方面花费多大的代价;只要伊休夫要生存下去而工党保持其社会控制,那么有些东西工党是不能放弃的。

---

[1] Shapiro, *The Formative Years*, p. 31.

第四章 为强国家奠基:巴勒斯坦的英国人与犹太复国主义者

作为强国家的以色列

尽管1939年白皮书对自治的犹太民族之家的观念产生毁灭性影响,在所有打击中达到了最强有力的高潮,但事实证明,英国更早的行动对伊休夫的社会和政治组织有深远的影响。对单一"犹太机构"的承认以及广泛职责的拨款款项提供了框架,以重新分配对巴勒斯坦犹太社会的社会控制。最具讽刺性的是,殖民官员的政策赋予犹太人这么多自治权,虽然它们最终被政府否决,但已经能够影响犹太社会乃至整个中东地区的未来。在托管时期由于巴勒斯坦阿拉伯社会的持续碎片化,集中的犹太组织就毫无疑问地成了整个地区社会控制的最强有力的基地。

以色列国家由犹太机构而来,对其强弱的检验很快在1948年5月宣布独立时到来了。那个时候白皮书的政策早就被遗弃了。巴勒斯坦的未来取决于联合国的决议和战争的结果,而非英国人,后者发现他们已日益无力控制1945年后发生的事情。

对这个新国家而言,1948年的检验是双重的。第一个检验在于阿拉伯人和犹太人之间争夺巴勒斯坦控制权的内战以及以色列和阿拉伯邻国间的国际战争。无数的通俗和精深的报道记录了1948年的战争。有趣的是,尽管阿拉伯国家和巴勒斯坦阿拉伯人的领袖可以运用大量人口,而以色列国家领导人仅仅统治着一个少于100万人口的社会,却能利用他们取得的社会控制而产生一个巨大的动员效果。他们的武装部队从5月的3万人迅速增加到

10月的9万人,翻了3倍。到那时,他们已经对阿拉伯联军取得了令人震惊的胜利。1948年战争中所表现出的动员优势产生于严密的社会控制,早就在分配住房、工作和教育等日常服务时发展起来了。

对以色列国家的第二个威胁来自国内以色列人对本-古里安的领导权和组织的挑战。对此问题我在本书第二部分的导言中已经进行了讨论。作如下说明就已足够:20世纪20年代到30年代所建立的社会控制为国家奠定了坚实的基础,使其能够抵挡那些来自哈伽拿和贝京的独立部队(伊尔根)的不满的领导人的挑战。

英国在阿拉伯人和犹太人这两个相互竞争的社区分别展开了合作活动。阿拉伯人拒绝英国为其提供一个与犹太机构对应的组织,这是导致其社会控制碎片化的很多因素中最重要的一个。另外,我已经讨论了对巴勒斯坦阿拉伯人的控制的碎片化是英国统治的结果。① 在反对犹太复国主义的战争的最终测验中,阿拉伯人的碎片化导致了灾难。阿拉伯政治机构崩溃了,以色列力量获胜了,巴勒斯坦的阿拉伯人或逃走或被赶出他们的乡镇和城市。战争过后,只有稍多于10%的阿拉伯人还继续呆在以色列国家所控制的领土上。刚开始是作为在犹太人中建立社会控制的组织,现在已经成长为国家的基础,执行着对犹太人和剩余阿拉伯人的控制。②

---

① Migdal, *Palestinian Society and Politics*, ch. 2.
② 见 Ian Lustick, *Arabs in the Jewish State: Istael's Control of a National Minority* (Austin: University of Texas Press, 1980)。

第四章 为强国家奠基:巴勒斯坦的英国人与犹太复国主义者

自1948年动乱事件后,以色列从一个又一个危机中生存下来。在伊休夫建立社会控制的机构已经转变成国家的机构。① 根据很多反映国家相对于社会的强度的指标来看,以色列国家是相当强大的,特别对一个新国家来说。在1979年到1980年,它征集了GDP的36%作为税收,超过任何经合组织国家;它提供了从小学到高中的几乎全部的普及教育,它投入约四分之一的GDP作为国防支出;它要求每个犹太男性服役,很高比例的女性服役,也要求部分阿拉伯男性服役;它采取住房政策,这样,犹太人家庭人均居住面积大于四个人住一间。② 以色列国家创造了广泛的政策网络,使其成为世界上最军事化和福利政策最广泛的国家之一。

工党统治的遗产——以色列工党只有1977年没在台上——也包含了很多腐蚀国家的社会控制的因素。国家相对社会的支配地位导致了一种倾向,即国家的许诺往往超过其能提供的东西,特别是以色列还面临严重的资源短缺。甚至在创建国家之后,犹太机构和总工会的职能虽然被修改了,但仍继续存在,这使政策协调十分困难。工党领袖专注于在前东欧犹太工人中寻找支持者,而不管其他群体——在1980年之前是明显多数——有多么不满并可能投奔其他政党。其最终结果是以色列政治中日益加深的社会裂痕和选举僵局。伴随着"从阶级到民族"的转变和各种小政党之

---

① Asher Arian, *Politics in Israel: The Second Generation* (Chatham, N.J.: Chatham House, 1985), pp. 226-32.
② 见 Iran Sharkansky, *What Makes Israel Tick? How Domestic Policy-Makers Cope with Constraints* (Chicago: Nelson-Hall, 1985)。

间的各种联盟和妥协,意识形态(有效的符号)被冲淡并建立了各种部门以促进各种妥协,政策协调再次成为牺牲品。

除这些因素之外,相比于其他新国家,以色列国家的能力是令人印象深刻的。在移民潮作用下,巴勒斯坦的犹太人口从世纪初的5万飙升至今天的350万,引入了截然不同的力量。移民来自不同的背景,有着不同的需求。工党领袖抓住了英国提供的机会,通过"犹太机构"发展了中央的政治和社会制度。大量的服务先是垄断在未成形的国家——之后是国家——手中,这使地方上的社会组织很难给个人提供有意义的奖励、惩罚和符号。在今天,试图在不同的基础上建立政治组织的努力很少取得成功。

建立强国家的条件

让我们回到本章前面所引用过的霍罗威茨的问题:在伊休夫,向心力如何战胜了离心力?其中最重要的因素是:

1. 在伊休夫所出现的犹太社会,直到"一战"末都是软弱的。欧洲的经济混乱、犹太问题的出现和移民本身创造了一个追求新的生存策略的社会。旧的社会控制解体了。

2. 巴勒斯坦的托管政策创造了机会,给予"犹太机构"及其联盟组织以行动自由从而巩固了社会控制。

3. 有技巧的领导人。魏茨曼和亚博廷斯基与本-古里安面临着相同的挑战,但他们没能看到,通过对奖励、惩罚和符号的巧妙混合能建立可行的生存策略,集中于此点能带来极大的优势。领导人不仅要关注可行的途径,还必须具备非凡的组织才能。可惜魏茨曼的天赋没有投入到这个方面;而本-古里安的同事们在他成为以色列总理之前 30 年,就赞扬他是一位杰出的组织者。

4. 工党的最高领导人拥有一群极具天赋的年轻人,在巴勒斯坦被称为"先锋队",他们刚从旧社会的世界中解放出来。他们视成功实现最高领导人的远见和计划为自身的价值体现。他们有意愿和能力去建立一套自治的组织,以超越狭隘的种族和宗教的纽带。他们的力量在于实现那些创造人民的生存策略的政策,而不是发明胡乱拼凑的策略。

5. 阿拉伯人所施加的军事威胁使本-古里安和他的同事们接受风险去挑战已经兴起的分离力量的基础,如伊尔根。

一个强大而自主的国家的出现,并不是现代社会转型的必然产物。最关键的问题是谁能够利用新的环境并重建社会控制。在第二部分,我已经指出了成功巩固社会控制最终建立强国家的两个必要条件。一是我在第二章所讨论的快速而普遍的混乱。另外一个条件是,与经历过外部霸权统治的社会相关,分配资源给本地的组织并将社会控制扩展到整个社会——塞拉利昂满足了第一个条件但不满足第二个;巴勒斯坦的犹太人社会则满足了两个条件。种族的身份并没有消失,但对"一战"后巴勒斯坦和以色列的历史来说,这个身份并不重要。对犹太人来说,首要的身份是成为以色列人而不是摩洛哥、西班牙或葡萄牙或正统的犹太人后裔。对大多数——当然不是全部——在以色列的犹太人来说,国家对社会的控制已经取得了合法性。他们不仅服从国家的统治,而且接受了国家制定游戏规则的正当性。对以色列的阿拉伯居民(大概占人口的17%)来说,社会控制大多体现在参与的程度上。他们参与了教育、保健和其他系统性服务,但他们没有接受国家所提出的主要神话。这些象征大部分与他们的身份和生存策略没有关系。①

---

① 对阿拉伯人来说,严格的控制虽然维持着但没有达到高合法性的程度,也没有以色列那样超过其他身份的个人认同。见 Migdal, *Palestinian Society and Politics*; Lustick, *Arabs in the Jewish State*。关于犹太以色列人的身份,见 Uri Farago, "Stability and Change in the Jewish Identity of School-Age Youths in Israel(1965—1974)"(由以色列列维·埃斯科尔经济、社会和政策研究所分发的论文,Hebrew University,1977)。

第三部分

国家与社会冲突的环境的持续影响

第三部分导言

"二战"后亚洲、非洲和拉美新旧国家的领导者们满怀憧憬和雄心,试图在其社会中建立起明确的规则。但是这些被重新塑造的社会并非白纸一张,它们在19世纪都有各自的统治者。19世纪末20世纪初,在当时的资源、机会和财产权情况下形成的城镇和乡村的旧式的社会控制,并不会简单地因为统治者们几句建立新秩序的坚定的政策声明而改变。旧的社会控制中包含了太多人的太多利益,以至于国家领导者必须克服许多阻力才有可能推行其政策。

自从新的国际组织尤其是联合国成立以来,已经过去了超过一代人的时间——将近两代人。这些组织列出了国家应该实现的各种目标。反殖民运动也逝去近一代人了,新独立国家的领导人们尝试着独自去统治一个社会。许多观察者们都非常吃惊,因为他们很少看到有国家能成功地建立统一有效的规则。

这些惊讶都是自然而然的,因为在争夺社会控制过程中,这些新国家并没有面对强大的军队的反抗,而仅仅是贪婪地想保持各自那小部分社会控制的分散的、小型的社会组织的抵抗。大家都认为国家会轻易战胜这些看上去很微弱的反抗。同样,国家看起来已经把自己武装得很好了:各个第三世界国家的官僚体系都在迅速增长,而这也意味着有更多的人去实施国家规则和提供诸如教育、住房、发放特殊津贴等服务。更多的公务人员也意味着税收的绝对值和相对值的稳定(可能是缓慢的)增长。[1]

另外,国家并不缺乏实施其规则的工具。第三世界国家的军队和警察队伍都大量增加了,并为其提供了不断增长的外部援助、人力和财力的支持。光美国就在"二战"后的30年内给亚非拉国家提供了700亿美元的军事援助。[2] 从1967年到1977年,主要军火供应商——美国、苏联、英国和法国——给第三世界国家输送了12 000架飞机、800艘军舰、38 000辆坦克和装甲车。[3] 虽然这些军火并未能在第三世界国家中平均分配,但是毫无疑问,每个国家都建立了一支足以维持内部秩序的装备精良的军队。以色列、埃

---

[1] Alex Radian, *Resource Mobilization in Poor Countries: Implementing Tax Policies* (New Brunswick, N. J.: Transactional Books, 1980), pp. 12 – 3.
[2] Michael T. Klare, *Supplying Repression: U. S. Support for Authoritarian Regimes Abroad* (Washington, D. C.: Institute for Policy Studies, 1977), pp. 31 – 3.
[3] Michael Mihalka, "Supplier-Client Patterns in Arms Transfers: The Developing Countries, 1967—1976," in Stephanie G. Neuman and Robert E. Harkany, eds., *Arms Transfers in the Modern World* (New York: Prager, 1979), p. 60. Also, see Uri Ra'anan, Robert L. Pfaltzgraff, Jr., and Geoffrey Kemp, eds., *Arms Transfers to the Third World: The Military Buildup in Less Industrial Countries* (Boulder, Colo.: Westview Press, 1978).

及、印度和墨西哥都形成了制造军事装备的能力。

那么,第三世界国家并不缺乏实施国家规则并削弱其他相对立的规则的人力。一个对亚非拉90个国家的调查显示,1965年平均每1 000人里就有11.2个人在军队服役。虽然这个数字低于欧洲和北美(23.4),但规模也是很大的。更惊人的是内部安全部队的急剧增长,在这些被调查国家,60年代初每1 000人里面有3.4个人服务于安全部队。这个数字只略低于欧美国家(3.8)。① 综上所述,限制国家有效性的因素,并非缺乏对付那些分散的社会势力所需的人力和装备。

国家的持续脆弱性也并非因为财政能力的不足。虽然许多国家领导者从未停止过抱怨资金不足,但是相比于和国家对抗的社会组织而言,国家的财力是足够强大的。除了从人们手中直接征集的税收和租金之外,国家往往还有地主、酋长和其他各种继续控制着一小片地区的人所无法享有的获取外国资金的渠道。1970年,经合组织、社会主义国家和多边组织发放了80亿美元的资助。到1980年,这个数字达到了270亿美元——这还不包括超过140亿美元的贷款和资产投资。这些资金大部分流向了第三世界国家的国家机构。同样,国家还掌握了外国私人投资(在1980年,这个数字是1万亿美元)的很大一部分。② 1986年,第三世界国家欠外

---

① 改编自 Charles Lewis Taylor and Michael C. Hudson, *World Handbook of Political and Social Indicators*, 2nd ed. (New Haven: Yale University Press, 1972), pp.38-47。
② 关于流向第三世界国家的外国资金的净值,参见 OECD, *Development Cooperation: 1981 Review* (Paris: OECD, 1981), Table A.1。

国人1万亿美元。虽然这些外部资金在第三世界国家间不是平均分配的,但是第三世界国家进入了国际资本市场并找到了捐赠者和贷款者。在国内进行社会控制争夺所需的资源或多或少是可以满足的;对于部分国家,则是非常充足的。

既然具备了这么好的天时地利,为何在一代人的时间内,那么多国家还是在实现其领导者建立统一规则的努力中所获甚少呢?为何那么多第三世界国家无法在其社会中建立优势地位?争夺社会控制的对抗双方装备相差悬殊,使人不得不对冲突环境的持续存在感到困惑。第三部分将探索如下问题:为何许多第三世界国家发现要战胜其社会中那些继续实施不同于国家规则的规则的势力,是如此之难?为何社会控制还是高度碎片化的?为何那么多第三世界国家始终很弱?虽然第三世界国家未能实现一代人前其领导者所确定的目标,但是如果就此简单地认为碎片化的社会组织在这场社会控制争夺战中获胜或者二者战平了的话,那么您就大错特错了。所有国家都是其社会中的一个重要势力;它们在各自社会中造成了巨大的变化。既然国家拥有了那么多资源,怎么可能不带来变化呢?所有这些资源都导致了社会中的变迁与调整。然而令许多国家领导者懊恼的是,这些变化并非总是如其所愿;但这些变化却是显著的,以至于我们不得不心怀困惑;这些社会是如何适应其国家的雄心、财富、行动的呢?

问题的另一面则没有这么显而易见,国家本身也在和那些维持了自身社会控制的社会组织对抗当中不断对自身进行变革调整。(新的)社会科学的著作中往往太容易把国家当作一个主要行动者和分析单位,因此国家往往是给定的——自主的、不可渗透的——是最终的自变量。这种观点过分忽视了第三世界中国家-社会互动的动力。社会对国家的影响,和国家对社会的影响一样,是理解第三世界国家中那些令人惊讶的变迁和延续性所无法忽略的。在第二部分,我们看到了世界经济的扩张和欧洲之外的强国是如何为第三世界国家社会控制的重新分配创造机会的。许多像塞拉利昂这样的国家都以高度碎片化的社会控制而收场。现在,我将在第三部分中继续我对国家能力的分析,回答为何第三世界新独立的国家在"二战"后未能中止强人们的社会控制并结束其碎片化分布这一问题。第三部分还提出了另外一个问题:无力巩固社会控制——或者说国家持续的脆弱性——对国家机构自身的政治生活和管理有什么影响?

第五章　埃及国家改造社会的尝试

社会影响国家的图像

中心与边缘的概念对第三世界国家-社会关系的研究影响深远,尤其是在变化的方向上——从中心到边缘,而不是相反。在大部分论述中,远离首都几百或上千英里外,或者甚至就发生在首都的贫民窟里的事件,对国家组织的形式和实质几乎不会产生明显的影响。特别需要提及的是,当社会中最偏远、最弱势群体把自己看作与政治中心无关的边缘者时,外界观察者也同样对这一群体做了生动的描述。基本的观点一如爱德华·希尔斯十多年前指出的那样:中心积极活跃并富有创造力,边缘则消极被动并易于控制。[1]

最近数十年的经历使以首都为中心的国家与广泛分布的社会

---

[1] Edward Shils, *Center and Periphery* (Chicago: University of Chicago Press, 1975).

组织之间的关系呈现出一幅更加生动有趣的画面。正如我们将看到的,即使是社会中的最弱势群体,贫苦农民和工人大众所采用的策略也会有助于国家决策的最终权力——使人们按照明确方式行动的能力和成功地在人民中动员各种资源。最终的分析表明,国家通过多种制度渠道获取支持的能力决定了国家领导者自身和他们惯常的宏大政策的命运。

为了进一步阐释这一推理的脉络——国家深刻地影响社会的同时,社会究竟在哪些方面形塑着国家,在此,我必须更深入地界定早期分析中的两个概念。第一个概念是冲突环境,这一观点表明的是国家与反对博弈规则的其他组织间的完全对立关系。第二个是国家本身——到目前为止,我所指出的多少有点自成一体的组织,一个独立的行动者,其组成部分之间没有明显的分化。第三部分在有限范围内把国家分解,将其视为各种各样的社会组织中的一员,以此阐释国家-社会关系。我想这么做应该不会使我的理论失去太多的简约性(parsimony)。将国家分解使得本文的分析可以超越环境冲突中势不两立的敌对状态,使国家的不同部分与反对博弈规则的社会组织之间达到某种调和的状态;并且,在第七章中,我甚至还谈到一些国家机构被其他各种社会组织俘获的问题。

许多关于各个主要国家的创新性著作(其中多数尚未出版)要求我们深谙这一点,那就是,我们在很多方面所理解的第三世界的国家-社会关系完全不同于现有理论的论述。[①] 这些著作提供了充

---

① 见前言第3页注释③。

分的证据来解释以下现象：即使国家手中掌握大量资源，它还是在集中社会控制和边远的社会团体对国家性质的微妙影响这两个方面面临重重困难。在一些早期著作中关于国家多样性，特别是对庇护附庸关系的论述也可以看成是对支持一种新的国家-社会关系研究方法的重新解释。① 在第六章和第七章中，我还会大致勾勒一个新的理论来解释许多国家持久的脆弱及这种脆弱对国家性质的影响。现在，我想把以上提到的各种资料集中于一个国家来展开论述。虽然在这一章中我也谈到了墨西哥、印度或其他国家，但我还是想以最富有启示意义、资料最充分的 1952 年"自由军官革命"以来的埃及为例，来为接下来更加综合的材料分析打下基础。埃及新的国家领导层致力于重构社会。它所运用的一个主要工具——我们将在这一章中所看到的——就是广泛开展的旨在打击那些构成埃及最强势社会组织基础的财产所有权的土地改革。

所谓"边缘不会影响国家"的观点在埃及似乎很难成立。埃及的生命线尼罗河沿岸几乎居住着所有埃及人，他们创造出一种比历史上众多的其他社会更官僚化和更同质化的社会类型。本国最高水平的讽刺画把埃及社会描绘成一个高度中央集权的社会——中央政权组织为消极被动的农民指明社会生活的方向。② 1952 年

---

① 关于庇护-附庸关系的文献之一，可见 Steffnew Schmidt, Laura Gvasti, Carl H. Landé, and James C. Scott, eds., *Friends, Followers, and Factions : A Reader in Political Clientilism* (Berkeley: University of California Press, 1977)。不幸的是，这份文献对社会关系与国家之间的关联不甚关注，而陷入对琐碎的地方事务的讨论中。
② 以诸如此类方法来系统看待埃及的观点，见 Nazih N. M. Ayubi, *Bureaucracy and Politics in Contemporary Egypt* (London: Ithaca Press for the Middle East Centre, St. Anthony's College Oxford, 1980)。

后的埃及完全就是这样一个有过之而无不及的国家。国家的官僚机构、军队和资源取代了埃及以前的一切事物。而且,在自由军官组织攫取控制权后的十年里,国家在领导能力方面还是显示出了一定的想象力和创新性。

尽管有这些优势,但1952年后的埃及国家最终还是没能把它所追求的社会控制权集中到自己手中。虽然消除了运用博弈的冲突规则的其他社会组织,埃及国家也还是没能够取得统治地位。这一章分析的是为什么成功地建立一个强大的、占统治地位的国家是领导们力所不能及的,并研究这种失败对埃及政治生活的影响。

纳赛尔与埃及土地改革

加麦尔·阿卜杜勒·纳赛尔(Gamal Abdul Nasser)——在1952年推翻君主政权至1970年去世期间统治埃及,是战后最具智慧与能力的国家领导人之一。纳赛尔对国内外形势都充满雄心壮志和远大计划,他有时会觉得自己似乎具有一种无限的才能来重塑埃及社会。虽然对他人而言,纳赛尔藏匿于胸的明确目标并不总是非常清晰,但是近20年来的政府行动和计划在一定程度上证明了他的确是要致力于转型埃及社会。至少到20世纪60年代末,纳赛尔都是一个具有大无畏精神的人,这在他为自己和埃及国家担当重任时尤其具有纪念意义。纳赛尔把他关于转型埃及社会的远见与他渴望的更大规模的社会环境变迁联系在一起,而这一切都以埃及国家的复兴为背景。

> 出于某种原因,我似乎感觉到在阿拉伯世界中有这样一个人在漫无目的地徘徊着,寻找一位英雄。我不知道为什么在我看来,这个到处流浪而筋疲力尽的人最后疲惫而又厌倦地停在了我国的边界上,正向我招手,示意我走向他,沿着他的足迹前行,并穿上他的衣服,因为没有其他人更适合扮演这个角色。①

纳赛尔运用领导者的衣钵——轻松地依靠他担当重任的能力,作为重塑埃及社会的推动力,进而推广到埃及社会的更大范围。"纳赛尔主义者关于埃及命运观点的核心,"雷蒙德·威廉·贝克(Raymond William Baker)写道,"就在于对国内与国际政治的必然联系的深刻领会。"②埃及国内外,从北非到巴勒斯坦,上百万的人把纳赛尔视为英雄、救世主。

纳赛尔没有把他的目标与实现目标的手段问题区分开来。他很快就陷入了"我们究竟想做什么"这个问题当中,随之而来的另一个问题是"怎样去做"③。纳赛尔坦率地承认,第二个问题远比第一个棘手得多且难以达成一致。如何才能实现纳赛尔雄心勃勃的目标呢?答案就是纳赛尔和自由军官组织在他们的光荣革命后开始进行的埃及国家的重组。

---

① Gamal Abdul Nasser, *Egypt's Liberation: The Philosophy of the Revolution* (Washington, D. C.: Public Affairs Press, 1955), pp. 87 - 8.
② Raymond William Baker, *Egypt's Uncertain Revolution under Nasser and Sadat* (Cambridge, Mass.: Harvard University Press, 1978), p. 44.
③ Nasser, *Egypt's Liberation*, p. 49.

第五章　埃及国家改造社会的尝试

当一个名叫安瓦尔·埃尔·萨达特(Anwar el-Sadat)的军官于1952年7月23日早晨通过广播宣告起义成功的时候，埃及的旧政客们丝毫没有察觉国家社会组织会发生多么深刻的变化。新的军事领导者们强迫所有先前的政治警卫队离开。更为严重的是，他们以审查、更多情况下是以彻底消灭为目的而猛烈打击国家制度。新的国家结构迅速增长起来。即使纳赛尔和自由军官组织希望埃及社会转型的第一个主要计划取得成功，情形也不大可能是另一种样子。

发生于纳赛尔时代、最终延伸到所有最重要的国家政治领域内的那场变革牵涉到的是一场席卷全国的土地改革。这场变革表明了1952年以前的埃及社会的显著特征，即土地所有权的强烈不平等。不到5‰的土地所有者，即那些拥有50费旦或多于50费旦土地的人占有可耕地面积的35%。[①] 稍多于5%的土地所有者，指那些拥有5—50费旦小块土地的人占有可耕土地面积的30%。剩下35%的可耕面积则归近95%的农民所有。[②] 对仅拥有丁点大的土地的群体而言，革命前的半世纪里，他们的境况不断恶化。拥有不到5费旦土地的农民人数增长了3倍，而他们的平均土地面积则缩减了一半。更令人担忧的是，无地的农村家庭的数量和比例在急剧地增长。在革命前十年，这一比例占农村家庭总数的比例不

---

① 一费旦等于1.04英亩。
② Eprime Eshag and M. A. Kamal, "Agrarian Reform in the United Arab Republic (Egypt)," *Bulletin of the Oxford University Institute of Economics and Statistics* 30 (May 1968): 76.

到四分之一,到了1952年,则达到了二分之一。①

革命性的土地改革使埃及土地所有权的极端不平等问题得到解决。改革后,如同整个社会控制的权力分配一样,土地的分配方式也彻底发生了变化。国家确实改变了社会。然而,正如我在下面的叙述中将要讨论的那样,改革的结果并非如纳赛尔和他的支持者们所愿。国家领导者们并没把社会控制权集中到国家组织手中。革命前的社会结构仍在深刻地影响着对土地的处置和改革利益的分配。最终,这样的社会结构限制了国家力量的增强,并在国家制度方面有助于塑造政治的本质。因此,也可以说是社会改变了国家。

新的国家管理机构在1952年政变后仅六个星期就颁布了第一个《土地改革法》。这一法律的目的绝不是要进行温和的变革。纳赛尔的目的是要打击那些最最富有的大地主们,他们手中掌握着埃及大部分的社会控制权。由于这场改革意义重大,在实行改革的周边地区发生的政治骚乱多少让人有些惊讶。其实,像这样的政策,在1945年和1950年,埃及就曾提出过,但那时势力强大的地主们完全有能力来遏制这股改革的潮流。而现在,文官内阁成员在法律颁布前两天就已经全部辞职了。自由军官组织发布了一系列附加法令,先发制人地阻止反对派的行动。例如,他们对政党

---

① Mahmoud Abdel-Fadil, *Development, Income Distribution and Social Change in Rural Egypt 1952—1970: A Study in the Political Economy of Agrarian Transition* (Cambridge: Cambridge University Press, 1975), pp. 3-5.

进行重组,并逮捕了 90 名宫廷官员和政党领导人。① 自由军官组织在签署法令五天后,辞退了高级文职雇员和约 450 名军官。② 一场争夺社会控制权的战斗开始了。

法律本身则相当简单。法律规定个人持有土地的最高限额为 200 费旦,另一个为妻子和子女制定的最高限额是 100 费旦。后来的修正案在 1961—1962 年把最高限额降低为每个家庭 100 费旦,每人 50 费旦,到 1969 年又恢复为每个家庭 100 费旦。大地主们在很短的时间内就要卖掉超过限额的土地,否则国家就要征收这部分土地,并重新分配给小户农民、佃农及体力劳动力者。除了王室成员外,国家以公债形式作为征地补偿,公债的价值大约相当于全部被征收土地价值的一半。国家负责把这些土地重新分配给拥有 5 费旦或不足 5 费旦土地的农民;这种做法第一次将被征收的土地卖给在同一个村庄中真正耕种土地的佃农及无地家庭。

虽然《土地改革法》的通过引起了长期的争论,自由军官组织也是冒着各种风险颁布这一法案的,但结果是十分复杂的。埃及农村社会中的较低阶层只是在很有限的程度上受益。③ 或许最大的成功体现在以下三个方面:

---

① P. J. Vatikiostis, *The History of Egypt*, 2nd ed. (Baltimore: Johns Hopkins University Press, 1980), p. 378.
② 前引书,p. 379。
③ 例如,见 Assem el-Dessouki, "Land Tenure Policy in Egypt, 1952—1969, and Its Effects on the Reformation of the Peasantry," in Tarif Khalidi, ed., *Land Tenure and Social Transformation in the Middle East* (Beirut: American University of Beirut, 1984), pp. 437–48。

(1) 新的租赁法规的实施,降低了租金,并为佃农提供了法律保护;

(2) 摧毁了埃及社会中势力强大的大地主阶级;

(3) 改革中土地生产率增长了。

革命的国家成功地使埃及社会发生了重大变化。

然而,实际的重新分配仅仅带来了微小的成功。在整个20世纪50年代,国家只是重新分配了可耕地面积的8.4%。到70年代末,这个数字上升到大约12.5%。总而言之,作为1952年改革及随后一系列改革的结果,直至1970年纳赛尔去世,大致只有9%或10%的农村人口从改革中获得了土地。① 分配到受益者手中的土地总量平均不到2.5费旦。埃及人均土地占有量仍然不到1费旦,2/3的男性劳动力根本没有土地或拥有不到1费旦的土地。就改革的成果而言,不平等没有减轻。② 拥有不足5费旦土地的人数始终徘徊在总人数的95%左右,这些小户农民现在拥有的土地在可耕种面积的一半以上,与革命前的1/3形成鲜明对照。同时,新的政策把拥有100费旦以上土地的人口削减了一半。

简而言之,革命过程中这个基础性改革的结果是令人失望的。探究土地改革未能实现设计者重大目标的原因,将会对受制约的

---

① 沃特伯里(John Waterbury)写道:"我们所留下的是一系列的改革,涉及了埃及16%的可耕种土地,使13%的土地分配给了大约10%的埃及农村家庭。"[John Waterbury, *The Egypt of Nasser and Sadat: The Political Economy of Two Regimes* (Princeton, N. J.: Princeton University Press, 1983), pp. 266 - 67.]

② 基尼系数测量财富和收入的不平等程度,在这里反映了土地所有权的集中程度,从1952年改革前的0.611下降到1965年的0.383(Abdel-Fadil, *Development, Income Distribution and Social Change*, p. 9)。

国家领导者有多侧面的了解,正如纳赛尔在尝试将社会控制权集中到国家手中时所遭遇的困境一样——即使拥有如他所愿的大众支持和随意处置资源的权力。答案开始于纳赛尔建立一个强国家的努力,结束于他从国家与社会纠缠不清的关系中得到的深刻教训。

纳赛尔建立强国家的两步走进程

当1952年纳赛尔开始思考由自由军官组织接管政权以及进行土地改革时,他面对的是一个非常复杂的问题。去哪里寻找改变社会所必需的力量呢?即使现存国家机构的成员没有坚决反对这场变革,他们也无法胜任这样的挑战。国家中遍布敌视改革和革命的人。社会控制权掌握在那些强烈反对自由军官组织的计划并掌握博弈的目标和规则的人手中。动员民众以获取支持的方式似乎也是异想天开。纳赛尔对军事政变并没有取得埃及民众的支持这一事实感到深深的失望。如果农民和工人还要作为国家统治的手段而影响这场变革,那么纳赛尔和他的同僚们将不得不建立能够激发和支持他们动员民众的工具。当然这些工具也不会是自发产生的。

那么,纳赛尔去哪里寻找转变埃及社会所必需的力量呢?他的答案包括两个步骤。第一,作为权宜之计,他在最大程度上依靠军队的力量。第二,他费尽心思地建立起国家机构及相关制度——实现新的生存策略——奖赏、惩罚和象征符号,以取代旧社会组织所发挥的作用。

纳赛尔的权宜之计是利用先前军队中的同僚担任重要的角色,并在领导国家重要机构上给他们相当大的自主性。① "纳赛尔从核心队伍中挑选出来任命为执掌权力的人没有任何意识形态的动机,"贝克尔指出,"纳赛尔委派重任给每一个自己信任的人(可能仅仅是胜任)。"②军队通常是纳赛尔挑选人才的源泉。

贝克尔曾编辑了一些有趣的统计数字来说明纳赛尔在获取国家控制权过程中在一定程度上对军事力量的依赖。在政变后随之而来的军队首次清洗运动结束后,国家依然保留了3 500人的军官队伍。接下来的几年中,大约2/3的人继续在军队中任职,约1 000人在另外的国家机构中就职。1961年,近300人依军职大小在国家部门工作,而且,到了1964年,26名省长中至少22名是军官或前任军官。③ 所有这些任命本身当然不会引起纳赛尔所幻想的"来自上层的革命"——需要大量的制度变革——但他们却为国家组织机构提供了忠诚的骨干力量,这种力量既能防止反动力量,又可以发动制度变革。

军队在纳赛尔的权宜之计中扮演的另一个突出角色是在安全

---

① 关于埃及军队在1952年后政治中的作用,见 Anour Abdel-Malek, *Egypt: Military Society* (New York: Random House, 1968); Eliezer Be'eri, *Army Officers in Arab Society and Politics* (New York: Praeger, 1970); P. J. Vatikiostis, *The Egyptian Army in Politics* (Bloomington: Indiana University Press, 1961); Mahmud A. Faksh, "Education and Elite Recruitment: An Analysis of Egypt's Post-1952 Political Elite," *Comparative Education Review* 20 (June 1976): 140 – 50; and R. Hrair Dekmejian, *Egypt Under Nasir: A Study in Political Dynamics* (Albany: State University of New York Press, 1971).

② Baker, *Egypt's Uncertain Revolution*, p. 55.

③ 同上。

领域。纳赛尔和自由军官组织在7月23日接管政权后的几个星期内就面临一场考验。一万多名纺织工人参加了一场激烈的罢工运动。罢工者焚烧了工厂并与警察发生冲突。军队迅速介入冲突中,与工人搏斗,杀死和打伤许多罢工工人。最后,专门的军事法庭对罢工的领导人进行了审判,两名工人被处以绞刑。

毫无疑问,国家要在最大程度上依赖军队维护必要的安全以保证政权的存续和改革的推进。正如安瓦尔·埃尔·萨达特在他的回忆录中所言,旧政客们现在也企图在军队中加强势力也就不足为奇了。[1] 但自由军官组织凭借他们拥有的公共或私人的关系迅速采取行动,挫败了他们的努力,并保持住了军队的"纯洁性"。他们逮捕了那些政客、军事法庭的一些官员,最后解散了所有政党。直到1961年,军队在国家安全中都一直发挥着至关重要的作用。在国家重要机构任职的人员中,有3/4以上的人是现任的或是退役的军官。[2]

然而,从长远观点看,单纯依靠军队并不能建立新的能够挑战先前社会控制基础的生存策略。纳赛尔很早就从自己的角色得出这样的结论,即他控制下的高效率运作的政府部门和一个政党将会保证革命的成功。他的第二个步骤就是建立一个可以动员的基础和争取民众支持,接着建立高效率的政府部门和一个大

---

[1] Anwar el-Sadat, *In Search of Identity: An Autobiography* (New York: Harper and Row, 1977), p. 124.
[2] Baker, *Egypt's Uncertain Revolution*, p. 75. 也见 Dekmejian, *Egypt Under Nasir*, p. 220.

众的政党。① 在1952年与大地主的斗争中纳赛尔吸取了深刻的教训,强调了这样一个结论:国家不是仅仅取代现有的社会安排;它必须为自身提供一个可行的替代方案。纳赛尔认识到,地主们可以支配农民的社会行为,因为他们可以提供给农民生存策略的基本要素;如果国家要代替地主而支配农民行为并且动员农民大众,则国家及其联合政党必须能够提供人们生存策略的基本要素。

通过土地改革消灭了势力强大的大地主阶级,这一成功当然是值得称颂的,但纳赛尔很快意识到地主阶级通过行使社会控制权在维持埃及农村的社会与经济稳定方面曾发挥的重要作用。在一些村庄中,一个在外地主(居外乡而从本地收租者)拥有全村的土地,并通过中间人统治整个村子,这些中间人大部分是中农,他们从地主那里租种土地,再把一些小块土地租给其他村民。在另外一些村庄中,土地制度更加多样化。一些在外地主设置的安排虽然存在,但其他大地主则像富农一样对村庄进行直接控制,这些富农除像中间人一样拥有大量财产外,还雇佣劳动力来耕种自己的土地。在许多这样的地区,村中大地主同中间人及富农一起,维持本地的社会控制——运用自己制定的博弈规则,有时甚至拥有自己的少量军队。他们把支配行为、使用奖赏及惩罚作为维持社会秩序的手段。

---

① 在国家与政党之间有强烈的相互连结。德克梅吉安(Dekmejian)提供了很多有趣的例子,证实有的人既在国家机构尤其是军队任职,又是党的高级领导人。他补充道:"十二位前总统委员会官员和六位前执行委员会委员构成了阿拉伯社会主义联盟(ASU)的最高领导层。这样,在政府与政党的结构间就存在连结关系了。"(Dekmejian, *Egypt Under Nasir*.)

如此看来，新的国家政权面临一个严峻的挑战。纳赛尔必须确保通过提供多种生存策略的要素替代地主们在乡村建立起来的社会秩序。他和其他国家领导者必须设计出一整套新的规则、新的秩序，作为社会控制的基础来强化国家的意志。他需要立即建立一整套具有持久力的国家制度，使之遍布埃及的4 000个村庄。这些制度将成为激发与支持农民动员的手段，这样的农民动员会为国家提供必需的力量来发动这场深刻的变革。1952年的问题是如何在除军队力量外，根本无任何其他力量支持的情况下开展这场变革运动。

纳赛尔需要用他能够依靠的一套制度代替冲突环境中的所有国家要素。只有高效率的机构，而不是个别的无限忠诚的军官们，才能保证有效地控制奖赏、惩罚和象征符号的持久力。只有国家机构能使对国家的社会控制不断发生变化。但是在创立以取代被征土地的地主阶级为目标的国家制度过程中，纳赛尔及他的同僚们则遇到了麻烦。

中央集权制的国家机构

国家机构和复杂的政党组织的建设无疑雄心勃勃地开始了。纳赛尔的策略，完全不同于美国F.D.R的做法①，他是要通过建立新的国家机构或支持旧的国家机构来克服科层制的惰性，以此绕开已建立起来的惯常程序或与之展开竞争。农业改革后，新的制

---

① 意思应该是罗斯福总统应对大萧条的做法。F.D.R是罗斯福名字Franklin Delano Roosevelt的缩写。——译注

度结构或具有新形式和目的的旧制度结构渗透到埃及的村庄中。这些制度统治在履行从前由大地主及其下属执行的职能时回避（有时是对抗）已确立的具有一整套新规则的当地政权组织。革命最终的成功，尤其是发动农村民众推进变革的能力，关键都在于这些结构的成功。为国家利益带来活力的主要制度是农业合作社、地方理事会和二十人委员会。

1952年以前，农业合作社就已经是闻名遐迩了。上半个世纪，特别是在整个"二战"期间，农业合作获得了一定的群众基础，到革命时已吸收了8万农民。现在，国家对合作社运动进行审查合并，把给农民的选择性奖赏，作为加强国家控制的一种手段。政府设计的农业合作社是把它作为农民的经济代理人，特别是在提供信贷、粮食的市场信息、种子及工具的供应方面来取代旧的社会组织。其他的国家直属的服务机构，包括提供保健、教育的联合部和社会服务部也对合作社的活动给予补贴。所有这些机构提供的服务都被英明的国家管理者用来作为农民生存新策略的基础。合作社运动的成员数量迅速扩大。国家要求所有新分到土地的农民加入到合作社中来。

这些多种目的的农业合作对农业投入（种子、肥料、农用器具、家畜、农药）和市场产出（特别是棉花）进行统一分配。合作社把大量的杠杆调节手段——特别是通过价格政策调节投入和产出方面，都归到国家手中。价格政策通常会对从农村转移大量财富用于城市的补助和规划产生长期的影响。在当地农村，每一个合作社中被任命的管理者，都是由分配生存新策略的最重要成分（也是奖赏的核心人物）——国家为农民塑造的。它可以决定农民的投入种类、耕种方法、主要农作物的销售。以前由大地主分配并作为维持社会控制重要手段的信贷业务,现在成为合作社关注的重大问题。20世纪50年代低息或无息贷款的承诺实际上刺激了所有的贫农加入到合作社中;后来,国家强制少数没有加入合作社的人加入到合作社中。尽管信贷是合作社最有吸引力的一个特征,但其市场活动也相当成功。在合作社中,也大量使用机械化作业和进行农作物的协调轮作。

地方理事会的成立也早于革命前,最早可追溯到拿破仑征服埃及时期。1960年纳赛尔和政府成员提出一个复兴农村理事会的设想,目的是减轻中央政府负担,制订满足村民需要的计划,提高政府管理效率。分权化在当时是全世界发展问题专家的一个新流行语。纳赛尔和埃及政府接受了这一观念。

纳赛尔期望通过理事会可以像先前碎片化的社会控制一样对地方需求迅速做出反应。如果新的以国家为中心的生存策略要对费旦农产生吸引力,那么国家机构必须考虑一些有关当地问题和情况的信息。理事会有助于使国家的科层制组织适应于每一个地方的具体情况。他们的目的是促使政府服务能够与当地人民的愿望与行动协调一致,特别是通过由理事会提供劳动力,政府捐助原料与设备的自助计划来达到这一目的。每个理事会代表了约15 000个村民(通常三到四个村子)。由社员选举出来的村民、当地政府管理者任命的村民和在当地工作的国家工作人员构成了理事会的成员,他们处理一些包括健康、教育、住房和发展的事务。

每一个二十人委员会都是作为唯一合法政党——阿拉伯社会主义联盟(简称ASU)在村中的执行组织而存在的。纳赛尔在

1962年创立了ASU,他的第三个努力就是要建立一个基础广泛的政党组织。他最初发起成立这个政党的目的是改革由国家机构提供的混杂在一起的奖赏和惩罚策略,以使人民可以接受整合一体的生存策略。在某种程度上甚至可以把ASU看作纳赛尔或自由军官组织都不能充当的运动先驱者。ASU立刻遍布全国。总而言之,纳赛尔想要ASU以优先于所有其他政治力量包括全体公民的权利,操纵一切,把ASU变成一个用锋利武器动员大众的工具。①

ASU在农村地区的常驻机构是国家批准设立的每一个主要村庄的基层组织和它的执行军队——二十人委员会。每一个委员会设立的目的都是要把农村大众整合到国家的不同体系中来。委员会通过使人们关注自身——创造"政治意识",弘扬"精神标准",促进生产力的增长,并通过传递上述思想来实现这一目标。这一目标还使委员会成员必须扮演一种监督者的角色,确保委员会官僚职责的正确执行及消除村庄的剥削者。②

富农和中农的关键作用

新的制度改变了埃及村庄的面貌。伊利亚·哈里科(Iliya Harik)提供了对这一巨大变迁的解释:

> 波及广泛深远的农业改革使政府的统治深入到整个农业

---

① Waterbury, *The Egypt of Nasser and Sadat*, p. 332.
② 见 United Arab Republic, *Statute of the Arab Socialist Union*, pp. 25-8;也见 James B. Mayfield, *Rural Politics in Nasser's Egypt: A Quest for Legitimacy* (Austin: University of Texas Press, 1971), pp. 134-35。

及农村社会中。不管学生们是否关注农村的理事会、地方、阶级或供销合作社,他们都会发现像埃及这样的国家,这些部门都毫无疑问地整合成为国家系统的组成部分,并且只有在那种环境下才可以更好地理解这一过程。事实是,农民不再面对地主、债权人、商人或城市居民,这样的阶级冲突不再显著……村民现在生活在一种更大的环境——国家中。他要面对的是国家官员、教师、医生、方针政策、国家计划与法规、国家的规划及国家的难题。①

这种解释像许多对第三世界的解释一样,忽略了政治与社会转型中的一个重要方面。事实上,国家的成功远比哈里科在此的描述复杂得多。所有的新制度——农业合作社、地方理事会、二十人委员会——通过强迫埃及农村社会接受规则而取得统治地位,这与开罗的纳赛尔和他的同事们的意图可谓大相径庭。最具讽刺意味的是,正是为了在埃及取得国家统治地位而设立的机构使得冲突环境和社会控制的碎片化永久地存在下去。"假设国家可以控制农民耕种的日常生活,"理查德·亚当斯(Richard H. Adams)写道,"则是完全高估了国家对自己的官员和农村地区的控制能力……国家在决定地方阶级互动的性质和内容上表现出的是完全无能为力的样子。"②所有的教师、医生、方针政策、所有的计划与规

---

① Iliya Harik, "Continuity and Change in Local Development Policies in Egypt: From Nasser to Sadat," in Louis J. Cantori and Harik, eds., *Local Politics and Development in the Middle East* (Boulder, Colo.: Westview Press, 1984), pp. 84-5.
② Richard H. Adams, *Development and Social Change in Rural Egypt* (Syracuse: Syracuse University Press, 1986), p. 78.

划不能在埃及的农村建立起新的博弈规则。

总而言之,新的埃及国家,像国家的势力范围处于中等水平的第三世界的许多国家一样,似乎呈现出一种无规则的状态。通过国家机构的设立,几乎任何地方都无法抵抗国家力量的渗透。那些机构几乎影响经济与社会生活的每一个层面。然而,设法获取国家资源的社会力量的存在和为自己目的服务的国家机构否定了国家领导者决定"地方阶级互动的性质和内容"的能力。在埃及农业改革过程中,反对设立国家村级制度的主要群体是持有 5—50 费旦土地的中农和富农。①

令人有些惊讶的是,这一群体却从改革中获益匪浅。他们中的许多人在新的农业法出台后马上从大地主手中以低价和私下交

---

① "中农"指的是那些拥有富余土地而不需要出卖劳动力维持生计的人,但他们并不长久雇佣其他人耕种其土地。"富农"是那些自己耕种土地且长或短雇佣其他人来做农活的人。在埃及,任何人只要有相当数量的土地——中农、富农或地主,他们不耕种土地——就被认为是地主(al mullak)。在很多文献中,中农和富农被认为是农村的中间阶层。有些人认为有 5 费旦以上土地的人就属于这个阶层,有些人则在 10 费旦上划界。官方观点是,国家把那些拥有 20 费旦以下土地的人界定为农民。学者们激烈争论谁从这场改革中获益最多。阿卜杜勒-法迪尔(Abdel-Fadil)指出,获益最多的人是那些拥有 20—25 费旦土地的人(*Development*, *Income Distribution and Social Change*, p. 23)。在关于中等规模的地主是继续占有土地还是出售,纳赛尔治下的埃及经济机会是否受阻的问题上,还有很多不同观点。最强有力地讨论该阶层瓦解的文献是 Iliya Harik, *Distribution of Land*, *Employment and Income in Rural Egypt* (Ithaca, N. Y.:Rural Development Committee, Cornell University, 1979)。也见 Mohaya Saytoun, "Income Distribution in Egyptian Agriculture and its Main Determinants,"in C. Abdel-Khalek and R. Tignor, eds., *The Political Economy of Imcome Distribution in Egypt* (New York: Holmes and Meier, 1982)。沃特伯对关于中间层面的地主的不断弱化的作用的不成熟的假设持怀疑态度(*The Egypt of Nasser and Sadat*, pp. 270‑72)。然而,他认为,获益最多的群体拥有 5—10 费旦的土地。沃特伯里形式上可能是正确的,但可能正是这些人,实际上却拥有 20—50 费旦的土地,而把部分土地转移给了家庭成员。

易的方式获得新的土地。这一群体仅占埃及农业人口很小的比例,却拥有近半的农业耕地,在埃及农村实施社会控制方面,发挥最重要的作用。伦纳德·宾德(Leonard Binder)曾评论道:"农村中产阶级像幸运的皮埃尔,总是以社会制度的受益者面目出现。"①这一阶层在农村作为最重要力量出现,这当然不是致力于支持农村中最大群体——拥有不到 5 费旦土地或根本无地的贫苦农民的国家改革计划想要的结果。

富农和中农像稍纵即逝的 ASU 的农村分支部门一样继续统治国家在村庄设立的机构。他们既把农业合作社变成为自己获取资源的工具,又通过合作社把自己的博弈规则强加给农村社会生活。"在富农与中农的社会与经济影响下,他们成功地控制着合作社的管理,并为自己获取极大便利。"②亚当斯描述了 20 世纪 70 年代的一个村庄,以反映改革后十年间许多其他类似村庄的境况。在这个村庄中,农业合作社委员会由 12 人构成,其中 9 人是贫农,所有这些人或者是村里最富的农民——也就是社长的亲戚,或者是他的委托人。③

富农和中农还控制当地理事会。例如,梅菲尔(Myfred)指出,至少到 1966 年,较大的一些家族控制着村庄理事会的绝大多数重要事务。1966—1970 年在一些村庄开展的"反封建"运动(见下节)才暂时从这些家族手中夺回控制权。然而,即使在这段时间,他估

---

① Leonard Binder, *In a Moment of Enthusiasm: Political Power and the Second Stratum in Egypt* (Chicago: University of Chicago Press, 1978), p. 7.
② Baker, *Egypt's Uncertain Revolution*, p. 205.
③ Adams, *Development and Social Change*, pp. 84 – 5.

计所有村理事会成员中至少有40%可划入"反动派"一类当中。①

富农与中农所发挥的作用引起的最大失望在于破坏了ASU的目的。ASU把二十人委员会转变成进一步扩大影响的手段。ASU的前身——国家联盟已经密切监视这一特殊的有影响的角色。② 宾德的分析清楚地表明了从国家联盟到ASU的转变过程中,富农与中农一直发挥的显著作用。③

农业改革,新的旨在复兴的国家制度及一党制都极大地影响了埃及农村生活。国家实际上改变了社会;同时由国家建立的制度也使国家对农村生活产生持续不断的强烈影响。通过把粮食价格,特别是棉花价格限定在相对于世界价格较低的水平上,国家运用农业合作社的市场调节手段间接地向农民征税,并对农村地区资源的主要流通网络产生影响。④ 另外,新的制度如信贷进入农村社会,成为获取重要资源的手段。

然而,社会的转变呈现出某些意想不到的情况,剥夺了国家领导者孜孜以求的集中社会控制权和动员大众的能力。尽管表面上所有的资源和制度都掌握在国家领导者手中——特别是与埃及农村不再制订博弈规则的微不足道的农民相比时——国家领导者们并不能解决社会控制的碎片化问题。富农和中农是致

---

① Mayfield, *Rural Politics in Nasser's Egypt*, p. 206.
② Binder, *In a Moment of Enthusiasm*, p. 305.
③ 前引书,pp. 314。沃特伯里对此资料进行了不同的解释,见 *The Egypt of Nasser and Sadat*, p. 281。
④ 见 Richard H. Adams, Jr.,"Taxation, Control and Agrarian Transition in Rural Egypt: A Local-Level View"(提交给1984年9月17—18日经济与社会研究会罗马中东粮食问题与国家政策会议的报告)。

使国家领导者希望破灭的中心人物,他们勉强称得上进行了农村社会的转型。

哈里科描绘了国家对农村社会的影响,并在他对埃及一村庄的叙述中指出了富农所扮演的弹性角色。① 革命前,在外地主们占有苏玻瑞村(名称是虚构的)的大部分土地,一个王室成员占据着全村三分之一的土地,两个当地的大家族萨姆达斯(Samads)和科罗斯(Kuras)也占有大量土地并扮演重要的中间人角色。其他所有村民的耕地面积总共不到100费旦。萨姆达斯管理村中的日常生活。这两大家族除了经营他们自己的土地,还从在外地主那里租来土地,再分成小块租给其他村民,他们用国家农业银行和其他银行的大量贷款来经营农业合作社,几乎销售村中生产的所有粮食。他们同时垄断村里的政治生活。村庄院长(Umda)——村中首领的职务是由家族世袭的。最后一位村庄院长穆斯塔法·萨纳德(Mustafa Sanad)负责征税、解决争端,依靠他领导的15名士兵维持秩序,处理村中的农业问题,广泛参与村中的政治事务。

随着1952年新的国家发起的改革运动的进行,萨姆达斯家庭尽一切努力来保持他们在新的政治格局中的位置。他们甚至以在外地主的中间人的身份,在征收在外地主的土地后已渐渐失去管理者的作用后,仍然统治村中的政治事务长达七年之久。在前半个世纪里,萨姆达斯家族之后,没有哪一个家族掌握如此多的控制权。

---

① Iliya Harik, *The Political Mobilization of Peasants: A Study of an Egyptian Community* (Bloomington: Indiana University Press, 1974).

然而，1952年以后，对政权的争夺变得尖锐起来。更多的村民开始积极地参与村中的政治。另一个富农家族科罗斯开始在这场政治骚动的风暴中扮演领导角色。作为村中最大的雇主，他们控制着村长的职位和村理事会、国家联邦的分支机构，直到后来ASU的二十人委员会。村庄的面貌完全发生了变化。通过捐赠7费旦土地，科罗斯家族迅速建立起一个联合机构，包括健康诊所、兽医中心、职业技术中心、学校和托儿所。此外，他们还鼓动村民在村中建立一个新的市场，并修建一条直接通向那里的道路。

从纳赛尔的观点看，遍及全国的由富农和中农统治的新的农村制度可能并不是特别糟糕的。毕竟国家通过农业改革令人称道地彻底改变了农村社会：消除了19世纪末20世纪初农村社会生活最显著的特征——存在于农民与把大量社会控制权集中在自己或其代理人手中的在外地主和当地大地主之间的巨大差距。毫无疑问，新的社会结构不是对19世纪末社会结构的复制。

然而，纳赛尔最为关心的是新的结构并没有实现他心中雄心勃勃的改革中的远大目标。农村社会生活新的博弈规则并不是由国家制定的那些规则。富农和中农利用他们在新的国家制度和ASU中的职位为自己的目的服务，破坏了国家领导者的初衷。由强者制订的分配原则经常使贫苦农民遭受苦难，但对于穷苦大众而言，那些生存策略毕竟比没有要好一些。引用一位贫苦农民的话："al-hamdu lillah（赞美安拉），是艾哈麦德和穆罕默德（两位富农）使我（存活下来）。当他们耕种自己的土地时，我在为他们工作。当他们不能提供给我工作时，我通常从他们那里借一点钱（以将来的工作时间作交换)。"①

1952年后,虽然社会控制的权力分配产生了实质的不同,但冲突的环境始终没有改变。由国家发起的运动使埃及社会做出调整和改变,但19世纪社会结构的残余力量仍然发挥一定的作用。中农与富农力量新得到的力量也来自纳赛尔和国家在破坏革命前的社会秩序时的需要。他们在乡村行使大量社会控制权的能力来自他们在革命前的社会秩序中所占据的位置,特别在为在外地主服务方面。

在20世纪60年代初期,国家开始采取措施支持贫苦农民——那些在国家的社会主义政策下拥有自然权益的人——包括富农和中农。国家签署一项法律,其中规定拥有5费旦以下土地的农民在合作社领导委员会成员中所占的比例不得低于80%。然而,结果又一次令人失望。在这一政策允许的范围内,一些地主把财产转移给亲戚来减少地产的数量,其他人则只要运用他们的社会控制手段就可以在委员会中取得统治地位。到20世纪60年代中期,对富农和中农运用新制度加强社会控制的叙述已完全不同于国家最初在新闻媒体上的报道。一些报道似乎有些耸人听闻,但这也确实证明了这些其他规则和复杂的社会组织保持惯性的生存能力。与旧的冲突环境不同的是,强者(富农和中农,而不是大的在外地主和当地地主)和他们在何种程度上将国家资源与制度作为他们进行社会控制的基础;国家资金和机构现在至关重要。不必

---

① Richard Hilton Adams, Jr., "Growth without Development in Rural Egypt: A Local-Level Study of Institutional and Social Change"(1981, mimeographed), p. 128.

承担任何责任的富农与中农,实际上是在利用农业合作社为自己的私人事务服务。他们可以不经过任何法律程序挪用资金,任命亲属在合作社任职,与黑市做交易等等。① 1968年的一份报纸报道了一个村庄的家族成员占据的以下位置:

> 行政管理部门——市长,市长助理和市长的四位助手,警察局长和他的助手;ASU——委员会秘书长、副秘书长,二十人中的十八人;农村理事会——主席,秘书,其他十人;村合作社——社长,秘书,领导层委员会的另一名成员。②

沃特伯里在他的名著《纳赛尔和萨达特的埃及》一书中或许低估了富农和中农在地方上的能量,因为他发现富农和中农并没有得到纳赛尔主义政权的积极支持。然而,引人注目的是,即使没有政权的强力支持,这些强者也不再用国家资源和制度建立与国家的法定规则相对的控制力量。像ASU的秘书长阿里·萨布里(Ali Sabri)写的那样,那些拥有25费旦以上土地的人,设法与村里的行政、技术与文化组织建立联系并加以利用,唯一的理由就是为了他们自己的私人目的。③ 关键不是"政权的积极支持"。就我们所分析的原因看,强者通过在国家行为与自己行为之间做出重大调整来建立他们的控制。沃特伯里在描写这一阶层时,指出了这种趋势:

> 当地管理者负责大量国家在农村承担的事务。除1966—

---

① 在以下作品中论及相关发现:Baker, *Egypt's Uncertain Revolution*, pp. 205 - 6。
② 由米歇尔·卡迈尔(Michel Kamel)提供,他是al-Tali'ah的编辑,引自前书,p. 209。
③ 引自前书。

1968年这段时间外,国家根本无视他们对官方价格安排的操纵、违反租赁法和工资法及违反土地最高限额的行为。他们直接或间接地控制着纳赛尔引入农村的政治基础的大部分权力。①

面对村中的最低阶层,一位农民表达了对强者和国家间调和的看法:"这里的贫苦农民能去哪里,又会对逃避土地出租规则的行为抱怨什么呢?他们太害怕政府了,太依赖这种逃避来求得一份工作。"②

粉碎强者控制的尝试与失败

1966年,纳赛尔通过组织"封建主义肃清委员",逐步加强打击富农和中农维持的分裂的社会控制的力度。只是在改革进行的那两年里,国家领导者没有和新的强人取得和解,因此他们试图摧毁强人的控制。40名委员会成员打算与逃避改革要求的大地主阶级的残余势力及滥用改革制度的富农和中农展开斗争。他们斗争的目标是根除博弈中的竞争规则和当地的社会控制权。虽然委员会主席是军队的首脑,但 ASU 鼓励并支持这场战斗。事实上,ASU 把自己推到了这场狂乱的"反封建"运动的中心。埃及报纸高度赞扬了对农村封建主义者展开的攻击,并刊登了委员会披露的骇人听闻的滥用职权的详细内容。成果是显著的:几百名村庄院长失

---

① Waterbury, *The Egypt of Nasser and Sadat*, p. 277.
② 引自 Adams, "Growth without Development," p. 124。

去了工作;农业部长解散了约 300 个农业合作社委员会;国家收回上万费旦非法占有的土地;ASU 解散了自己的二十人委员会并用新任命的当地领导者集团成员来替代它。

然而,这些成就被证明是昙花一现。国家实际上不可避免地归还没收的土地并收回解散的命令。在 1968 年的春季,纳赛尔采取了一个表面看来令人困惑的措施:他实际上结束了国家对富农与中农的进攻。在 3 月 30 日宣言——革命的奠基性文件中,纳赛尔承认,ASU 作为人民的代表没有发挥实际的作用。纳赛尔的声明实质上是破坏了他精心设计的领导人民对社会控制的权力分裂展开斗争的社会制度的基础。从那时起直至纳赛尔去世,他彻底摧毁了 ASU 在动员穷苦大众或集中社会控制方面发挥重要作用的能力。他解散了 ASU 秘书处,停止 ASU 青年组织(ASU Youth Organization)的活动,清除左派干部组成的政党,最后逮捕了秘书长阿里·萨布里。

纳赛尔削弱了自己的机构

为什么纳赛尔会采取一种貌似很病态的行为来摧毁自己的创造物——国家动员大众的能力和获取民众支持的基本方式呢?纳赛尔并不希望在没有联合的国家力量及相关制度下(例如 ASU)集中社会控制和支配实际的博弈规则。只有这些力量和制度结合在一起才能为广大贫苦农民提供灵活的生存策略的基本要素,而且,只有这些制度,才能有选择性地提供个人生存和流动的奖赏和权威,只有他们可以将象征意义的生存策略灌输到人民群众的环境中去。纳赛尔交给 ASU 的正是这样一种灌输的重任及在管理国家力量提供的奖赏方面扮演极其重要的监督者角色。纳赛尔的华丽语言和热情鼓动的才能可以为这一进程增添活力,但都无法取代这一进程自身的前进方向。

现在,在生命乐章接近尾声的时候,纳赛尔运用他的任命权和操纵 ASU 组织构成的能力致力于集中控制计划的第二个重要步骤——建立有效的国家力量和群众政党的努力毫无疑问地失败了。纳赛尔的问题是,他只有一个 ASU,而没有其他类似的具备独立动员能力的国家机构。这样 ASU 反而对他提出了严峻的挑战。他的其他国家机构没有如此强大的动员能力;在埃及农村,强者依然掌握有社会控制权和动员大众的能力。不论纳赛尔如何使用他的任命权,把忠心耿耿的军人安排到 ASU 中,他发现一旦在新的职位上,这些重要人物就开始对 ASU 呈现出截然不同的看法——经常与纳赛尔的观点完全不同。纳赛尔开始担心他所谓的"权力中心"的发展(或他的继任者补充的"邪恶权力中心"),其中有 ASU、军队和另外几种国家力量。他开始怀疑在这些制度中发展起来的庇护-附庸关系。

在很大程度上仍然是碎片化社会控制的农村社会性质影响了纳赛尔如何着手建立强大的新制度来动员大众。在埃及农村,社会控制依然掌握在富农和中农手中,纳赛尔几乎没有其他动员方式来监督权力中心。随着 20 世纪 60 年代中期 ASU 的发展——从一个不定型的大众运动发展到一个紧密联结的组织,纳赛尔的忧虑也与日俱增。"占统治地位的政权,"哈里科写道,"最有可能对从遭受大众谴责的政党统治下的服从地位中解放出来、追求自由的强大组织有极低的容忍度。"①纳赛尔授予 ASU 越多的权力和资源来挑战富农和中农的统治,ASU 对埃及问题发展自己的制度观点并寻求整治之法的步伐就越快——动员民众的能力开始做得比国家的动员能力的联合力量还要好。沃特伯里总结了纳赛尔的困境:

> 近两年来,纳赛尔把他的担心与犹豫搁置一旁,试图使 ASU 成为更快地促进他基本目标实现的工具。他似乎真的想要争取新的、相对贫困的选民支持来进行社会主义转型。同时,他也认识到如果 ASU 真的变成这样一个工具,那么也可能会反对他自己。②

自由军官组织最早的成员哈立德·毛希丁(Khaled Muhieddin)把国家的重大职责都委托给重要制度中忠诚的个人,却没有足够的制度能力来管理和监督他们。③ 在 ASU 里,权力集中在"先锋组织"(Vanguard Organization)手中。整个组织的核心人物,特别是处理情报和安全事务的人,都是可信赖的军人。当然,纳赛尔也知道这样的忠诚之士是多么的脆弱。随着 ASU 形成了不同的观点并形成了许多庇护-附庸纽带,纳赛尔越来越对他的代理军官们产生怀疑,进而怀疑整个 ASU。

纳赛尔没有从其他力量中受益,其中每一个传递国家提供的

---

① Iliya Harik,"The Single Party as a Subordinate Movement: The Case of Egypt," *World Policics* 26(October 1973):105.
② Waterbury, *The Egypt of Nasser and Sadat*, p.332.
③ Baker, *Egypt's Uncertain Revolution*, p.80.

生存策略的要素方面都发挥有效作用,并且这些力量联合在一起可以更好地监督每一个主要制度中权力的增长。这些情况促使纳赛尔在20世纪60年代早期和中期开始平衡他的两个主要制度:军队和ASU。军队从革命开始直到1967年都在纳赛尔的自由军官团指挥官阿卜杜·哈基姆·埃米尔(Abdul Hakim Amir)的控制下,但是军队同ASU一样,发展自己的制度观点,使纳赛尔重新产生焦虑。正如贝克尔指出的,时间不可避免地强化了埃米尔对拥有军队特殊利益的认同,并且他也逐渐成为这些特殊利益的发言人。① 纳赛尔成功地运用每个制度,军队和ASU作为抑制每一个制度中固有的特殊主义者倾向的手段。例如,ASU之星的升起伴随着反封建运动,纳赛尔任命军队指挥官埃米尔作为"封建主义肃清委员"的负责人。

然而,1967年底到1968年初,纳赛尔的平衡行动无法进行下去。首先,1967年6月,与以色列战争的屈辱失败使军队名誉扫地。6月,埃米尔辞职,但纳赛尔担心他复出和企图通过军事政变取得最高领导职位的可能性。纳赛尔辞退了曾经是埃米尔顾问的几百名军官。9月,纳赛尔在埃米尔的府邸逮捕了他,紧接着宣布了他的自杀。所有这些发生在ASU取得最高权力顶峰的一段时间内,ASU进行了迫害可疑分子的行动,作为支持"封建主义肃清委员"、攻击民兵并负责运营最新的国际公共事业。随着ASU权限的扩大和军事力量的增长,ASU甚至比"六日战争"前对破坏纳赛尔取得的平衡构成的威胁更大。现在,随着纳赛尔对军官核心

---

① Baker, *Egypt's Uncertain Revolution*, p. 53.

力量的进攻,他消灭了可以与 ASU 相抗衡的军事力量。沃特伯里写道:"随着萨布里坐上领袖的位置,直到 1968 年,ASU 是埃及领域内唯一重要的政治力量,而这一标志是引起纳赛尔怀疑的真实原因。"①另外,纳赛尔想要保持 ASU 力量强大的部分原因现在也烟消云散了。随着军队的降级和军官中异己分子的清除,ASU 不再是可以与军队相抗衡的力量。

1968 年 2 月,纳赛尔对支持 ASU 努力打破乡村碎片化社会控制的策略的合理性产生了更大的怀疑。因"六日战争"的惨败而对高级军官的"宽大处罚"决定在埃及的城市、工厂和学校引起了暴动。纳赛尔因此表明了对在他统治下迅速扩大的社会不稳定的极大忧虑。为了安慰城市的暴动者,纳赛尔承诺重新审判那些军官。

纳赛尔同时必须意识到农村社会稳定的意义。中农和富农通过他们有效地使用奖赏和报酬的手段,确保了农村的稳定,即使他们也保持了博弈中冲突规则的支配地位。支持 ASU 废除农村强人的统治是冒着损害短期社会稳定而致力于长期集中社会控制的危险。纳赛尔不想陷入那样的危险境地。暴动后一个月,他向ASU 展开严厉的批评并完全颠倒了 ASU 在埃及社会中的进程。事实上,他宣布他愿意调和当地的强人与他们的破碎社会控制来换取农村的社会稳定。

国家失败的恶性循环

这一点几乎是毋庸置疑的,即 1952 年后,国家政策和行动导

---

① Waterbury, *The Egypt of Nasser and Sadat*, p. 329.

致了埃及农村的迅速转型。同在印度、墨西哥发现的一样,这些转型反映了强大的国家组织的控制无处不在。不可想象的是,一个弱国家——例如,塞拉利昂——会发生如此深刻的变化。埃及的国家机构消灭了大地主阶级。这些制度把新的国家资源输送到乡村,同时把大量的农村私人财产集体转移出来。新的信用社、健康诊所、学校、社会工人、市场设施及复杂事务使1970年的埃及农村与1950年相比发生了巨大变化。纳赛尔的农业改革及配套措施无疑产生了深远影响。在埃及农村社会转型过程中,埃及国家事务事实上是以强者的面目出现的。它继续强化了埃及农村生活中强大的中央集权统治的传统。

到纳赛尔统治的最后四分之一时间里,他却对这些变化感到深深的失望。国家政策使社会结构发生史无前例的变化,但并不完全是高层政策的制订者所设想的那样。富农和中农——不是纳赛尔所认为的社会主义天然联盟的贫苦农民——从改革中获得最大收益。那些经常把自己的土地分配给可信任的朋友和亲戚,看起来好像只拥有5—10费旦土地,实际上却拥有20—50费旦土地的村民统治着新的国家制度。他们用信贷、市场手段、补助农业收入,甚至与开罗政策完全不同的新的社会服务作为建立组织基础的手段来支持分配的原则。

对法律进行的大量修改并没有使纳赛尔的观点——在实际乡村生活中谁应该得到什么——产生多大影响。村庄中的强势群体依据他们自己的博弈规则,巧妙地运用国家新的制度和资源的投入积累他们的财富(按国际标准是谨慎的估计,但按埃及农村的标准则是大量的)。他们充其量只是依靠熟人(亲戚)或国家制度间的调和,而不是积极的国家政权支持。社会控制仍然是碎片化的。

恶性循环把纳赛尔对国家的强烈愿望与碎片化的社会控制形式联系在一起。这一循环使我们对"为什么国家运用所有的力量却不能加强社会控制"这一问题的回答越来越没有答案。纳赛尔面对的是"第22条军规"般的悖论。农村强人继续保持社会控制权力,并通过为贫苦农民提供生存策略来制定规则。纳赛尔集中国家控制权力的机会依赖于建立能够把国家自己的奖赏、权威和象征意义带给农民的强大力量。在同一名非埃及的阿拉伯人谈话中,他曾说道:"如果你认为我们只是发出命令,而国家按照命令运行,那你就完全错了。"[1]他知道有效的制度的价值就在于实现他的目标。但是,在他几乎没有其他的社会控制资源、社会控制权仍然掌握在强人手中的时候,建立强大的力量带给纳赛尔的是毁灭自己创造物的威胁。这里有强大的力量,特别是ASU,在纳赛尔仅对他们施以最小程度的监督和牵制的情况下,对埃及病态社会形成了一致和独特的看法。纳赛尔感到自己的统治濒临危险境地。而且,纳赛尔的职位依靠的是他购买社会和平的能力。在埃及农村,强人分担了纳赛尔对社会稳定的关注,并且他们有手段实现这一目标。

纳赛尔也从现存的社会控制权分配中获得其他益处。农业改革后,在富农和中农的领导下,农业产量与生产力超过了埃及人口的急剧增长速度。这一趋势扭转了旧政权下产量与生产力的下降

---

[1] 引自 Malcolm H. Kerr, *The Arab Cold War: Gamal' Abd al-Nasir and His Rivals, 1958—1970*, 3rd ed. (London: Royal Institute of International Affairs by Oxford University Press, 1971), p. 61。

趋势。极端碎片化也意味着国家可以对整个农村地区资源的流通网络产生影响,同时调合那些在现存秩序下获益最多的人。随着埃及社会的变迁,新的群体,特别是城市中的群体在其成员创立生存策略时,要求国家给予关注,并给予资源。工会、行会组织、商业协会都向国家提出了要求。在某种程度上通过与强者的调和,使农村地区资源的转移成为可能,这样,运用这些资源,国家领导可以调和城市的其他利益集团。发动 ASU 反对农村强者的运动对农村社会的和平和城市的调和系统同时构成威胁。纳赛尔在这些困难的环境下,选择了摧毁他要实现牢固的社会控制与强制的国家博弈规则目标的每种手段。

持续的社会控制的碎片化对国家的管理和政治生活产生了什么样的影响呢?我将在第六章和第七章充分关注这个问题,但在此我想列出两种重要影响。第一,国家的管理部门及地方机构——委员会、合作社、联合单位及诸如此类——继续在埃及农村中发挥作用。而当地人运用公共政策和实施国家机构权力来满足他们自己的需要和利益。国家资源和制度成为地方以完全不同于国家的分配规则为基础联结各个组织的黏合剂。第二,纳赛尔同他的核心成员、助手、顾问一起发展了一种"优先购买"的政治怪圈。① 在"权力中心"——国家自身机构、企业及附属政党、国家政权外的政治中心如"穆斯林兄弟会"(Muslim Brethren)等,都对纳赛尔个人及政权的存在构成威胁时,他强烈依靠政治和情报机构来阻挠它们的联合。在它们反对纳赛尔之前,战后时期作为最理

---

① Waterbury, *The Egypt of Nasser and Sadat*, p. 333.

想主义的政治革命之一开始的运动,结束于一场轻率、痛苦、武断的逮捕行动及类似行为。"到 20 世纪 70 年代中期,"沃特伯里写道,"有很多令人印象深刻的文献描述了纳赛尔主义实验中最难以理解又最不相宜的一面。"①

---

① Waterbury, *The Egypt of Nasser and Sadat*, p. 388.

第六章　生存的政治：
弱国家为何无法战胜强社会及其后果

国家领导者与国家机构

在一代人的时间里，亚洲和非洲的新兴国家将自身彻底地渗透到它们的社会中，乃至于每个偏远的角落。从正式制度的角度看，这些社会和"二战"刚结束之时的差异如此之大，以至于无法辨别。第三世界的旧国家，同样改变了它们社会的政治和社会图景。① 从农业银行到研究生院，各种类型的国家机构，改变了城市、城镇和乡村的模样，使其与十几年前的样子截然不同。这些机构在整个第三世界创造了新的、不可逆转的社会关系。

---

① 譬如，拉美的情况，见 Merilee Serrill Grindle, *State and Countryside: Development Policy and Agrarian Politics in Latin America* (Baltimore: Johns Hopkins University Press, 1986)。

在许多国家,国家的媒体都试图通过宣传国家领导者,将其作为国家的真实象征来强化国家机构的普遍存在。譬如说,在约旦,电视新闻每天都以同样的话语"尊敬的侯赛因国王陛下今天……"开始,罕有例外。"在扎伊尔,"奈保尔写道,"蒙博托就是新闻本身:他的言论、他接见谁、支持他的游行、新的任命,这些都是宫廷新闻。"①

然而,国家领导者与国家其他部分的关系,远比这些新闻报道告诉我们的要复杂得多。一个国家领导者打破族长的或传统的各种规则的能力取决于他和那些渗入社会的各个国家机构的关系。如何利用这些机构——尤其是那些安全和动员部门——来提高自身优势,对于国家领导者的政治生存和有效性具有决定意义。安全部门能维护国内社会稳定,保护国家不受外来侵犯,以及发现潜在的侵犯者。

动员人力物力资源对实现国家领导者的目标同样十分关键。"权力这一概念确实一直都包含政府动员资源的能力。"②官僚机构能通过征集直接和间接税,以及重新组织人力和生产而动员这些资源。有效的机构不仅能为实现国内目标而增强税收能力,还能缓解因为国际收支和还债造成的收支不平衡等给国家领导者造成的严重外部压力。我们还将会看到,动员还能防止国家的各个部门按相反的目标行事。简而言之,建立强大的国家机构,为社会制

---

① V. S. Naipaul, "A New King for the Congo," *New York Review of Books*, June 26, 1975.

② Alan C. Lamborn, "Power and the Politics of Extraction," *International Studies Quarterly* 27 (June 1983):126.

订规则,对国家领导者而言并不是一个抽象的规范;来自社会自身和外部的各种规则阻碍着建立强大的国家机构。

然而,虽然看起来很奇怪,但是动员民众能力有限的国家领导者往往会削弱国家的各种武器,尤其是那些最终不仅能给国家领导者带来动员能力,而且增强(我稍后还会提出的)其安全的机构。本章我将探讨这个悖论。我将论证:在弱国家所处的社会中,持续冲突的环境——大量存在于社会中的非国家机构的碎片化的社会控制——导致了一套国家内部组织之间的、国家领导者和国家机构之间的独特的、病态的关系。反过来,这些国家机构内部的关系也型塑了国家机构对社会的渗透的属性。

国家领导者的两难选择

社会对国家影响的关键存在于政治动员的过程之中。上文引述的兰伯恩(Lamborn)的话强调,"权力确实包含政府动员资源的能力"。作为社会组织(其中许多组织自身具备制订规则的能力)混合体的社会,都见证了对国家领导者运用国家作为维持政治动员手段的努力的强力抵抗。这种动员要求的不只是训词、领袖气质,或者抽象的意识形态;它还要求创造一个环境,使得民众感到符号和行为准则都对他们的福利至关重要,并要求为他们提供表达其支持的制度化渠道。简而言之,只有当国家领导者能为民众提供可行的生存策略时,他们才能得到持续的政治动员。

形成有效的生存策略要求一套精心设计的制度以制订惩罚措施和提供物质刺激,并将国家服务和惩罚纳入一个一致的、有意义的符号之中。然而,社会控制分散在各种各样的组织中的社会里,国家领导者却身处危险的礁石和巨大漩涡之间,面临一个左右为难的困境:一方面,国内外的威胁能通过建立国家机构、提供生存策略而进行的政治动员而被消除;另一方面,加强这些国家机构自身却可能同时成为对国家领导者自身的威胁。

我们可以通过三个简单的模型来理解和研究这个悖论:一个市场模型、一个离心力和向心力的物理模型,以及一个风险持有模型。

政治动员对于那些拥有许多支持渠道的国家领导者而言是有效的工具。正如在一个自由市场中,没有一个单个的行动者能明显改变供求关系,以影响一种商品的总体价格。类似地,领导者们寻找足够的动员渠道,从而使得没有一个国家机构能控制很大一部分国家动员能力以至于能独自影响支持的总量。在一个寡头垄断市场,少数几个行为者控制了需求或供给的很大一部分,以至于他们能有效地影响该商品的价格。在一个动员能力寡头垄断的情况下,少数几个机构能影响最高领导者获得支持的所有通道。

为何这样一种动员能力的寡头垄断会威胁到国家领导者?它们毕竟也是国家的一部分,而且"应该"和国家领导者有着类似的偏好。我们在第四章引用过丹·霍洛威茨形容国家领导的危险性的物理模型。他问:"在伊休夫,'向心力'是如何克服'离心力'的?"[1]夏皮罗论述了本-古里安的所有"行动"都必须被一个中心所

---

[1] Dan Horowitz, "The Yishuv and Israeli Society—Continuity and Change," *Medina U'Mimshal* (1983):46.

第六章 生存的政治:弱国家为何无法战胜强社会及其后果

控制的感觉这一同样的论题。本-古里安说,即使那些犹太人的半国营机构主办的机构,"也寻求自身的利益,而非被一个全局性的国家计划所引导",而且最终是每个组织都"由自己统治而且为自己而统治"①。

任何国家机构自身独特的视角都造成了离心倾向,使得它脱离其他机构和国家行政领导的视线。这种特殊的视角由许多渠道造成并强化:包括共享的社会化(如军事院校)、在参与者广泛的论坛中重复代表机构利益发言、日常的个人接触、机构中资源和地位的有效分配,等等。这些因素能在任何复杂的机构中发现,它们造成的离心力为每个研究官僚机构的学者所熟悉。马修·霍尔登爵士在被他称为行政政客的人之间刻画了这一倾向,"这绝不意味着行政政客们是外出掠夺的海盗。但它确实意味着最圣洁的理想主义者(如果一个理想主义者能升任如此高位的话)都不能让机构运行,如果他放弃'无论对错,都是为了我的机构'这一信条的话。"②

机构的高层都寻求通过和支持者建立联系、在官僚内部制造忠诚来维持或创造其机构的影响力。这些行为都只是强化了机构自身具有的独特的视角。在其高层领导者之间长期形成的关于整个国家部门的目的和功能的一个机构内部的共有的、特殊的观点威胁着国家的内聚力,以及稳定性。

因此,如果想保持国家机构的一体性,使其多少能一致地行

---

① 引自 Yonathan Shapiro, *The Formative Years of The Israeli Labour Party: The Organization of Power 1919—1930* (Beverly Hills: Sage, 1976), p. 56。
② Matthew Holden, Jr., "'Imperialism' in Bureaucracy," *American Political Science Review* 60(December 1966): 944.

动,所有的国家领导者必须找到能对抗他们的机构的离心力的向心力。除了让太监充任其下属之外,国家领导者还有没有其他办法对付这一问题?在那些有很多动员支持的渠道的国家,国家领导者有更多的能力来控制这些离心力。他们的向心权力来自于,他们几乎在每个问题上都能运用这些动员渠道来动员反对任何一个被发现有显著问题或远远偏离国家领导者的特定机构的支持这一事实。那个特定的机构并未能掌握足够的动员能力,以至于能挑战国家领导者所能取得的支持。同样,一方面,一个问题本身对其他机构而言也不够显著,而使他们形成一个官僚联盟来挑战领导;另一方面,或者即使对于其他机构而言,这一问题本身确实十分显著,但不同的机构视角使得不具备形成一个联盟的足够条件。

然而,在社会控制高度碎片化分布的社会中,却是一个截然不同的情况;此处我们能很明显地看到社会对国家的影响。在一个动员能力寡头垄断的环境下——很少量的机构控制着国家领导者所能得到的大部分支持,向心力要小得多。因为此类国家的领导者缺乏足够的可以获得的支持,而且那么多社会控制还为强人所保持着,领导者们发现很难控制离心力在几个特定机构中产生并发展。威胁国家领导者的是对(特定)国家机构的持久的忠诚或者是缺乏有效的向心力情况下形成的政党联盟。在那些缺乏或者难以取得此类支持的国家中,很少的几个机构垄断了动员能力,国家领导者的地位岌岌可危。

因此,只要强人们还能继续为其村庄、族群、城市邻里等提供有效的生存策略,国家就只能汇集有限的公共支持;公众缺乏足够的动机来提供他们的支持。国家领导者为农民和劳动者提供一套

第六章 生存的政治:弱国家为何无法战胜强社会及其后果

可替代的生存策略的前提是建立一套强力的国家机构。同样地,还需要从民众中动员起足够的支持来防止这些国家机构威胁到国家领导者的政治生存。如果没有通过奖赏、惩罚和符号的混合物而实现的动员民众的各种有效渠道的话,很难实现这种政治动员;这也是一开始就必须存在强大的国家机构的原因。这个悖论是国家领导者的两难困境。

害怕并削弱领导者达成其目标所需的各种机制这一困境,在各个弱国家的社会中都有所体现。这一困境多大程度上阻碍了国家领导者取得适当的权力、在全国实施他们制订的规则,则因国家的不同而不同。当强人们牢牢控制着当地资源的时候,国家对民众的动员变得很困难,而国家领导的困境也十分尖锐。由于害怕国内外的不稳定因素会威胁自身,国家领导者被迫将强制能力集中在很少几个安全机构手中,而这使得情况更加糟糕。这些机构同样形成了自身的视角,并因为它们所支配的手段而对领导者形成了明显的威胁。一个领导者所能用以制衡军队和其他安全机构的有效对策来自动员机构。在动员能力因受限于社会中社会控制的碎片化分布而不足的情况下,军事政变的危险更加显著。

国家领导者面临的两难困境,迫使他们有意无意地进行风险分析:他们必须衡量建立会演变成纳赛尔称之为权力中心的机构,对他们政治生存的威胁和他们对有效性和安全的需求之间的轻重。一个选择是推进机构的建立,即使社会控制还牢牢地被强人们所掌握着。国家领导者缺乏从各种渠道获取足够的支持来控制新建的机构的能力。这一进程把领导者置于不断增长的、不受控制的离心力之中,这些离心力造成了丧失国家凝聚力乃至自身下

273

台的现实威胁。国家领导者必须权衡：为实现他们的政治议程的目标，需要多大程度上改变其风险厌恶的倾向。（毕竟，如果他们被软禁的话，他们又能做什么呢？）

另一种选择是寻求其他起作用的向心力；譬如说在两个或几个机构之间寻求相互制衡，或者依赖某个社会群体来抗衡强大的国家机构。这种制衡在军队和安全机构中十分盛行，因为它们形成了对领导者的最大威胁。我在前文讨论过，纳赛尔在一段时间内，曾运用 ASU 来与埃及军队抗衡。其他国家的领导者为了对抗军队的离心力，往往建立两支或者更多的军队，让他们相互制衡。

叙利亚总统哈菲兹·阿萨德（Hafez al-Assad）就曾建立过这样一个军事机构。除了常规的军队之外，阿萨德政权还建立了由 12 000—25 000 人组成的防卫部队（Defence Units），以及一个由 5 000 人组成的"斗争团体"（Struggle Companies）；二者都扮演着政权的御林军角色。[1] 阿萨德将防卫部队而不是常规部队安排在首都大马士革及其周围布防。在历史上，忠诚对于御林军而言都是至关重要的；这也解释了为何在阿萨德的任期内，叙利亚的防卫部队都是由其兄弟拉法特·阿萨德（Rifaat al-Assad）所统领的。总统的一个表兄弟，阿德南·阿萨德（Adnan al-Assad），则统领着斗争团体。而且，防卫部队的一个特殊部队还负责保卫阿拉维派——阿萨德家族所在的种族群体。总统的另一个兄弟，贾米尔·阿萨德（Jamil al-Assad）领导着这支部队。

---

[1] Hanna Batatu, "Some Observations on the Social Roots of Syria's of Ruling, Military Group and the Causes for its Dominance," *Middle East Journal* 35 (Summer 1981): 331-44.

第六章 生存的政治:弱国家为何无法战胜强社会及其后果

即使在像叙利亚这样一个面临如此严重的安全问题的国家——从1976年到1982年间爆发了四场重要的战争,其领导还是不打算建立一个有内聚力的、协调良好的作战机器。部队之间的互相分立、基于忠诚的任命和调动、建立重复的功能等,都是叙利亚军队组织中的核心要素。阿萨德害怕手头缺乏可以制衡一支有内聚力的军队的其他向心力量,而不敢去创建一支有战斗力的部队;事实上,在20世纪80年代,和其他国家相比,叙利亚在防务支出上花费了更大比例的国家收入。阿萨德的选择在1987年得到了补偿,据传拉法特成功地阻止了一起针对总统的阴谋,并最终杀死了40名叙利亚空军飞行员。

在印度,20世纪70年代中期时,边境安全部队内部的准军队性质的警察部队、中央预备警察,以及地方志愿军的总数达到了50万人左右。迈伦·韦纳(Myron Weiner)写道:

> 这些机构的一个关键特征就是它们不是军队的一部分,因此不在国防部的控制之下。它们也不像国家的警察部队那样在政府的掌控之中。准军队的武装力量直接在内政部的掌控之下。这意味着总理掌握着一支准军事武装力量以应对国内危机。①

这同样还反映了国防部和政府的领导者对离心趋势的严重担心。国家安全和军事机构的普遍存在不仅意味着社会动荡中存在一

---

① Myron Weiner, "Motilal, Jawaharlal, Indira, and Sanjay in India's Political Transformation," in Richard J. Samuels, ed. *Political Generations and Political Development* (Lexington, Mass.: Lexington Books, 1977), p. 74.

支可用的独立力量;而且还是一支可以抗衡常规部队的切实的力量。

除了在强大的、有威胁的权力中心——尤其是那些国家领导者不易预测其所提供的服务的军队——之间寻求平衡之外,另外一个选择就是不进行重要的制度建设,而是减轻既存的和潜在的离心力。换句话说,在那些国家领导者面临着严重的困境时,最优先的考虑是采取一系列行动,以尽量阻止形成大规模的权力集中,尤其是那些有动员能力的权力的集中。这是一种"优先购买"的政策。在纳赛尔攻击自己的机构——快速增长的军队和 ASU 的时候,其他国家领导者也都转向了削弱潜在的强大的国家机构,或者其他可能积聚起强大的动员能力的社会组织。此时,取得强大的动员能力的目标被弃置一旁,即使这可能意味着无法对付国内外的各种风险,领导者所持有的社会变革的议程表也被搁置一旁。取而代之的是,国家领导者们选择了缓解他们目前所面临的政治生存的威胁。

从去殖民地化那个时代开始,领导者们可能发现了一条在充满漩涡的政治中——国家处在一个对它们的广大而碎片化的社会的控制十分有限的环境中——生存的学习曲线。国家的现任和未来的领导者都发现了轻率地推动雄心勃勃的社会变革的计划可能带来的巨大风险。他们或许见证过通过国家机构来实行有深远意义的变革政策的内在的危险。只要广泛的政治动员不能为他们所掌握,他们自身也会深受作茧自缚之困——他们亲手缔造的官僚机构对他们的任期持有疑义。可以通过观察其前任所受的压力而学到这些教训;举例来说,阿尔及利亚的独立英雄、在任三年的统治者艾哈迈德·本·贝拉(Ahmad Ben Bella)对废黜他的胡阿里·

第六章 生存的政治：弱国家为何无法战胜强社会及其后果

邦迪内(Houari Boumdiene)来说可能很有教益。同样，处理类似威胁和风险的机制还可以从国外借鉴得来。

社会对国家的影响远超出国家统治者个人面临的困境。那些社会控制高度碎片化地分布在社会组织混合体中的社会，以及因此而拒绝进行社会动员（向心力）的国家领导者们，在他们的国家中形成了一种特殊的政治和行政风格(style)。我将要在本章讨论的这种政治风格，涉及领导者通过削弱任何可能危及他们任期的离心力从而"解决"他们面临的困境的各种尝试。这就是"生存政治"。

生存政治

生存政治包括了弱国家社会生活中最令人讨厌的一些方面。关于政治生活的这些方面的讨论往往被报纸，有时是一些印象论者所讨论，或者是用来讽刺那些不怎么受欢迎的政权。在其他环境下，这又是值得称颂的由大赦国际领导的情报政治活动的一部分，旨在从外界向受害者或潜在受害者施以援手。大部分学术文献则基本上没有对个别领导者或政权的控告。通过将生存政治置于社会对国家的影响，以及国家领导者面临的困境的背景中，我希望能够揭示出这种政治风格的社会根源。许多不同种类的行动都描述了生存政治的特征。

大洗牌

国家领导者手中掌握的任命和解除官员职务的权力，是用以阻止国家机构或国家支持的政党积聚起有威胁的权力的重要工具。大洗牌是国家领导者所采用的一套先发制人的行动,可以阻止在一些强力机构中建立起(对该机构的)忠诚。这些领导者经常更换国家的部长、武装部队的司令官、政党领袖和高级官僚,以阻止危险的权力中心之间相互结盟。在国家顶层,政治风格经常类似于一场令人头晕目眩的音乐喜剧。举个例子,1985年12月31日,执着但不成功地试图保持自己在海地的终身总统地位的杜瓦利埃(Jean-Claude Duvalier),将其内阁最重要的四个大臣解职,然后马上又将其任命为大使。在无数的其他例子中,同样的人在不同的重要职位上轮番出现。昨天还是武装部队的司令官,今天就成了内务部部长,明天则可能是驻美大使或者一个主要的国有企业的CEO。在其他一些例子中,官员们从政治舞台上彻底消失了。[1]

1952年埃及革命之后的第一年起,埃及就开始了此类强制的精英循环。[2] 最大的威胁来自被纳赛尔置于各个国家机构权威位置上的军队将领。贝克尔仔细思考了对这些人员的大洗牌:

> 即使大清洗以其不是报复性的和明显地希望避免军队的骚乱和分化而引人注目,还是有很多这样的例子发生:许多持不同政见者被解职或者提升,离开可能会形成威胁的位置。在外交部门服务之后退休这一手法,往往被运用于缩短危险

---

[1] 在布托治下的巴基斯坦,一位观察家报告说,内阁成为"一个旋转门,为得到布托支持而被排挤的党的精英提供了短期但通常不确定的庇护,或者是回报他人恩惠而为传统的世袭制提供新的选择"。

[2] R. Hrair Dekmejian, *Egypt Under Nasir: A Study in Political Dynamics* (Albany: State University of New York Press, 1971), pp. 205, 217-19.

职务的任期。①

1970年萨达特接任埃及总统时,作为副总统,他缺乏任何制度性的支持。他担任总统后印象最深的是:担任主要国家机构和阿拉伯社会主义联盟首脑的官员中,没有一个人"关心埃及的利益,除了保住权力之外什么都不关心,寻求个人利益,被仇恨和贪婪所驱使"②。客气点说是这样的:机构首脑们对"埃及的利益"的理解不同于萨达特;他们的位置赋予了他们认识埃及利益的特殊视角。在纳赛尔死后不到一年,萨达特开始攻击那些威胁他的统治的所谓"邪恶的权力中心",同时驱逐了六个内阁部长和三个政党首领。这些都发生在一个针对萨达特的阴谋被揭露之后。对大洗牌背后动力最有趣的理解或许是在1971年的政治危机中,那些忠于萨达特的官员们都被解职。

> 纳赛尔的女婿阿什拉夫·马尔万(Ashraf Marwan)给萨达特一些控告萨布里的磁带。在1978年之前,萨布里一直担任着萨达特的顾问一职,然后被解职。穆罕默德·萨迪克(Muhammed Sadiq)在1972年末被捕。马姆杜·萨利姆(Mamdah Salim)一开始担任了总理的职务,但1978年之后被赋予了一个荣誉性的顾问头衔。侯赛因·海卡尔(Hassanein Heikal)1974年被解除了 *al-Ahram* 的编辑职务。阿齐兹·西

---

① Raymond William Baker, *Egypt's Uncertain Revolution under Nasser and Sadat* (Cambridge, Mass.: Harvard University Press, 1978), p. 54.

② Anwar el-Sadat, *In Search of Identity: An Autobiography* (New York: Harper and Row, 1977), p. 207.

德齐（Aziz Sidqi）1978年后失去了公职。国会发言人哈菲兹·巴达维（Hafiz Badawi）因为赞同马拉印（Sayyid Mar'ai）而被贬。达克鲁里（Dakruri）、达尔维什（Darwish）、阿希尔（'Abd al-Akhir）和马哈茂德（Mahmud）都进了ASU纪律委员会，其中两人升任省长，两人进入内阁。在20世纪70年代末期他们都失踪了。阿尔扎耶特（'Abd al-Salarn al-Zayyat）幸免于难，成了一名议员，但也在1980年和1981年两次被短暂逮捕。革命领导委员会的侯赛因·沙法伊（Hussain Shafa'I）一度成为副总统，但很快在1975年被穆巴拉克取代。得以善终的是马哈茂德·法齐（Mahmud Fawzi），他得以荣休。萨义德·马尔万（Said Marwan）也保持了他的影响力，虽然在80年代初还是多少被边缘化了。①

墨西哥的大洗牌始于革命之后最初几年。② 这一过程现在几乎已获得程序化的特征。强制性的精英循环随总统换届而以六年为周期发生，而非在一个总统任期之内发生。在更缺乏有序权力交接的国家中，这一方法有效地保证了国家机构不会建立起深厚的内部联系。"有时变革只涉及在某部分固定的人群之间的职务调换；官僚机构的首脑们调换部门，国有企业经理们互换位置。"③

---

① John Waterbury, *The Egypt of Nasser and Sadat: The Political Economy of Two Regimes* (Princeton, N. J.: Princeton University Press, 1982), p. 352n.
② 参见 Nora Hamilton, *The Limits of State Autonomy: Post-Revolutionary Mexico* (Princeton, N. J.: Princeton University Press, 1982), p. 255。
③ Roger D. Hansen, *The Politics of Mexican Development* (Baltimore: Johns Hopkins University Press, 1971), p. 178.

第六章 生存的政治:弱国家为何无法战胜强社会及其后果

每六年都能"见证大约 18 000 名民选官员和 25 000 个任命的职务的大换位"①。这些数据都是十几年前估算出来的;毫无疑问,它们现在更高了。在执政党和官僚体系中,这些被解职的人大部分找到了新职务,但是在高层,很多人永久性地失去了公职。彼得·史密斯(Peter H. Smith)说:

> 因此有一个固定的精英循环,但不是在帕累托意义上的精英循环。在墨西哥,这一过程包括个体的快速轮换,但是这些个体基本上来自同一个阶级——中产阶级(及其组成部分)。精英循环不包含帕累托眼中的社会流动、开放的机会和吸纳下层阶级要素,这些都导致制度的稳定性。②

在一届政府任期即将结束之际的墨西哥,为下一次洗牌而进行的准备活动开始变得狂热起来。格林德尔写道:"每个中层和高层的官僚都很清楚地知道,他现在的职位在下一次全国大选之后可能会有所改变;政客们都知道他们可能面临失业。"③一位墨西哥官员说:"在这个国家任何人都不会有政治前途。这里不存在政治职业这类东西。一个人可能今天还手握大权,而明天却流落街头:他们解雇了他。"④

这些发生在墨西哥、埃及和其他地方的大洗牌,核心问题存在

---

① Frank Brandenburg, *The Making of Modern Mexico* (Englewood Cliffs, N. J.: Prentice-Hall, 1964), p. 157.
② Peter H. Smith, *Labyrinths of Power: Political Recruitment in Twentieth-Century Mexico* (Princeton, N. J.: Princeton University Press, 1979), pp. 186–87.
③ Merilee Serrill Grindle, *Bureaucrats, Politicians, and Peasants in Mexico: A Case Study in Public Policy* (Berkeley: University of California Press, 1977), p. 49.
④ 同上。

于国家领导者在运用多种渠道进行政治动员、以此为制衡不断发展的权力中心的资源时所面临的困难之中。这些领导者为这场抢座位游戏所支付的代价是官僚机构中持续存在的混乱、为适应新环境而浪费的时间,以及官僚和政客们为他们下一个职务和未来的安全而做准备的当务之急。大洗牌并不是一次性的事件,也不是为敌人而准备的;它只是一种有意地削弱国家机构及其相关组织,以确保高级国家领导者职位的机制。行政领导充分地行使着其手中最显著的权力——任命和解除职位的权力——以保护自身。

不是基于功绩的任命(任人唯亲)

国家领导者手中的任命权不仅仅是将人们从一个职位上解职,然后突然让其再就职。任命权构成了庇护其忠诚的追随者(此处要强调"忠诚"二字)的最重要资源,这些追随者们被有选择地挑选出来担任职务,以阻止国家内部权力中心的发展。结果是许多第三世界国家都有大致相同的特征(对于其中少数几个,我们甚至可以去掉"大致"一词),显示了官僚化程度不足的"祖传"的政治体系的许多特征。①

或许,此处运用的最普遍的方法是:任命那些对国家领导者十分忠诚的人担任高级职务。在印度、墨西哥、埃及、塞拉利昂,以及

---

① 关于新威权主义(neopatrimonialism),见 S. N. Eisenstadt, *Traditional Patrimonialism and Modern Neopatrimonialism*, Sage Research Papers in the Social Sciences, Studies in Comparative Modernization Series, vol. 1 (Beverly Hills: Sage, 1973)。

第六章 生存的政治:弱国家为何无法战胜强社会及其后果

其他国家,那些掌握着任命权的人继续以血族关系为录用国家工作人员的重要标准。其他各种个人关系也很大程度上影响了国家机构的构成:老乡关系(某些时候甚至限于同一个镇子或者几个村子之内),相同的种族、部落或者宗派背景,同学或校友,等等。譬如说,在伊拉克,许多高官都来自同一个家族群体,阿尔布·纳西部落的比格特(Begat)宗族,尤其是来自西北小镇塔克力的那些人。

在那些社会结构限制了国家领导者制造向心力能力的国家,也就是那些强人们牢牢掌控着社会控制的国家,基于个人忠诚的任命成了削弱强大的离心力的手段之一。譬如说,革命后的墨西哥,高层精英们培育了一系列强化了的个人、政治和商业纽带。所有这些联结的基础都是布兰登堡(Brandenburg)称之为革命家族的成员。这些家族"由那些掌管墨西哥半个多世纪、为墨西哥制定政策路线、今天还有效把持着决策权力的人组成"[①]。在最高层,大约20个人垄断了包括总统提名权在内的国家的最重要的任命权;另外的大约200人处于第二层级。他们的忠诚使得他们能接近国家和与其相关的政党 PRI(革命制度党)中那些令人垂涎的职位。

在这两个层级之下,还有一小群官僚和政客,同样在拼命地营造效忠革命家族的关系。肯尼斯·约翰逊(Kenneth Johnson)描述了那些有"合法性"的人——那些革命家庭内部的人——和外部的人之间的鸿沟可能有多大。"合法性是墨西哥政治的一个被十分珍惜地保护着的特征——只有那些排外的大政治家族才享有特权

[①] Brandenburg, *The Making of Modern Mexico*, p. 3.

的深奥的特征。"①由于官僚体系内的任命和选举的提名往往是基于特殊的个人关系而非既定的功绩标准,低层级的官员们都试图通过成为上级的忠实追随者而和这些家庭联系起来。格林德尔发现,"政治和官场中的野心和不安全感都驱使人们寻求垂直的个人庇护,因为他们的政治前途取决于上面的某个人,而非政策、意识形态或政党忠诚"②。这样的一个政治录用体系的总的影响是严重地限制了候选者的来源。只有那些有合适的条件——类似的阶级归属、地区背景,等等——的人才能成为被选择的对象;这些标准比技术能力更为重要。以使用忠诚的人作为对抗强大的离心力的手段,这一做法为墨西哥国家机构的能力敲响了丧钟。

埃及比其他社会更拘泥于基于个人忠诚的纽带,每个西拉(Shilla)——大约六个人的非正式群体,都能被清楚地确定其派别归属。大家都以在学校、大学、军队等时建立的友谊为基础,拉帮结派。埃及人谈及西拉时都将其视为家庭。③ 在革命之前,军事学院是西拉形成的一个主要基地,其成员包含纳赛尔、萨达特、埃米尔,以及其他一些人。埃及的政治生活仍然基于西拉成员的任命。伊朗的达拉(dawrah)起着类似的作用,为德黑兰的正式政治行为制造了一个隐蔽的表层。④ 和在墨西哥一样,埃及的国家领导者们

---

① Kenneth F. Johnson, *Mexican Democracy: A Critical View* (Boston: Allyn and Bacon, 1971), p. 37.

② Grindle, *Bureaucrats, Politicians, and Peasants in Mexico*, pp. 49 - 50.

③ Robert Springborg, *Family, Power, and Politics in Egypt: Sayed Bey Marei—His Clan, Clients and Cohorts* (Philadelphia: University of Pennsylvania Press, 1982), pp. 98 ff.

④ Hansen, *The Politics of Mexican Development*, p. 126.

第六章 生存的政治:弱国家为何无法战胜强社会及其后果

也需要战胜两难困境——动员能力有限,但要提高动员能力则需要冒离心力增加的风险,而他们采取的对策是高度依赖个人间的忠诚。但这种个人忠诚关系不仅不能克服各个机构自身的特殊利益和观点,还导致人们含糊其辞,以免他人的下台牵涉到自己。

个人忠诚之外的另一个任命国家职务的基础是吸纳、拉拢那些可能在国家机构外建立有威胁的权力中心的人。汉森(Hansen)发现,在墨西哥顶层政治中存在吸纳拉拢问题,发现个人所得可能是非法的(如非法拥有土地),也可能是合法的(如合法的运输合同)。但在两种情况下,"达到墨西哥政治阶梯顶层的拉拢者和被拉拢者,普遍收取财务酬劳以解除后顾之忧"[1]。

沃特伯里发现埃及存在类似现象,并补充说,国家领导者容许他们所吸纳拉拢来的人腐败,而这能成为政治控制的来源。

> 对于纳赛尔和萨达特等未能取得不容置疑的合法统治、对其同侪和下属信心不足的领导者而言,腐败是将潜在的对手和现有政权联姻的好办法。精英们被允许玩各种肮脏的游戏,但这些行为被记录下来,一旦他们在政治上不再可靠,领导者们将对他们采取法律措施。[2]

"肮脏的游戏"未能提高埃及、墨西哥和其他地方的国家机构的有效性。吸纳拉拢通过把当权者们的统治和各国家机构领导者们的个人利益所在联结在一起而降低各机构的离心力,但代价不菲,扭曲了社会控制赖以建立的游戏规则。在墨西哥,一个愤怒

---

[1] Hansen, *The Politics of Mexican Development*, p. 126.
[2] Waterbury, *The Egypt of Nasser and Sadat*, p. 349.

的观察者这样讽刺省级政府的低效乃至害处:"我们这个国家最大的问题是我们每四年就必须赶走一个富有的地方长官。而在致富的过程中,他为其亲戚朋友们打秋风同样付出了高昂成本,而他的下属们要保持安静也必须拿到足够的好处……什么时候才能让一个富人来当官啊!"①

除了个人忠诚和拉拢之外,另一种公共部门的非功绩任命是"种族议价"。这其实是基于群体认同的特殊种类的拉拢。辛西娅·恩骆伊(Cynthia Enloe)发现,国家领导者们通过基于种族的任命来分裂潜在的有威胁的权力集中,并通过"约束强者而非害怕或合法的服从"②约束关键的群体。或许型塑1943年之后黎巴嫩政治的种族议价是最为正式的种族议价。认识到宗教认同是反对国家认同的力量之后,黎巴嫩领导者们在法国的监护下,达成了一个君子协议。该协议将从总统到议会席位、官僚职位等许多位置都按非功绩原则分配。

赞比亚总统肯尼斯·卡翁达(Kenneth Kaunda)在种族、部落和部门分割之间游刃有余。在基于种族标准认真挑选其内阁成员的同时,他经常训导国家官员和政客们,如果只是服务于基于种族认同的公众,必将带来冲突。罗伯特·莫尔特诺(Robert Molteno)在一篇文章的脚注中分析了卡翁达是如何构建其政府的:

---

① 引自 Nathan L. Whitten, *Rural Mexico* (Chicago: University of Chicago Press, 1948), p. 549。汉森重新讨论了同样的问题,见 *Politics of Mexican Development*, p. 126。

② Cynthia Enloe, *Police, Military and Ethnicity* (New Brunswick, N. J.: Transaction Books, 1980), p. 7.

第六章　生存的政治：弱国家为何无法战胜强社会及其后果

班巴拉族的优势地位在1969年和1970年逐步被削弱了。1969年1月的总统新内阁中有两个东方人和一个来自西北的成员。8月份中央委员会被解散了。重组的委员会再次包含了东方人和西北的领袖。9月份副总统卡普韦普韦（Kapwepwe）被解除了其兼任的主要部长职务，同时任命了另外三个来自代表性相对不足的中部和西北省份的内阁成员。在1970年11月，总统挑选了说汤加语的迈因扎·乔纳（Mainza Chona）先生担任新的副总统。①

当然，基于个人忠诚、拉拢和种族议价的任命仅构成国家机构非功绩录用的一小部分。譬如，英迪拉·甘地（Indira Gandhi）任命了一系列的部长和国会政党首领，而她的标准主要是新任职者**不属于什么党派**。她在20世纪70年代初期以新人物来替换那些根深蒂固且对她离心力很强的部长和政党老大们。这些新的部长和政党首脑都缺乏独立的社会控制的基础，而且在复杂的种姓制度和在国家、地区层面举足轻重的派系联盟政治中没有任何影响。然而，结果却令甘地女士大失所望，和其非功绩任命在其他地区造成的后果一样，这一举措摧毁了党和国家机构。弗兰克尔这样写道：

> 重建的党组织在推动社会转型方面甚至不如党在分裂之前来得更为有效……和其前辈相比，党内对权力的新的渴望，

---

① Robert Molteno, "Cleavage and Conflict in Zambian Politics: A Study in Sectionalism," in William Tordoff, ed., *Politics in Zambia* (Manchester: Manchester University Press, 1974), p. 95n.

往往缺乏对社会主义的意识形态的认可和承诺。而在国家机构中,只有极少的人不是代表同一个社会经济集团。更为年轻、更缺乏经验的领导者们只能获得比其前任范围更窄、更少的民众支持……由于任期不确定且缺乏自主的组织基础,他们缺乏动员当地民众追随国家政策的能力。①

在那些对国家或民族之外的其他组织忠诚度很高、国家的规则遭到强烈反对的地方,国家领导者们在任命官员时必须十分慎重。他们的目标并非建立一个有代表性的官僚体系或军队,使得国家机构中各种族群所占比例能反映社会的情况;亦非按照正式的组织原则来扩展国家的影响范围,而加强国家权威。各种职位的分配反映了特定群体的忠诚、其他群体的威胁,以及特定国家机构的重要性。国家领导者们往往将最为重要的、可能对自身构成威胁、运行社会控制的职务分配给那些最忠诚的人——也就是和自身有相同种族或部落背景的人。(快速找出最忠诚群体的办法之一就是看内政部部长和警察总长的背景是什么。)类似地,那些来自最不受信任的群体的人则往往被安置在那些边缘的、预算很少的部门。

沙乌尔·米莎尔(Shaul Mishal)叙述了约旦国王阿卜杜拉(Abdullah)任命许多巴勒斯坦精英掌管农业部、经济部、教育部、发展部和外交部等关键职位的事情。这些任命都发生在1949年约旦将约旦河西岸及其巴勒斯坦居民区合并之后。阿卜杜拉认为

---

① Francine R. Frankel, *India's Political Economy, 1947—1977: The Gradual Revolution* (Priceton, N.J.: Princeton University Press, 1978), pp. 474-75.

巴勒斯坦人作为一个群体,其可信度远不如东岸的贝都因种族。即使在巴勒斯坦人之间,国王也重用了那些促进合并且"意图安抚或拉拢他的敌人"①。然而,实际的权力中心并非巴勒斯坦人所控制的国家机构,而是首相办公室、内务部和军队(阿拉伯军团);而在这些部门,贝都因部落的人占据了各个要职。米莎尔说:"在通过招录巴勒斯坦人以赋予军队一个国家性特征的同时,中央权威鼓励在关键职位和作战部门中保持忠诚(东岸的贝都因人)。"②

基于个人忠诚、拉拢、种族议价和其他非功绩标准的任命制度限制了国家制订规制社会的各种规则的能力。沃特伯里在论及埃及西拉时提到:"从其本质上来说,西拉损害了意识形态和规划性的政治,并最大化为个人目标而运用群体影响力。"③米莎尔同样发现,在约旦"公共服务部门中缺乏统一的雇用和解雇程序,这导致了约旦行政体系人事系统的脆弱"④。这种任命制度减少了国家机构离心力,但也代价不菲,削弱了国家领导者们的社会转型和政治动员能力。国家的各项特权和历史上的世袭王朝一样,受到了许多的限制。但是,这些限制却发生在国土面积增大、国家机构的复杂性不断深入地渗入社会各个领域这样一个背景之下。

---

① Shaul Mishal, "Conflictual Pressures and Cooperative Interests: Observations on West Bank-Amman Political Relations, 1949—1967," in Joel S. Migdal, *Palestinian Society and Politics* (Princeton, N. J.: Princeton University Press, 1980), p. 176.
② 前引书, p. 177.
③ Waterbury, *The Egypt of Nasser and Sadat*, p. 346.
④ Mishal, "Conflictual Pressures and Cooperative Interests," p. 178.

卑鄙行径

或许生存政治的所有策略都没有"卑鄙行径"这样臭名昭著。这些由高级领导者们不时发明的伎俩,包括了非法拘禁和放逐、神秘失踪、严刑拷打,以及死刑。这些措施和其他生存政治策略的区别在于:国家领导者们违反了这些可作为制度化国家社会控制的基础的法律法规。卑鄙行为包括非法或快速地修改法律以更换国家领导人,预防竞争性权力中心的出现,以及削弱和摧毁那些早就强大得足以威胁国家领导者的特权的国家机构中的群体。也就是马科斯(Marcos)总统时期菲律宾人所说的"枪杆子、暴徒和金子"。我还将谈到,他们还运用类似的手段对待非政府人士。在很多时候,因为国家官员和非政府人士之间要么形成了重要的联盟,或者被认为形成了联盟,而很难区分被摧毁的是国家的还是非国家的权力中心。

虽然卑鄙行径可能是最难以记录的,但它是生存政治中运用最为广泛的手段;十几年前大赦国际(Amnesty International)、美国国务院和少数几个人权组织开始记录此类事件。在许多方面,卑鄙行径都是领导者们自我削弱的悖论的最为明显的形式。卑鄙行径意味着领导者们自己对国家的公开的或潜在的游戏规则、法律和惯例的破坏。

印度总理英迪拉·甘地在 1975 年 6 月 25 日晚前后进行了人员任命的操纵,为我们提供了理解领导者对正在崛起的权力中心的恐惧和失去运用法律消灭它们的能力的恐惧所需的洞察力。[1]

---

[1] 下面叙述的内容来自 Frankel, *India's Political Economy*, ch. 12。

第六章 生存的政治:弱国家为何无法战胜强社会及其后果

在这一决定性的夜晚前一年,骚动已经在印度稳定地增长,当中只是被独立后30年来首次发生的一个内阁成员遇刺打断。反对党能力都得到了增强,并开始更多地采用直接动员民众的方式,而非传统的议会斗争,来表达不满。对甘地女士形成最大威胁的是围绕在贾亚普拉卡什·纳拉扬(Jayaprakash Narayan)周围、不断增强的反对派的联盟,也就是所谓的"J.P运动"。作为印度一个近乎神秘的人物,纳拉扬是一个民族英雄,他放弃了政治,投身为穷人争取福利的工作。在某种意义上,他现在更代表着圣雄甘地的形象。随着"J.P运动"的发展,纳拉扬似乎开始将印度正在增长的动荡引向"永久的人民权力的制度"。

这些似乎都不足以引起总理的恐惧。她长期的政治对手,莫拉尔吉·德赛(Morarji Desai),也卷入了一个旨在反对她的统治的绝食自杀抗议("fast unto death")。当纳拉扬和德赛联合起来时,她面临的形势就显得令人沮丧了。致命的一击是1975年6月12日下发的法院裁决——甘地女士在1971年选举中有舞弊行为。她的支持者们集会支持她,并喊出生动的口号:"英迪拉就是印度,印度就是英迪拉。"但是无可置疑的是,一个新的权力中心正在成长,甚至在一些国家机构中占据了重要的根据地。

几天之前,甘地女士就已经开始部署亲信来对付反对派的威胁。她任命亲信担任内务部和情报部门的关键职务。① 她希望她的下属在她改变其职务的时候不反对她乃至毫不犹豫。6月25日,在甘地女士的提议下,印度总统宣布进入紧急戒严状态。在召

---

① *Times of India*, June 26, 1977, 参见 Frankel, *India's Political Economy*, p.545。

集议会之前，安全部队已经逮捕了纳拉扬、德赛和包括竞选成功的官员在内的一些政治官员。紧急戒严有效地剥夺了甘地女士的对手们求助于法律的可能。公民们无法通过法院来挑战甘地女士及其下属们的行动。她还通过总统签署了许多法令，包括无需指控和听证就能逮捕其政治对手并最多可拘留两年。通过无视法律和快速行动，印度总理成功地打压了她的议会反对派以及本党内同情反对派的官员。

卑鄙行径和包括大洗牌、任人唯亲在内的其他生存政治的工具，都显示了对国家机构的不信任。最为明显的就是他们运用卑鄙行径，不再信任法律制度本身，至少是他们在诉诸法律之前先使用各种卑鄙行径，作为特殊手段来对付对手。他们对国家机构的不信任甚至超越了对法律制度的不信任，还包含了对那些可能通过政治动员而获得足够的支持以对抗离心势力的机构。生存政治严重地限制了这些机构的特权。国家领导人们远离了有效执行政策意义上的行政的理性模式。国家成为由吸纳大量工作人员的国家机构构成的迷宫，但是国家领导人的政治生存目标压倒了取得有效率的行政管理这一目标。执行社会政策的能力也相应地大打折扣。尤金·巴尔达赫（Eugene Bardach）指出，要做成一件事情（任何一个政策），国家必须聚集各种机器。① 但是在生存政治之下，国家领导人们有效地将扳手扔进了运转的机器之中。

如果运用得当，那么生存政治能延长政权和某个领袖的生命。

---

① Eugene Bardach, *The Implementation Game: What Happens After a Bill Becomes a Law* (Cambridge, Mass.: M. I. T. Press, 1977), p. 36.

第六章 生存的政治:弱国家为何无法战胜强社会及其后果

即使在缺乏亨廷顿称为稳定的必要前提的制度化的情况下,也能实现政治稳定。① 事实上,正如我们看到的那样,让政治领导人们不受约束可能会导致国家机构的全面弱化,也就是去制度化。政治机构中缺乏保障的职务、对在机构内建立联系纽带(和增强凝聚力)的不鼓励乃至惩罚,以及任人唯亲而非任人唯贤,所有这些都导致了无法形成一个国家内部的官僚阶级。虽然很多研究都指出,第三世界的许多国家都形成了这样的一个阶级,但是我还是非常怀疑,在生存政治的环境中,官僚间的业务联系、共同利益和类似的观点和立场是很难形成的。政权的稳定和某个统治者的任期可能是镇压的结果,而非制度化的产物。

在回顾关于政治的阴暗面文献之后,我们可以尝试得出一个结论:成功地取代强人并建立国家优势地位的第三世界国家的领导者们是纯粹的(pure),而未能实现这些目标的人则是愤世嫉俗者以及善于操纵他人者。然而,身处生存政治之中并不意味着领导者们不想运用国家推动社会变革。相反,他们深陷一个权力的两难困境:在缺乏相应的政治动员能力的情况下,加强国家机构的权力是带有很大风险的。这种风险使得领导者们优先考虑自身安全而非推动社会变迁。如果推动者自身难保,那么任何政策议程都是毫无意义的。政治生存这一占据国家领导者关注核心的问题,正是推动和取得任何长期社会变迁的前提条件。推动社会变迁的项目可能还是公共话题中的花言巧语,乃至政策声明和

---

① Samuel P. Huntington, *Political Order in Changing Societies* (New Haven: Yale University Press, 1968).

立法对象，然而顶层的生存政治却使得国家机构无力推行这些项目。

国家领导者与社会的权力中心：国家与资本

虽然国家领导者为政治生存采取的各种行动削弱了国家机构，但这些行动是有界限的。毕竟国家机构需要提供各种基本的服务，以及征集税收、维护治安。尤其是在安全领域，减小离心力的逻辑是不合常理的，会使得领导者无力对付来自国内外的武力威胁。国家领导者不得不采取十分精巧的手段来控制机构，以使得这些机构在不威胁领导者的同时，保持足够的能力来执行国家及领导者生存所必需的任务。

国家领导者面临的另一些棘手问题涉及国家机构之外的权力中心。这些权力中心，都有自己独立的动员能力和自身的社会需要何种规则的看法，对国家机构造成了同样的威胁。当那些权力中心能力覆盖范围有限且规模较小的时候，正如那些城市贫民区或乡村中由农村强人所控制的权力中心一样，对领导者职位的直接威胁较少。地方强人所掌握的资源阻碍了国家领导者建立起国家自身的动员能力，但任何一个强人单独对领导者职位形成的威胁却是可以忽略不计的。这一社会控制的碎片化困惑着寻求动员民众的国家领导者，却也发挥着有利于维护社会稳定功能——阻止社会构架（frameworks）、私人纽带和共同的认同的发展，以免其成为强大的社会阶级的基础并挑战国家的权威。一个社会中存在的无数套规则使得一个广泛的集体共同使命感无法形成；对社会的这些部分而言,至少阶级分析法看起来是用错地方了。

然而,情况也可能是截然不同的,因为社会组织的影响范围可能大于那些地方强人。弱国家的领导者们像害怕强大的国家机构那样,害怕社会组织或那些危险地正在变大的组织的独立的动员能力。但他们还是需要这些群体——甚至是可能成为强大社会阶级的大的资本持有者——提供的服务。下文我们列举了三种应付此类来自社会权力中心的威胁的方法。

将生存政治扩展到国家之外

在对付国家机构之外的人的时候,领导者往往会采取一些对付国家机构时所采取的生存政治的措施。当然,此时领导者缺乏对社会组织的任命权;因此大洗牌和不是基于功绩的任命这两种方法都不能使用。然而统治者们还是无数次地运用了卑鄙的手法来对付社会组织。国家领导者给学生政治运动积极分子、商人、政党领袖和其他人判处死刑的做法,从南美扩展到中美洲,再到遥远的印度尼西亚和菲律宾。

在墨西哥,关于对待记者、学生、劳工领袖、农民领袖以及其他人的各种非法行为的报道充斥了各种媒体。[1] 约翰逊分析道:墨西哥政府"在处理冲突时更喜欢法律之外的做法而非法律方法。因为让自己作为被告坐在法庭上意味着官员形象脆弱的一面"。在谈及一个被警察非法逮捕的记者时,墨西哥政府简单地解释说"不

---

[1] Evenlyn P. Stevens, "Legality and Extra-Legality in Mexico," *Journal of Inter-American Studies and World Affairs* 12 (January 1970): 62–75.

希望他在法庭里替自己辩护"①。墨西哥的一流学者巴勃罗·冈萨雷斯·卡萨诺瓦（Pablo González Casanova）这样解释墨西哥的社会组织所面临的取胜无望的局面："乞求和顺从都没有用，而抗议和组织则一向都是通往囚禁、放逐甚至死亡的道路。"②

墨西哥是一个强国家的神话，部分起因于对其国家-社会关系的错误理解。毫无疑问，墨西哥的国家远比美国更多地支配了组织化的社会利益。然而，这种支配却更多地来自对其国家组织之外的集中制订规则能力的摧毁，而非国家对规则制订职能的垄断。结果则是社会控制碎片化地分布在无数（被家族和其他强人所控制的）小型社会组织之中，而国家自身的社会控制则十分有限。我将在第七章详细讨论：墨西哥的国家甚至很难将其在墨西哥城制订出来的享有高度优先权的政策在地方上实施。

在塞拉利昂，卑鄙的手法也被用于对付大型的、对国家有威胁的社会组织。举例来说，1981年，当塞拉利昂工会发起了两次短暂的全国性罢工之后，西亚卡·史蒂文斯总统开始同它对抗。他启用了非常时期权力——这种权力便于他采用各种卑鄙手法，逮捕了179名劳工领袖和记者。安全部队在未加指控的情况下将他们拘留了一个月。③

然而，和国家机构一样，领导者们同样面临在何种程度上拉平

---

① Johnson, *Mexican Democracy*, p. 112n.
② Pablo González Casanova, *Democracy in Mexico* (New York: Oxford University Press, 1970), p. 133.
③ U.S. Department of State, *Country Reports on Human Rights Practices for 1981*, p. 221.

(level)社会的限制。大企业生产能从国际市场带来巨额利润的商品,其他组织则提供通讯系统、受训练的人员以及其他重要的社会产品。单单来自国际和跨国行动者的需求,如支付债务和生产对国家十分重要的产品,都使得国家领导者无法随意地削弱社会中所有的权力中心。

限制同样也来自国内。国家领导者们将国家机构纳入生存政治范围,意味着国家机构为民众提供生存策略的一些重要因素的能力受到了严重限制。如果要维持社会稳定,那么,其他社会组织必须提供这些策略。在多数地区,国家领导者们选择了由地方强人领导的小型社会组织,由它们来提供此类生存策略,因为它们对政治稳定的威胁最小。资本问题则引起了国家领导者的特别困惑。生产对于创造生存策略十分关键,而生产中的规模经济则要求建立大型的、强大的社会组织,尤其是在制造业中。因此,弱国家的领导者们在寻求其缺乏动员能力的慢性病的处方时,卑鄙的手法因受诸多限制而容易失效。

将社会组织转化为国家机构

在那些卑鄙手法或无条件的取缔(outright bans)风险过大而不能采用或限制过多的情况下,弱国家的领导者们是如何对待大型社会组织的威胁的呢?自身动员能力有限的国家领导者是如何支配那些能为国家提供税收、组成部分民众的生存策略的、发挥重要作用的大型社会组织的呢?一个方法是将这些组织或其功能纳入国家机构自身或和国家联合的机构。国家社会主义——有时候称为国家资本主义——部分起源于国家领导者消除国家机构之外的主要社会权力中心的企图。许多有社会主义信仰的领导者都认为他们能通过工业国有化来消灭资本造成的可怕的社会控制及其危险的游戏规则,他们能通过一次突然袭击消灭一个可怕的社会阶级,或将其扼杀在襁褓之中。

在埃及,纳赛尔和自由党的官员们将埃及的制造业部门的生产和投资决策权从城市资产阶级成员手中转移到国家的决策者手中。经过了一场从1961年到1963年的国有化浪潮,国家拥有并经营了所有大型企业。农业之外的国有资产价值5亿埃及镑。①

纳赛尔对缺乏他自身动员能力的私人资本的担心是不无道理的。一个军队和商人的联盟1961年在叙利亚发动了一场政变,终结了纳赛尔极为看重的同叙利亚的联盟。报告同样揭示了一些埃及商人正在接近军队领导人埃米尔,以采取反对纳赛尔本人的行动。② 沃特伯里这样论述国有化背后的动机:

> 纳赛尔是一个强烈地意识到他的政权和控制的潜在威胁的领导人。他一旦预见到这些威胁(真实的或是想象的),就会先下手为强,加以制止。他明确地接受这么一个观点:至少在政治中,最好的防守就是进攻。或许他持有一个零和的权力斗争观,认为他的可能的对手的每一个资源和权力基础的减少都意味着他自身力量的加强。截断私人部门的源头之水将会通过将经济控制权归于国家,而直接地等量提升

---

① Waterbury, *The Egypt of Nasser and Sadat*, p. 75.
② 前引书 p. 74。

国家能力。①

在私人企业转变为国有企业的同时,纳赛尔发现许多旧问题以新的面目出现了。这些新的国家机构不会像其他国家机构一样产生离心力么?纳赛尔必须应对他的政权面临的一对孪生问题:其一,确保足够的、不断增长的产出,至少使得现有的生存策略能够始终有效,并将国际投资者置于控制范围之内;其二,防止在国家内部发展出威胁性的权力中心。为此,他研究了他所信任的诡计组合,为自己装备了各种控制的手段,虽然这无助于增强他的动员能力。他再次严重依赖他的任命权,试图通过行使任命权,在他对工业生产的需要和他对国有化工业中权力集中的担心之间取得平衡。

在任命新的工业管理者的时候,他必须面对那个"经典的又红又专问题":在保证忠诚的同时确保效率。② 工程师们占据了新管理者名单的最好部分,然而"在任命过程中,忠诚是和效率同样重要的因素"③。由于不能同时满足自己的两个目标,纳赛尔曾一度倾向于威胁他的企业管理者们不许建立自己的权力中心。1967年ASU 的萨布里的攻击中这么说道:"然而,事实上那些手握国有企业和公共部门企业的管理者们中多数都在以各种方法中饱私囊,同时努力使自己尽可能地呆在那个位置上。"④但是,当管理者们害怕导致工业产量下降时,纳赛尔马上站到了他们一边,并采取措

---

① Waterbury, *The Egypt of Nasser and Sadat*, p. 78.
② Baker, *Egypt's Uncertain Revolution*, p. 178.
③ 前引书,p. 180。
④ 前引书,p. 184。

施,推动国有工业部门经营权的下放。

生产的下降引起了对政权的其他各种威胁和限制,其中多数来自境外。由于工业部门停滞不前,埃及的经济状况在20世纪60年代每况愈下。一系列的国际债务危机随之而至,在1965年达到顶点,来自外部——尤其是国际货币基金组织和苏联——的国际兑换的压力尤为严重。在国内,人均收入直线下降,危及旧有的生存策略。纳赛尔随之又毫不犹豫地将他对新的权力中心的担忧抛诸脑后,采取有利于提高国有企业管理效率的各种措施。

但最终,纳赛尔对管理者们建立自己独立的权力基地的担心战胜了他对效率和提高产量的渴求。① 他这次的担心同样也是不无道理的,他采取了一系列阻碍埃及工业化的行动。"公共部门的管理者们能运用他们对生产工具的控制来巩固其已有的控制权,建立自己的独立王国,或者增加自己的权力。"②纳赛尔通过一系列措施削弱了他们的权威。首先在国有企业之上建立了多个机构:高等监督委员会、中央审计局、中央行政组织局、司法部、计划部,以及最高控制委员会。

然后他在每个企业内部增加层级,以限制管理者。ASU的督察委员会直接和间接地监视着管理者们。而在1967年,纳赛尔开始害怕ASU日益增长的控制权及其开始明显显示出来的离心倾

---

① 相反的例子出现在了巴西,彼得·埃文斯(Peter Evans)曾经写道:"地方合作者所拥有的最重要的资源是政治权力,地方合作者所拥有的最直接的政治杠杆是国有企业。"[*Dependent Development: The Alliance of Multinational, State, and Local Capital in Brazil* (Princeton, N. J.: Princeton University Press, 1979), p. 212.]
② Waterbury, *The Egypt of Nasser and Sadat*, p. 122.

向,他又增加了监督者来监视监督者。最终,每个企业除 ASU 委员会之外,都还有一个工会、一个劳资联合咨询委员会、一个董事会。"所有这四个组织都是对管理者们基本的限制,"贝克尔说,"相互竞争阻止了其中任何一方在制度框架内占据太强大的地位,但埃及却为纳赛尔的政治胜利付出了很高的经济成本。"[1]对纳赛尔来说,将有威胁的权力中心吸纳入国家组织的政策使得他不仅能更密切地监视,还有了限制独立权力中心的成长的能力。他为此付出的代价是埃及从脱离殖民统治到他死之前整个时期里不尽如人意的经济表现。

在墨西哥,采取了不同寻常的手段以控制危险的社会组织。领导者们努力将这些潜在的权力中心吸纳进执政的政党 PRI 而非国家机构之中。当然也存在一些例外,譬如将石油工业国有化并将其改造为国有的 Pemex 公司。但是总的来说,墨西哥领导者们抑制自主社会力量发展的主要做法还是将其吸纳入 PRI。

1937 年,拉扎罗·卡德拉斯(Lázaro Cárdenas)总统在党内建立了部门制度,将四个社会群体——农民、工人、军队和所谓的公关部门——组织了起来。几年后,党将军队部门除去了,但是继续保留了其余三个部门,代表三个社会群体的利益。

这个系统内关于农民的部门很有意思。虽然在很多地方,墨西哥的农民在革命中都扮演了关键角色,但是他们独立性很强的目标却使得革命领导人头疼。同样,在革命前和革命期间不断被削弱的旧式社会控制,使得农民们可以接触到基础更为广泛的社

---

[1] Baker, *Egypt's Uncertain Revolution*, pp. 189, 192.

会组织。农民的这种团结直接威胁到了革命的城市领导者们建立自身在国家中地位的努力。

对付来自具有广泛且独立的基础的农民的办法包含两个方面。首先,通过鼓励农民和那些影响范围有限的酋长们妥协而将社会控制碎片化(参见第七章)。其次,通过政党控制的社会组织。通过国家农场联盟而将农民纳入了党的体系,这成功地使得农民们在半个世纪内无法有效地组织起来并获得显著的社会控制能力。因此虽然农民们比其他群体遭受的苦难更多,但是一直没有成为不稳定的根源。"从20世纪30年代卡德拉斯总统时期开始,"格林德尔写道,"墨西哥的农民从未向政治体系提出过任何持续的独立的要求。"① 这种严格控制使得卡洛斯·查维拉(Carlos Chavira)在其小说《墨西哥的另一面》中写道:"为什么我们的政党(更像由政府伪装成的政党)在选举中作为唯一政党出现,不仅腐化并使得任何自决的行为都失效,而且本身还否决了民主呢?"② 一个墨西哥官僚向农民保证说他不会尝试组织他们。"我们从不尝试讨论任何关于'组织'的事情,这也是政府所禁止的事。你可以讲任何你想讲的话,也可以写任何你想写的东西,你甚至可以尽管批评而不受惩罚。但是如果你想组织什么人的话,那么他们将处置你。这个政府可以容忍除了组织之外的一切。"③

然而,墨西哥人对付社会中出现的独立的权力中心的办法也

---

① Grindle, *Bureaucrats, Politicians, and Peasants in Mexico*, p. 129. 也见 Dale Story, *The Mexican Party: Stability and Authority* (New York: Praeger, 1986), pp. 90 – 4.
② 引自 Johnson, *Mexican Democracy*, p. 111。
③ 引自 Grindle, *Bureaucrats, Politicians, and Peasants in Mexico*, p. 161。

存在一些问题。最突出的问题就是如何处理那些手中掌握资本的人。在20世纪30年代初期世界经济大衰退的时候,面临严重的出口困难和经济困难的时候,墨西哥领导人选择了快速工业化的政策。墨西哥领导人愿意接受在国家机构之外建立一些权力中心的风险,他们通过高关税保护的进口替代政策来推进工业化。"二战"期间,当世界市场的需求提高的时候,这些政策的后果就显现出来了。虽然这时候党的部门系统已经建立,许多在40年代涌现的有势力的工业阶级根本没有成为党员,更不用提加入各部门联盟了。①

简而言之,墨西哥的国家领导人们运用吸纳入党的方法来限制农民、工人和其他群体的独立基础的成长。然而,当这种拉拢政策威胁到经济增长和效率的时候,卡德拉斯总统选择了允许新的工业和农用工业在党和国家机构之外发展的政策。这时候,问题就变成了面临自身的动员能力不足,国家领导人允许乃至推动了集中掌握大量社会控制的大的权力中心的出现。20世纪60年代,埃及人也将经济增长让步于生存政治。墨西哥通过工业化在40多年内维持了快速的经济增长,但随之却屈服于纳赛尔式的多工业的监督和控制。那么,墨西哥领导人们阻止大型组织及其社会控制威胁他们的特权和地位的努力,又意味着什么呢?

与资本妥协

国家领导人在对付高度集中的资本时所处的尴尬的位置使得我们能很好地理解令人绝望的、经常变动的资本政策:对待外资时

---

① Hansen, *The Politics of Mexican Development*, p. 101.

而热情时而冷漠；时而对私人资本开放，时而依赖国有企业；时而放权给国有企业管理人员，时而加强对他们的控制。从进口替代到出口导向，或者从国家社会主义到鼓励私人投资政策的变化，并不是简单地基于经济考虑，而更多地是基于缓解弱国家的领导者们所面临的难题：一方面害怕在缺乏政治动员能力的情况下国家机构内外形成社会控制的高度集中；另一方面则是害怕如果损害经济效率和活力，则会导致国际压力和国内的不满。

像墨西哥那样强调经济效率高于社会控制的国家领导人，需要找到一个方法来对付新的权力中心，使其不对自身产生威胁。最明显的做法就是国家领导人通过一些有利于大资本而不利于小资本的歧视性政策来拉拢大资本。① 统治者们运用各种手段，包括给予特权、歧视性税收政策、授予国家公职、关税、收入转移支付政策、发放许可证、政府支出等，让这些权力中心的领导者们确信他们的利益是依附于这个政权及其领导者的长期执政基础之上的。

在墨西哥，许多兴起于20世纪30年代和40年代的工业家都加入了全国制造业联盟。该联盟很快成为了国家的伙伴，影响国家政策并为其成员获得特殊待遇。其他各种商人和工业家的联盟也相继成为国家的合作者。按照汉森的说法：

> 各种商业联盟和政府间的互动现在已经制度化并持续化了。联盟们经常以立法建议的形式提出其要求；或者他们在政府征询意见的情况下以提出修正案的方式表达意见。其代

---

① 关于此观点的更详细的分析，见 Michael Lipton, *Why Poor People Stay Poor: Urban Bias in World Development* (Cambridge, Mass.: Harvard University Press, 1977).

表们现在担任各种公共部门的管制和咨询委员会的职务。①

国家和资本间多样的联系纽带是一个需要专门研究的课题，本书并不试图建立一个完整的国家-资本关系的类型学。除了国家领导者和私人资本的联系之外，相关的外国资本和相当独立的国有企业管理者和国家的关系也需要认真研究。更为重要的是，国家领导者们所具有的有限选择很大程度上源于碎片化社会控制带来的政治脆弱性。与资本的妥协显示了国家统治者们如何试图在推动经济高速增长的同时保证大型社会组织的领导者不威胁政治稳定。

平衡政治稳定和经济增长的艺术对于那些能通过提取自然资源而轻易生产财富（譬如开采煤矿或者石油）的国家的领导者们而言要显得轻松很多。在这种情况下，国家领导者们能通过各种租金获得足够的税收维持各种妥协，并支付国家机构的各种开支。在其他国家，包括埃及、印度乃至墨西哥和塞拉利昂（那里石油和钻石减轻了负担）这些非食利国家，国家领导者们必须建立复杂的机构。这一方面有效提高了生产并增加了税收，但另一方面却加大了这些动员能力有限的统治者的政治风险。

作为权术家与计谋家的国家领导者

我在本章中强调了两个主要的问题：为何即使国家领导者支配了许多资源和机构，他们还是不能创建一个强国家？政治上的

---

① Hansen, *The Politics of Mexican Development*, p. 108.

脆弱会产生什么影响？答案集中在国家领导者面临的两难困境上。面对持久的碎片化的社会控制，他们自身的弱点把他们引向了一条不允许在国家机构中创建复杂组织，从而阻碍国家提升自身能力的政治模式和政策——生存政治。统治者们运用同样的政治模式和政策来阻止在国家机构之外大规模地集中社会控制。在那些政权生存所必需的复杂组织，如军队和企业中，国家领导者在牢牢控制而削弱机构的效率，以及通过妥协放松控制的差别性国家政策之间变动。他们还试图通过让一个机构反对另一个机构，来取得权力平衡。

许多国家领导者都为自身留下了操纵国有企业、地方资本和跨国公司之间平衡和妥协的余地。通过有效地运用预算和其他特权，能使那些控制资本的人必须依靠现有政权、取悦领导者以确保自身的优势地位。在萨达特的埃及，国家和服务于外国资本的地方企业紧密地联系在了一起，以至于模糊了二者的界限。[1] 然而，我们不能错误地将国家领导者的此类策略和取得规则制订权乃至有效的国家自主性相等同。只要社会控制的碎片化继续存在，阻碍国家领导者形成有效的大众政治动员，那么，统治者只能成为权术家和计谋家；他们在运用国家资源来强化旧有的财富和权力分布时，必须在权力中心之间建立和重新建立联盟。这种机制可能有时会促进经济增长，却无助于创建一个更有能力的自主性国家。

---

[1] 见 Nazih N. M. Ayubi, "Implementation Capability and Policical Feasibility of the Open Door Policy in Egypt," in Malcolm H. Kerr and El Sayed Yassin, eds., *Rich and Poor States in the Middle East: Egypt and the New Arab Order* (Boulder, Colo.: Westview Press, 1982), pp. 352-55。

第七章　相互妥协的三角关系：
政策执行者、政客与强人

政策执行者

政治金字塔顶端的政治模式(style)会对其下层政治——受命执行政策的官僚们——产生很大的影响。天高皇帝远,政策执行者们往往是远离国家领导人视线的,他们甚至是远离他们所处机构的领导人的视线的;他们也无力建立一个能危及国家领导人地位的权力中心。但是,他们却决定着谁的权威和规则——国家的还是强人的——能支配一个地方。不幸的是,政治社会变迁的学术性文献很少关注这些政策执行者。① 生存政治对他们的间接影

---

① 失败的原因通常很少被归咎于这些参与者。范·米特(Van Meter)和范·霍恩(Van Horn)在他们关于国家政策失败的讨论中写道,"很多观察家"错误地指向了"未充分计划或者项目本身的不充分"[Donald S. Van Meter and Carl E. Van Horn, "The Policy Implementation Process: A Conceptual Framework," *Administration and Society* 6 (February 1975): 449]。

响、他们在政治执行的中心地位(centrality),以及对他们所面临的社会和政治压力的计算,都使得政策执行者们处于一个能影响国家能否实现其领导人期望的关键位置。

那么,这些执行者是一些什么样的人呢?格林德尔这么描述他们:

> 一群负责在一个特定的、相对狭小的领域——一个国家、地区、省份或者城市地区——执行计划并就执行结果对其上级负责的中层官员。这群个体——身处基层管理的第一和第二等级官员,维持着和国家或地区性领导人的经常性联系,但同时也有和地方政府机构中的庇护者和计划的反对者打交道的场合。这些中间层级的官员们在实行其计划时有很好的判断力,即使不在其正式职责之内,他们对单个的分配决策还是拥有决定性的影响。①

简而言之,政策执行者们战略性地处于国家高层政策制订者和大多数民众之间。他们是把国家资源从主要车站和首都运送到全国各地的村庄、城镇轨道上的重要扳道工。他们的任务是将高层政治领导人的目标和意图渗入遍布社会的国家机构中。如果没有执行者的话,国家领导人无法将其规则加诸他人。举例而言,在墨西哥,750多个国家机构、公有企业、国家委员会和发展联合企业使国家呈现在社会的每个角落。国家领导人通过为实现政策目

---

① Merilee S. Grindle, "The Implementer: Political Constraints on Rural Development in Mexico," in Grindle, ed., *Politics and Policy Implementation in the Third World* (Princeton, N.J.: Princeton University Press, 1980), p. 197.

标——更广泛而言则是国家制订的规则——而实施的计划和手段,掌控着这群中层公共行政官员。也即是说,政策执行者们接到领导人的计划、立法和政策宣言,按这些方针行事,并使之成为人们日常行为的规则。这些国家职员必须使政策能在基层得到落实。

职位本位①、风险与政策执行

和位居其上的国家领导人一样,政策执行者们也能用一个简单的风险分析模型进行分析。他们在改变游戏规则中的主导地位,使得他们必须面临来自四个群体的压力和风险。很明显,他们首先必须要考虑其监督者。毕竟,这些监督者们在实现目标的同时还必须监督这群下属。其次,计划所要面对的当事人——那些按计划是要受益于或受制于政策涉及的规则变迁的人们——也对执行者施加压力。第三,来自其他国家机构和国家主办的政党(如果有的话)的区域性行动者——也就是那些同一级别的政客和官僚们——也对其辖区内分配资源和调整国家的规则保有浓厚兴趣。最后,诸如领主、放贷人、地方商人等影响当地民众生存策略和行为规则的非官方的地方领袖和强人;政策执行者们通过新政策包含的国家规则和战略而危及他们的社会控制。

在穿越由这些群体造成的压力和交叉压力构成的迷宫时,执行者们首要的动机是职位本位——保住职位和升迁的考虑。职位

---

① 原文为 careerism,可译为功利主义或名利主义,但本文结合上下文,将其译为职位本位,指以保住职位、追求职位作为自己的主要或者唯一目标。——译注

本位为执行者们提供了一套标准来衡量压力、评估任何可能影响其仕途的因素。那些问责和控制较强的机构,尤其是那些监督者们将保护其官员不受外部群体压力影响的机构,倾向于具有更高的道德准则,并按法律和政策宣言行事。莫顿·赫尔普林(Morton Helperin)这样描述那些动机强烈的人:他们确信,或至少认为"我们所做的一切十分重要,能够增进国家利益"①。即使这些地方,职位本位也很突出。哈柏林认为,"最重要的是,职业官员们必须相信组织里还有升迁的空间并保护其升迁机会"②。我们还能加上较为次要的另一面:职业官员还必须相信组织会保护其不会因反对者的攻击而被驱逐或降级。

弱国家顶层的生存政治极大地削弱了国家的内聚力、问责和控制。首先,不基于能力任用机构领导人——譬如说,基于对统治者的忠诚或种族联系的录用——侵害了官僚制度的有效运作和监督能力。同样,它还削弱了机构人员目标和动机的一致性,这些目标和动机源自按方针行事有助于实现国家目标这一信念。

其次,或许也是更重要的,经常性的机构领导者的调动也对政策执行造成了毁灭性的影响。新的机构领导人带着其自身的政策议程而来;就本质及其对现存规则的攻击而言,政策对那些从他们自己制订的既存规则中获益的强人形成了威胁。执行者们必须和这些强人争斗,这样也冒了被他们攻击政策甚至危及他或她的职位的风险。执行者同样需要取得同级官僚、政客和政党领导人的

---

① Morton H. Helperin, *Bureaucratic Politics and Foreign Policy* (Washington, D.C.: Brookings Instituion, 1974), p.54.
② 同上。

第七章 相互妥协的三角关系：政策执行者、政客与强人

合作以推行政策，而这需要支付相当的政治资本。当大洗牌使得执行机构的领导人的调进调出——这也意味着政策议程的变化——变成每个月都会发生的事情时，执行者们也不愿面对强人们所能发挥出来的强大压力。他们不愿支付高额成本以取得同侪的合作来推进一个很可能和其发起者一起消失的政策；当新的领导者上任的时候，毫无疑问，会带来新的、强烈的、需要优先考虑的政策。

执行同一个任期可能只有几个月而非几年的机构领导者高度相关的政策，对执行者，尤其是其职业前途而言，要冒的风险太大了。如果他或她在政策创立者或机构领导者转向其他问题后很可能出局的话，没有一个关心职业前途的官僚会希望他/她本人被认为是某项国家政策——无论其受欢迎程度如何——的狂热追随者。

简而言之，我认为社会结构对政策执行有很重要的直接影响。我们已经讨论过一个社会控制碎片化的社会是如何造成生存政治盛行的。紧接着，我提出如下假设：生存政治会削弱来自监督者的制裁的支持和威胁力度，从而使得执行者更关心和强人及同级官员相关的职业风险。结果则是进一步削弱了国家支配人们行为的能力。在如塞拉利昂那些社会控制严重碎片化、国家动员能力十分低下的国家中，以国家对执行者的控制和监督能力衡量的国家内聚力十分低下。那些国家领导人宣布的意图和人们所摒弃的规则正好一致的国家是最弱的国家。在诸如埃及、印度和墨西哥这些能力中等的国家里，国家对其机构有比塞拉利昂更强的监督能力。在政策落实到具体机构时，如安东尼·唐斯（Anthony

Downs)所言,任何一个国家都注定会有"权威的渗漏"①。在问责和控制被削弱、大洗牌或类似"行动"耗费了高层领导人大部分精力的国家,比如塞拉利昂,渗漏可能会变成大量流失。

在埃及、印度和墨西哥,虽然不仅仅存在着权威的渗漏,但国家对地方政府还具有实质性的影响力。在这些地方,执行者们的职位本位使他们抵制上面传达下来的政策。他们的抵制基本上采取巴尔达赫所谓的形式主义:"公开形式上显得是在努力为一个项目做贡献,私下则只是稍微做一点(象征性的)贡献。"②然而,如维克托·阿扎亚(Victor Azarya)和内奥米·蔡赞(Naomi Chazan)讨论发生在加纳和几内亚的个案那样,形式主义并不会简单地导致国家和地方社会的脱离。③ 而我们将会看到,形式主义还会将国家资源和制度强加于国民的日常生活和生存策略中,它们遵守的规则与官方规则和政策宣言截然不同。

学者和援助官员们都发现了第三世界国家官僚的懒惰、缺乏意志、不愿承担改革的义务等诸多毛病。但这些学者对官僚们面临的使得他们如此"懒惰"和"不负责"的压力的病理学缺乏关注。公共政策的成功不会因为执行者们采取"新的训练",或因为新的管理技术的运用而水到渠成。事实上,弱国家行政管理的政治是

---

① Anthony Downs, *Inside Bureaucracy* (Boston: Little Brown, 1967), p. 134.
② Eugene Bardach, *The Impelementation Game: What Happens After A Bill Becomes Law* (Cambridge, Mass.: M. I. T. Press, 1977), p. 98.
③ Victor Azarya and Naomi Chazan, "Disengagement from the State in Africa: Reflections on the Experience of Ghana and Guinea," *Comparative Studies in Society and History* 29(January 1987): 106 - 31.

第七章 相互妥协的三角关系:政策执行者、政客与强人

政策执行问题的核心所在。①

如何阻挠传达给其监督者和机构领导的、指出执行者们并没有在处理问题的向上的信息流,是职业政策执行者们面临的一个主要困扰。如巴尔达赫指出的在美国的情况那样,"许多精力被用于避免责任、监视和批评。"②这个归纳更适用于第三世界的官僚们,在那里,位居顶层的领导人对生存政治的一贯关心使得高层官僚们对那些不能就地解决问题的政策执行者们更没有耐心。执行者们必须仔细考虑谁可能会向上传达于己不利的信息及如何阻止这些信息的传达。

在埃及的一个村子里,村子官方领袖萨米尔发现,将国家的规则加于地方会使自己冒很大的风险。村子里的强人安瓦尔要求给他更多的肥料和杀虫剂,萨米尔拒绝了,并按照官方的原则分配了国家资源。合作社的头子,一个贫农,也是安瓦尔的忠实追随者,起草了一份控诉萨米尔的正式文件,并让合作社的其他文盲贫民们也在上面签了字。到目前为止,萨米尔还是经受住了对他的挑战。③ 然而,像任何一个地方的官僚一样,他也必须避免显得自己未能管理好其所处的环境。在像埃及这种主要由生存政治造成的来自官僚体系上层监督者的支持不足的情况下,认识到骚乱是因

---

① 第一个指出第三世界国家中政治的特征对管理机构的影响的是 Fred W. Riggs, *Administration in Developing Countries: The Theory of Prisatic Society* (Boston: Houghton Mifflin, 1964),特别是 pp. 55-6。
② Bardach, *The Impelementation Game*, p. 37.
③ 这个个案摘自 Richard H. Adams, Jr., *Development and Social Change in Rural Egypt* (Syracuse: Syracuse University Press, 1986), p. 85。

正常执行命令而引起的,对执行者们而言只是一个很小的安慰。①

社会项目的"目标客户"们并未给执行者们造成最严重的威胁。以安瓦尔的村子中的贫民为例,一般而言,他们缺乏将执行的失败公之于众的联系和手段,也不能将执行不力的毁灭性信息上报并影响高层的国家领导人。控制这些政策的对象的更为关键的因素是他们都依赖于当地的社会舞台。② 强人们的社会控制源自他们所能提供的包括(可能是远远不足的)具体的服务和货物在内的生存策略。正如埃及农村的一个贫穷的农民所说的:"当然安瓦尔是很吝啬的。但是我又有什么选择呢?我不能挨饿啊。"③

贫民们为其少得可怜的所得所付出的代价之一是保证强人是他们和国家官员打交道时唯一的发言人。在20世纪50年代墨西哥的一个村子里,保罗·弗里德里希(Paul Friedrich)发现,佩德罗·卡索(Pedro Caso),一个较为富裕的酋长,在最高层次——合法性——上建立起了他作为农民和官员的中间人的地位。卡索令人羡慕地维护着村子和"牧师、外面的债权人及'其他剥削者们'的外部联系"④。

> 首先而且也是最重要的……使他的地位合法化的是显示

---

① 埃及官僚机构中缺乏监督的一个标志来自报纸的文章,见"Cairo Journal: Bureaucrats Toil (27 Minutes a Day)," *New York Times*, July 20, 1987。
② Milton J. Esman and Norman T. Uphoff, *Local Organization: Intermediaries in Rural Development* (Ithaca: Cornell University Press, 1984), pp. 182-84.
③ Adams, *Development and Social Change in Rural Egypt*, p. 83.
④ Paul Friedrich, "The Legitimacy of a Cacique," in Steffen W. Schmidt et al., eds., *Friends, Followers, and Factions: A Reader in Political Clientelism* (Berkeley: University of California Press, 1977), p. 277.

他的才干或个人优越性的各种表现——在处理农业法规时作为一个有相当灵活手段的明晰的发言人,处理人际冲突时作为一个精于世道的仲裁者,作为一个严厉而且坚决的竞争者,但温和地使用中伤手段……佩德罗的行为不是因为道德上的好坏或为其公众带来的好处而被合法化,而是因为它们满足了一套必须满足的、关键的非道德问题:他的领导能力和在发命令、控制社区方面的有效性。[1]

诸如佩德罗·卡索之类的强人的农村或城市里的依附者们,依附于这些觉察到国家的社会政策正在危及他们自身的社会控制的强人们。国家并不是将自由流动的人口作为社会政策的目标,而是那些易受地方上咄咄逼人的强人们影响的常住居民。潜在的政策受益者们面临无法继续租到土地、无法得到贷款、丧失工作,乃至被暗杀的风险。他们现有的生存策略使得他们不敢抗议阻碍他们从国家政策中得到应得的好处的行动,也不敢站出来指控政策执行过程中的破坏者。更有甚者,对于强人们起重要作用的削弱其生存策略的担心,使得弱势的工人和农民们不敢和政府官员冲突以争取他们应得的那份。

当接受服务的人们(客户)因恐惧而静止不动、而监督者们则陷于生存政治而自顾不暇时,最可能威胁政策执行者的群体就是他们的同级官员和地方强人。执行者们经常面临和这两个群体之

---

[1] Paul Friedrich, "The Legitimacy of a Cacique," in Steffen W. Schmidt et al., eds., *Friends, Followers, and Factions: A Reader in Political Clientelism* (Berkeley: University of California Press, 1977), pp. 274 - 75。

间的一系列复杂的妥协。地方强人们通过他们掌握的社会控制而对国家和政党的人员行使着关键的职能。他们制造选票(如果当地有选举的话),维持稳定并提供联系村民的渠道。作为回报,强人们也从官员们那里得到特殊的好处。

和其他任何地方的强人们一样,佩德罗·卡索酋长通过与当地国家和政党官员们建立联系而扮演了一个重要的中间人角色,并运用这些关系作为加强他对村民的社会控制的新的资源。"佩德罗试图通过宣扬他和政治上有权势的人们——附近教区的教父,以及'诸如前国会议员马达里加·罗伊斯(A. Madariaga Rios)之类的很好的朋友'——的友谊,来使其地位合法化。"①佩德罗·卡索这些酋长们也为他们从官方认可他们地位中得到的资源支付了代价:他们必须保证足够的支持革命制度党的选票,保证 CNC(官方的农民联盟)有很多的会员参加,平息争议等等。

CONASUPO② 个案

肩负实施一套新规则任务的官僚们面临的不只是地方强人,还有强人和其他能严重危及其职业的国家和政党官员之间的强大的地方性联盟。20 世纪 70 年代发生在墨西哥的执行新农业政策

---

① Paul Friedrich, "The Legitimacy of a Cacigue," in Steffen W. Schmidt et al., eds., *Friends, Followers, and Factions: A Reader in Political Clientelism* (Berkeley: University of California Press, 1977), p. 275.
② CONASUPO 是墨西哥一个负责进口粮食、分配国内储存和通过支付生产与消费补贴的方式调节市场价格的政府机构,1999 年被撤销。——译注

第七章　相互妥协的三角关系：政策执行者、政客与强人

的经验显示了这些官僚面临的压力的一些来源。① CONASUPO，一个旨在保护消费者、规范大宗产品市场的国家机构，成了新的农村政策的急先锋。这一政策旨在通过推动农民进入现代商业化的农业部门而提高农民的过低的生产能力。该机构的一个研究组在1972年就指出了墨西哥农业种植者的问题所在，"他必须生产出剩余产品，保留剩余产品并最终将其投资于提高生产力的措施中。但问题是墨西哥农民们生产的每一份剩余都被靠剥夺农民为生的个人或群体榨取了"②。

CONASUPO 解决这一问题的方法直截了当：打破强人对农民经济的控制。正如 CONASUPO 的官员们所说的那样，他们的目标是"使他们的机构和酋长像山狗一样灵活、敏捷"③。他们试图让冲突环境中的对立双方——国家和强人，进行直接的面对面的争夺社会控制的斗争。具体而言，在机构领导者们的计划中，CONASUPO 应该直接提供现在由强人们提供的各种物品和服务，包括消费品、农业投入品、医疗保障、市场服务、信贷、农产品相关服务（譬如储存和运输），以及投资建议。

1973年，CONASUPO 在墨西哥的31个州分别建立了机构，来监督旨在提供这些物品和服务的一系列计划。它从一开始就向所有执行者们传递了一个明确的信息：不能有任何公开的丑闻。

---

① 下面的个案主要来自 Merilee S. Grindle 的杰出著作 *Bureaucrats, Politicians, and Peasants in Mexico: A Case Study in Public Policy* (Berkeley: University of California Press, 1977)。
② 前引书，p. 86。
③ 前引书，p. 161。

317

CONASUPO 早在 20 世纪 60 年代末就是报纸里的管理不当和丑闻的来源。① 机构的头脑们现在已经不愿容忍报纸的轰动报道了。正如塞拉利昂的英国殖民官员在一个世纪前所做的那样,墨西哥的官僚们现在也必须充分地控制当地环境,以避免不利消息传到他们的监督者那里。

执行者们的风险来自哪里呢？压力并非来自新的农业政策的潜在客户们,而是来自同级的国家和政党官员,以及包括商人和酋长在内的私人部门的强人。州长和商人都有使毁灭性消息向上传达的联系渠道,譬如说地方报纸;酋长们同样建立起了强力的关系。格林德尔这样描述执行者的风险计算:"对他的最重要的地方性需求来自私人部门、州长,以及其他重要的地方性政治力量。同时,他的表现还为CONASUPO的总部领导者们重点关注着。这些要求可以分为两类:第一类是执行中央制订的政策,第二类是在不产生丑闻的情况下解决地方层次的问题。"②

地方长官的支持基础是他们和那些依靠他们去修改CONASUPO计划的当地强人之间的妥协;在不危及他们自身社会控制的前提下,地方长官把他们的工作重心放在执行者身上。在地方长官对CONASUPO的执行者有建议权的时候,他对执行者的影响力会得到提升;他们努力阻止执行者成为那些在生存线上挣扎的农民的支持者,因为这对他们而言是非常危险的。一个社区工作者说:"CONASUPO试图打碎那些同革命制度党、CNC结

---

① Kenneth F. Johnson, *Mexican Democracy: A Crytical View* (Boston: Allyn and Bacon, 1971), pp. 105 – 7.
② Grindle, *Bureaucrats, Politicians, and Peasants in Mexico*, p. 129.

盟的酋长们及其后代的权力。这样做本身包含一定的危险,在许多农村地区,人们还是经常佩带手枪以应付此类威胁。"①

最后,地方长官、酋长和地区商人施加给执行者的压力远大于上级施加的"执行中央政策"的压力。当六年一度不可避免的大洗牌临近时,CONASUPO 的首脑和其他墨西哥的机构首脑一样谨慎万分,努力想在下一届政府中找到新的职位。他们的重点从政策执行转到了在地方层面保持一定限度的行动。对于执行者而言,这只是提高了地方势力施加于他们的风险而已。CONASUPO 替换酋长权力的宏大计划最终在执行层面以失败告终。

在那些国家高层盛行生存政治的地方,中层的行政人员发现他们面临的压力同样发生了变化。没有一个国家能在缺乏能推进国家社会控制、规则和生存策略的地方代表的情况下,取得国家的优势地位。而执行的质量反映了国家领导者们动员支持和支持分化了的、复杂的机构成长的程度。当国家领导者们在国家高层削弱这些机构时,底层的执行能力也被削弱了。

相互妥协与地方政府被俘获

国家至少在两个层次上成了相互妥协的大舞台。第一个层次涉及顶层的国家领导本身。正如第五章和第六章中所讨论的那样,统治者们和两类他们未能直接影响的社会控制相妥协。就地方强人(如埃及的中农和富农)而言,统治者们以一种允许强人们

---

① Grindle, *Bureaucrats, Politicians, and Peasants in Mexico*, p. 160.

建立自身社会控制的领地的放任自由政策来换取强人们能确保的社会稳定。这些领导人们同样也在处置更为集中的社会控制——所谓的权力中心,尤其是那些组织化的资本和安全机构。他们之间的妥协很大程度上来自一系列的歧视性和(或)优惠政策。

第二类妥协则发生在地方和地区层次。在那里,政策执行者、他们的同级官员(尤其是区域性政客和政党官员们),以及强人,在一个政治、经济、社会交换网络中相互妥协。他们之间的交易决定了分到该地区的国家资源的最终配置,并型塑了国家机构深入乡镇却无法实现原定目的的讽刺性本质。

对于那些关心第三世界社会是如何统治、政治对社会变迁有何影响的学者们来说,地方层面的事例经常会提供丰富且有益的启示。在这里,国家通过其执行者们而卷入了和地方强人之间的交易关系中。同时,国家内部的或党政之间的交易也发生在政策执行者和其他国家和政党的官员之间。这两类相互联系的交易可称之为相互妥协的三角。其结果则是意想不到的国家-社会关系——至少对于那些只观察首都政治的人而言是意想不到的。在首都设计出的国家政策的实际影响,可能和那些只观察已实施的政策及可能会影响这些政策的众多国家机构的学者们的预期大相径庭。观察者们往往太易于假设"一旦一个政策被政府'制订'出来,政策就将被执行,而且最终的结果也将和政策制订者们所预期的接近"[1]。

---

[1] Thomas B. Smith, "The Policy Implementation Process," *Policy Sciences* 4 (June 1973): 198.

第七章 相互妥协的三角关系:政策执行者、政客与强人

格林德尔将墨西哥地方政治网归纳为"一个妥协和回报的系统"。她的 CONASUPO 个案显示了这个体系是如何最终使得大量资源按照一种和 1972—1973 年时国家计划截然不同的方式被分配的;而 CONASUPO 本身就花费了 5% 的国家预算。"在地方层级,正如 CONASUPO 这一国家的代表所显示的那样,地方长官、代理人、议员、市政长官以及村庄领导人都通过动员和提供其追随者们的支持而服务于政党,并因这些行为而得到各种政府控制的物品和服务,这些物品和服务往往通过官僚机构而流动。"①

组织化的社会利益、官僚和政客之间的明暗交易几乎是当代任何一个国家的特点。即使在法国等强国家中,也很难发现能如此轻易地执行一项政策——教育部长可以很有信心地保证,就像一句谚语所说的那样,法国的任何一个孩子在任何时刻都必须学习哪本课本的第几页。更多的情况是,地方利益和地方官员能通过他们的讨价还价而扭曲这些规制。但是他们曲解政策制订者的目标的能力是很有限的,因为监督者是严厉的,而且服务的接受者们可能因政策改变所引起的损失而闹事。而在弱国,这种制约是很微弱的,而讨价还价会导致国家资源使用的重大扭曲。因为监督者身陷生存政治而造成的无力监督和客户的缺乏权力,改革取向的政策给执行者、同级政客和强人之间很大的讨价还价的余地,而更少地受上层官员的权力和下面的大众的需求所限制。相互妥协的三角会变成一套制度化的关系,偶尔才被其他势力所侵犯。

毫无疑问,关于国家到底该做什么的国际性标准影响了各个

---

① Grindle, *Bureaucrats, Politicians, and Peasants in Mexico*, p.179.

层级的官员们对于国家目标的认识。顶层的国家领导人,由于和国外机构有广泛和强烈的联系,更倾向于关于他们的国家到底应该能做什么的外部标准。他们的计划,如 CONASUPO 在 20 世纪 70 年代的新的农业政策所显示的那样,以及他们的雄辩,都描绘了一个国家和反动的强人之间的持续冲突的环境。譬如说,墨西哥革命制度党的主席在 1972 年发表了这样一个公开演讲,声称"没有一个统治者能把对他的支持基于部落……在我们这个时代,酋长统治必须消失"①。我们不能轻易地忽略这些雄辩。即使像埃及的纳赛尔和印度的甘地这样的最高领导人,他们也都同时使用了民粹主义的战略来坚持强调这些强人们的非法性。他们通过他们和民众的直接交流而再三断言他们的委托者们的行为掩饰了什么:政策执行者们表面上认同国家的改革者角色,暗地里却和强人们狼狈为奸。

通过支持国家符号的民粹主义网络而实现的国家领导人和民众的直接联系通道以及民众联系国家的渠道,和真正支配着国家资源的支出以及国家政策部署不受妨碍的相互妥协的三角最终走向了共存。在一些重要的方面,通过大众传媒和选战等方式而得到支持的国家符号,成了民众生存策略的一部分。但是,这些符号被以一种有利于强化强人制订的游戏规则的方式而被这些折衷的生存策略改变和重新阐释了。一个埃及的贫民可能会很尊重纳赛尔,参加埃及民族主义的示威,但这并不妨碍他在忠实地运用国家

---

① 雷耶斯·赫罗勒斯(Reyes Heroles)引自 Wayne A. Cornelius, "Leaders, Followers, and Official Patrons in Urban Mexico," in Schmidt et al., eds., *Friends, Followers and Factions*, p. 349。

的规则时,在控告萨米尔的信件上签名。

我在第一章提出的概念——伴有国家和强人掌控的组织之间不断的、充满敌意的持续冲突的环境——必须作一些修改,才能反映一个更复杂的环境。国家和强人之间的冲突在国家领导人的宏伟计划和雄辩中体现得最为明显。然而,国家领导本身也可能会和那些他经常在演讲和口号中攻击的人和群体达成含蓄的妥协。同样,国家并不只是由领导人构成的。国家的各个部分、政策执行者、地区性的政客,以及强人之间的妥协同样意味着冲突的环境和国家机构包容乃至支持和国家法律法规冲突的规则的制度安排的共存。正如韦恩·科尼利厄斯(Wayne Cornelius)所说的那样,墨西哥的低级政府官员、执行者和党的干部对酋长的看法不同于公开的宣言。国家和党的官员们

> 被他们的上级寄予了很高的期望:维持其辖区内的政治和社会控制、确保革命制度党选民的高投票率和其他各种支持政权的参与。酋长们发现,他们由于能帮助官员们做好这项工作,而能在他们辖下的小区域(无论是城市还是农村)轻易地获取并把持权力。①

印度的政策执行的精英揭示了地方和地区层级的类似的妥协。韦纳写道:"(政治)体系给了地方上的某些能经常阻挠国家政

---

① 雷耶斯·赫罗勒斯引自 Wayne A. Cornelius, "Leaders, Followers, and Official Patrons in Urban Mexico," in Schmidt et al., eds., *Friends, Followers and Factions*, p. 350。也见 Antonio Ugalde, *Power and Conflict in a Mexican Community: A Study of Political Integration* (Albuquerque: University of New Mexico Press, 1970), p. 122; and Fridrich, "The Legitimacy of a Cacique"。

策的个人很大的权力。"①即使国大党试图像殖民地时期那样建立和国家平行的机构,但缺乏和印度的主要民众——农民——的直接联系渠道。独立之后,国大党严重地依赖各种各样的强人以赢得选票。其中最为重要的是那些富农,他们不只是在当地掌控着社会控制,而且还作为一个团体有效地游说联邦,并在政党政治中扮演重要角色。国家、政党和强人的相互交织的关系网和相互妥协的三角,最终决定了印度国家机构在地方和地区层级的行动的性质。即使当英迪拉·甘地在20世纪70年代试图使她自己从对强人尤其是富农的依赖中解脱出来,而直接诉诸选民时,这个相互妥协的三角也被证明是难以战胜的,除非冒着承担政治不稳定这一无法接受的成本的风险。

国会中的雄辩和国家的实际行动之间的鸿沟,尤其是涉及广大农业地区时的鸿沟,早在20世纪50年代就成了一个辩论的主题。尼赫鲁创制了农业改革政策以使得农民能直接享受到国家的好处。印度的国家发展委员会追随尼赫鲁的领导并通过了一个新的扩展了的合作发展计划。尼赫鲁和他的计划者们希望合作耕作和农民主导的村务委员会机构会把农民直接和国家联系起来,而避免受国家物品和服务分配的中介者的影响。弗兰克尔这么归纳新的计划:

> 制度变迁,尤其是农村合作的组织和村务委员会……在

---

① Myron Weiner, "Motilal, Jawaharlal, Indira, and Sanjay in India's Political Transformation," in Richard J. Samuels, ed., *Political Generations and Political Development* (Lexington, Mass.: Lexington Books, 1977), p. 72.

第七章 相互妥协的三角关系：政策执行者、政客与强人

农业资源动员中被赋予了核心角色。计划者们设想每个村务委员会能制订本村的生产计划，以保证所有耕种者都能得到资助以改进农业投入，并使整个社区都开展固定资产的建设，如挖渠道、挖储水池并加以维护，以及修建堤坝。①

尼赫鲁自己则描述了一个不通过中介而直接和那些能从合作化农业政策获益的人联系的图像。"我将从一块土地到另一块土地、从一个农民到另一个农民地请求他们同意这项政策。因为如果他们不同意，我将无法将其付诸实施。"②

那些在农村地区建立了社会控制的基地并在国会有影响力的富农们，十分害怕这一海市蜃楼的改革。他们运用他们在国会中的位置首先大大修正削弱了关于计划的立法。而当计划最终执行时，他们的角色导致了计划和实际的制度变迁之间巨大的差距。在主要的偏离点——州（省）级——是由富农、国家的区域性政客和执行者们，以及国大党成员们组成的强大的相互妥协的三角。他们之间的妥协导致了尼赫鲁国会中压倒性的（反对该政策的）多数票，并改变了地方层级的游戏规则，挫败了国家农业合作政策的意图，并强化了对尼赫鲁的目标持敌意的强人。

作为唯一有渠道得到充足的资源——通过积蓄或低息贷款——来冒险尝试采用新的种植方法的种植者，富裕的农民们更早地获得了街区发展官员们所授予的村中"先进"农民的

---

① Francine R. Frankel, *India's Political Economy, 1947—1977: The Gradual Revolution* (Princeton, N.J.: Princeton University Press, 1978), p. 182.
② 前引书，p. 167。

称号,并由此成为社区发展机构和更为"落后"的农民之间的联系人,而掌握"社区"资金和服务的可得性。①

和埃及一样,印度和墨西哥的国家领导人和国家机构的首脑们也创立了旨在消除中介人并建立起直接的社会控制的复杂的农业政策。然而,具有讽刺意味的是,虽然国家机构都深深地渗入了农村生活中,但是他们带来的这些机构和资源却强化了强人们的社会控制。国家资源确实都被分配到了村庄,但是强人们按照他们自己的标准而非国家立法所规定的标准,来分配这些资源,从而强化他们的社会控制。强人们也是受到限制的;他们并不能随心所欲地实施他们的权力。地方性的相互妥协的三角就像限制其他派别一样,把他们的行为限制在所达成的协议之内。

地方性的相互妥协的三角意味着没有任何一方——政策执行者、地方政客或者强人——能够垄断权力。地方政治反映了每个行动者的还价能力。如我们讨论的那样,执行者们防止了毁灭性消息的向上传递和上级的严格审查,但他们得到的不止这些。由于他们手上掌握着国家划拨的众多资源,他们在地方政治上占据了一个强力的讨价地位。在负责性和控制对那些机构还有些意义的地方,他们通过限制他们分配的资源的用途的选择范围,来保护自己的职业前途。而在那些缺乏上级的有效监督和支持的地方,很多人运用手中的权力谋求个人的私利,置政策全面性的目标于不顾。

---

① Francine R. Frankel, *India's Political Economy*, 1947—1977: *The Gradual Revolution* (Princeton, N.J.: Princeton University Press, 1978), pp. 197-98.

第七章 相互妥协的三角关系:政策执行者、政客与强人

在印度,对执行者的监督的恶化导致了这样的局面:"警察局、法院、国家和地方税收部门,以及发展服务机构,乃至于自我标榜的印度行政服务的官员们,都卷入了(经常是有固定价格和等级酬金的)出卖权力的漩涡之中。"①在坦桑尼亚,监督是如此的松弛,以至于一个观察者发现众多的情况下很多项目都没有执行记录。

> 无法确定首都德累斯萨拉姆或地区首府的档案中记载的成就是否存在。处于来自中央的创造出发展成效压力之下的政治系统,倾向于发展出有自身特色的妥协。到目前为止,最为普遍的妥协是简单地向那些根本不知道地方情况的监督者们传送假的或夸大的发展成就报告。②

无论监督是荡然无存还是根本未受破坏,地区和地方层级的管理者们在决定谁得到什么、其他人能以此做什么上,却始终是主要的行为者。国家的官僚机构不能不成为地方资源分配中的一个主要因素。国家权力的局限性当然就是资源的分配可能会远远背离首都的法律描述和政策宣言。

行政区领导、州的地方长官和地方政党领袖——地方和地区的政客们,面临着与政策执行者们相同的问题和机遇。上级的监督越严,他们越需要注意自己的行为。而当监督很松时,他们能运用手中的财政自由处置权、他们和国家顶层领导人的联系,以及手

---

① Francine R. Frankel, *India's Political Economy, 1947—1977: The Gradual Revolution* (Princeton, N.J.: Princeton University Press, 1978), p.203.
② Clyde R. Ingle, *From Village to State in Tanzania: The Politics of Rural Development* (Ithaca: Cornell University Press, 1972), p.254.

中可支配的力量来谋取个人的私利。然而，和执行者们一样，地方政客们同样害怕毁灭性的公开，并依赖那些掌握着有效的社会控制的强人们来实现他们需要的各种动员。

或许相互妥协的三角中最有意思的角色是强人。他们必须依赖从合同到新闻稿的各种国家资源，以维持他们各自的民众对他们的依附。虽然他们掌握的社会控制使得强人们能对国家提出各种要求，但他们自身分散的领地、碎片化的组织和规则，同样损害了他们自身；当然并非是在所有国家中，但确实是在一些国家中，强人们甚至在首都都成为了一股很有影响力的势力。但多数情况下，强人们无力在自身中形成一个有力的组织，这意味着从国家机构中渗漏到他们手中的资源的真实数量也相对较少。在多数国家中，他们无力和社会中的主要权力中心——资本、大型工会和职业团体——竞争，以从国家获取不成比例的好处。他们碎片化的社会控制同样使得他们不能对一个动员能力不足的弱国家施加和一个更为一体化的、拥有更强动员能力的权力中心（如工业资本）那样的威胁。其结果则是，强人们看到国家机构从他们的地区汲取了不少财富，而他们却只能从国家返还给当地的资源中提取很少的份额。

简而言之，由于强人们能很好地维持他们的社会控制，在任何一个希望维持稳定的政权中，出于自身利益的考虑，国家领导人没有任何动机去把大量的国家资金投到强人们控制的地区。因此，国家在贫穷的农村或城市贫民区提取的资源可能很多，但在像埃及和墨西哥这样的国家里，强人们从国家财政中获得的好处却很少。更大比例的资源留在了更强大的、能直接威胁国家领导人的权力中心,如私人工业或国有企业中。只有在印度,由于富农们有效地形成了一个全国性的游说团,因此在国家财政中能获得相当一部分好处。

然而,印度毕竟只是这方面的一个特殊例子。在其他国家如墨西哥和埃及,国家从这些分散的强人控制的地区汲取了大量的财富。汉森注意到了和那些墨西哥城里人相比,酋长们在宏观层面还是相对缺乏权力。

> 只要在农业扩展计划、合作资金、农村和城市教育、住房供给和其他福利项目上稍微有所支出,政府就能把其有限的资源的大部分和主要的发展计划联系起来……同样地,国家旨在鼓励扩张私人投资的多数政策往往以牺牲劳工和农场工人的短期利益为代价,并将增长的果实集中在了一个新的工业-农业精英手中。①

更大的权力中心发出了最大的声音,并因此得到了最多的奶酪。

为了推广他们的生存策略,强人们运用手中掌握的一部分国家资源和民众订约。在土地、资金和工作——他们用于给其被庇护者提供的生存策略的其他要素——之外还给他们提供至少在本地是很慷慨的条件的国家资源。地方领导人成为获取从国家官僚机构渗漏出来的合同、工作、物品、服务、武力和权威的经纪人。正如一位巴西作家所言,出现了一个"基于国家的政治庇庸主义",被

---

① Roger D. Hansen, *The Politics of Mexican Development* (Baltimore: Johns Hopkins University Press, 1971), p. 221.

庇护者们"向公共经济和那些控制着国家资源分配权力的精英们寻求得到他们赖以生存的国家资源"①。国家资源因此融入了大部分民众的日常生活，但是他们的分配却深受地方强人的影响。

这些强人们在如何运用其资源方面能达到的自由度取决于政策执行者和政治官员的还价能力。很难全面地断定强人们和国家的接触损害还是帮助了他们的社会控制。亚当斯论述道，作为和官僚互动的结果，埃及的"富农们享有的合作性资源减少了"②。这种情况可能也适用于其他地区。

简而言之，强人们必须和国家资源、人事相结合，以维持他们的社会控制并获取新的资源，强化他们的控制。然而，他们的最基本目标却是和国家应该做什么的现代观念背道而驰的。这些观念把国家描述成一个创造单一司法体系——一个在疆界之内规则统一的法治秩序，这是一个现代国家的必需品——的机器。

这些强人们——无论是村庄首领、城市领袖还是富农——都为了截然相反的后果而努力。他们试图在有限的区域内维持他们自己的规则和自己关于谁得到什么的标准；他们的规则是地方性的、歧视性的，而非普遍性的。他们可能希望强化国家的某些方面——至少在国家能给予他们的资源方面。但他们同样需要阻止国家实现其领导人的最基本目标，阻止国家达到一个能直接给民众提供可行的生存策略的位置。

这些既支持又阻止国家的强人们的反向的推动力和追寻的微

---

① Frances Hagopian, "The Politics of Oligarchy: The Persistence of Traditional Elites in Contemporary Brazil" (Ph. D. Diss., M. I. T., 1986), p. 38.
② Adams, *Development and Social Change in Rural Egypt*, p. 86.

妙均衡,使他们尽力去最大化他们对环境的控制。结果则是他们发现相互妥协的三角中由执行者和国家官员们设立的限制性因素令人厌恶。通常为了最小化此类张力,强人们自己往往成了执行者、政客或政党官员,或者他们让一个亲戚或被庇护者占据这些职位。塞拉利昂、埃及、墨西哥和印度都展示了这些行为的各种变异。许多强人因此而俘获了国家的一些部分(机构)。他们成功地把自己或者家人安置在重要的国家职位上,从而能确保按他们的标准而非在首都制订的或者由一个强大的政策执行者制订的、官方标榜的、政策宣言的或法律规定的标准来分配资源。

相互妥协的三角,同其包含的所有的还价和交易一道,产生了和生存政治一样的削弱国家能力的效果。地方和地区层级的妥协都间接地孳生于社会的碎片化及其加诸国家领导人的两难困境中。其效果是使政治过程成为一个循环,因为相互妥协的三角导致了强化社会碎片化的国家资源的分配。

国家对社会的影响与社会对国家的影响

官僚的形式主义、经常性的内阁重组,以及国家官员侵犯人权的行为,在第三世界并非只是偶尔发生或特殊事件,也不能被简单地看作堕落的、善于撒谎的、无能的国家领导人和官僚的产物。正如我在第六章和第七章讨论过的那样,社会结构影响了国家最高层次的政治以及在更低层次的国家政策的管理。如果我们想理解国家的特性和能力——它们为其民众制订规则的能力以及生存政治在其他议程项目中的重要性程度,我们必须着眼于社会结构。

在社会结构未被强人们深深占据或强人们已遭到削弱的社会结构中,国家领导人有更多的机会来施加一套单一的规则——国家的规则,并建立起广泛的、实质性的政治支持的渠道。在这种情况下,领导人们处于一个能追求更广泛的社会和政治议程的位置。生存努力并未激烈到需要牺牲国家贯彻公共政策的能力。

这些章节还分析了其他类型的例子,中等能力或弱能力的国家。此处社会控制为无数地方层级的社会组织以及几个主要的权力中心所掌握。这些权力中心得到了国家领导人的最直接的关注:有利于他们的公共政策,有利于他们的财富的国家转移,同他们领导人的合作,或者国家破坏他们的独立的动员能力的尝试。

身居要位的强人们——譬如说地主、酋长、地方商人、放高利贷者——一般不会受到权力中心领导人那样的关注,但他们却在许多国家近期的历史中扮演着重要的、可能经常被忽略的角色。他们规定了很大一部分人的行为规则。他们利用使自身处于部分民众和一些关键资源(如土地、资金、工作等等)之间的能力,使自己能为其附庸者们提供生存策略的诸多重要要素。这种社会控制碎片化分布的社会结构,阻碍了国家在政治上动员这些被庇护者的能力。同时,由于可依靠的资源太少,国家领导人面临着一个两难困境:建立强大的机构来创造新的支持,但这些机构却可能成为威胁自身的力量。从这种社会控制碎片化分布的社会结构中衍生出各种(政治)模式:国家领导人被改变了的优先选择(生存先于发展)、国家政治的方式(大清洗、卑鄙的骗局等等)、国家组织的结构(过多的机构)、政策执行的困难、大批地给予附带各种特权的资本、政策执行者所受压力的积累,以及国家分支机构的被俘获。

第七章 相互妥协的三角关系:政策执行者、政客与强人

第三部分始于讨论地方领导人所掌控的碎片化的社会控制及其对政治的影响——社会对国家的影响。作为结尾,我们绕了一圈来讨论国家(它的资源、政策和人事)对社会的影响。这些影响强化了地方领导人掌握的碎片化的社会控制及他们各自制订的规则。简而言之,一个碎片化的社会控制的社会影响了国家的特征,而国家反过来强化了社会的碎片化。即使最弱的国家也能在某种程度上改变其社会中的制度状况,并为其社会注入一些新的资源。对于能力稍强的国家——埃及、印度和墨西哥而言,转型把国家资源引入了人们日常生活的每一分钟,影响了他们的生存策略。但是,总体上来说,在许多社会中,社会控制的网状分布并没有转变成金字塔状分布。

第八章 结 论

关于第三世界的学术文献和新闻报道都描绘了国家作为其社会代言人的形象。第三世界国家的领导人们也英勇地努力强化国家作为其社会、人民的天然代言人的形象。尼日利亚的钦努阿·阿契贝(Chinua Achebe)借助小说《人民公仆》主人公之口作了一段讽刺性的评论:

> 一个刚从雨中回来并擦干身子、穿上干净衣服的人比一个整天呆在屋内的人更不愿意出门。我们所看到的这些新成立的国家中,没有一个是长期呆在屋内而躁动不安的。直至昨天我们一直都淋在大雨之中。我们中的少数——最聪明、最幸运但未必是最好的几个——找到了旧的统治者们留下的一个藏身之所,将其占领并置身其内。在里面,他们试图通过无数扩音器来劝说其他人战斗的第一步已经获胜,下一步——扩张我们的房子——则更为重要,需要新的、原创的策

第八章 结 论

略;这意味着所有的争论必须停止,全体人民用一个声音说话,而掩体外的任何一个异议或争论都可能摧毁整个房子。①

乍看之下,今天的第三世界的(国家)机构呈现出一幅其统治者们所追求的景象:国家无所不在,以一个声音为全体人民代言。即使在社会的很偏远的角落,国家也渗入了地方生活。在许多亚非拉国家,这些机构对人们的日常习惯产生着持续而深刻的影响。②"二战"以来,几乎任何一个国家在规模和资源上都有所增长。它们的机构和资源是社会的一个主要构成,征集税收、制订价格、修建医院和学校。研究拉美的文献,尤其那些法团主义或官僚威权主义的文献,都反映了国家机构对日常生活各个方面的冲击。

然而我们不能为第一印象所迷惑,而必须进一步观察。阿布纳·科恩(Abner Cohen)对这些政治学家们提出了(至少在我看

---

① Chinua Achebe, *A Man of the People* (Garden City, N. Y.: Doubleday, 1967), pp. 34-5.
② 因此,我本人对那些将世界上多数社会描述为"没有国家的社会"的文献深感不满。虽然在许多社会中"国家的观念"确实比较弱,也缺乏国家作为行使公共权力的机构的悠久历史和知识传统,但是作为一个机构和发展的观念的国家深刻地影响了所有当今的社会。相比"国家社会"(state society)和"没有国家的社会"(stateless society),我更喜欢用强国家和弱国家这样的概念——因为这更体现国家作为一个组织,其施加于社会的能力在量上的不同。关于"国家社会"和"没有国家的社会",参见 Kenneth H. F. Dyson, *The State Tradition in Western Europe: A Study of an Idea and Institution* (Oxford: Martin Robertson, 1980). 比戴森(Kenneth H. F. Dyson)的分类更有意思的是内特尔的阐述:"在不同的政体中,或在同一政体的不同时期,都存在不同程度的'国家性',这取决于在何种程度上社会的主要目标是由国家独立于公民社会确定并维护的。"[见 Metin Heper, "The State and Public Bureaucracies: A Comparative Historical Perspective," *Comparative Studies in Society and History* 27 (January 1985): 86。]

来)非常正确的批评,认为他们过于将自己局限在组织的形式上。①理查德·古德(Richard Goode)对经济学家们提出了相似的批评,认为他们关注政策形成远甚于政策(执行)的效果和效率。② 在前面的章节里我说明了该如何透过第一印象和正式制度来研究并理解这些社会及其国家。在这些章节里我勾画出了一个国家-社会关系模式或路径,以及一个国家-社会互动关系的一般理论。

在许多情况下,这些社会中实际支配人们行为的有效规则并非国家法律或行政规章。国家机构确实将其自身渗入了乡村和城镇的社会之中,在那些国家能力比较强的国家中,此种渗透甚至对社会生活产生了深刻影响。然而,税收和服务的分配,以及其他重要的事务,都往往和官方政策的预期背道而驰。身居首都的国家领导者们的意图和国家资源的实际分配之间存在的差异在微观层次的社会政策中尤为明显,而且即使是财政问题之类的宏观层次问题,学者们甚至也没有认真研究过政策的实际影响。③ 国家统治者们的游戏规则,他们将整个社会建成一个单一的法律整体的努力,和社会中人们行为的实际有效的指导原则(dictate)之间的脱节

---

① Abner Gohen, *Two-Dimensional Man* (Berkeley: University of California Press, 1974), p. 7. 关于形式-法律上对国家的一种重要文献,见 Harry Eckstein, "On the 'Science' of the State," in Stephen R. Graubard, ed., *The State* (New York: W. W. Norton, 1979), pp. 1-20。

② Richard Goode, *Government Finance in Developing Countries* (Washington, D. C.: Brookings Institution, 1984), p. 300.

③ 古德在前引书中论述了此观点,他的著作是个论文集。关于一个弱国家的汇率、价格、信用政策的影响,见 Victoria Anne Lawson, "National Economic Policies, Local Variations in Structures of Production, and Uneven Regional Development: The Case of Ecuador"(Ph. D. diss., Ohio State University, 1986)。

激发了贯穿本书的一个一般性问题:为什么第三世界的那些支配着大量资源的国家统治者们在驱使其国家机构执行政策、让其民众按其意愿行事的时候,面临这么大的困难呢?为何少数国家在这一领域比其他国家做得更好?社会组织对国家指导民众日常行为的努力的抵制对国家本身会产生什么后果?

第一章所提出的分析路径始于对社会控制的争夺——制订为社会中民众所实际遵循的游戏规则的真实能力。国家的社会控制不只意味着国家机构对社会的渗透,也不仅仅是成功地汲取资源。它还包括为特定目标恰当地分配资源、规制人们的日常行为的能力。通过有控制地、选择性地分配社会资源,政府官员们有可能为人们的生存策略提供重要的要素,尤其是重要的神话和象征性符号。只有在这种情况下,国家才具有有效规制的前提和广泛动员其民众的可能性。因此,本书的分析路径并不将国家能力和自主性视为与生俱来的,而将注意力集中在社会控制实际上是如何分布在社会中的。分析的起点是冲突发生的环境;试图动员民众和资源并实施一套单一规则的国家领导人,和那些对社会不同部分执行不同规则的社会组织之间,存在着冲突。

在剩下的章节里,我提出了一个一般性理论来解释为什么那么多第三世界国家获取社会控制、有效分配资源的能力如此低下。为何第三世界国家的多数始终弱小或只能取得中等程度的能力,而少数则能避免这些弱点?对这些问题的初步回答形成于本书第二部分。欧洲社会在16、17世纪缓慢经历了国家建构的历史进程,而亚非拉社会则经历了快速、深刻而普遍的既存生存策略——社会控制的基础——的衰落过程。19世纪50年代到"一战"期间的世界市场的闪电战似的扩张，使得这些社会中旧有的生存策略变得无足轻重。土地占有权和税收法律的改变，以及新的交通方式的出现为世界市场更深地渗入社会的各个部分铺平了道路。一切看起来都像一阵飓风横扫了非西方世界，将蛋形人从墙上扫落而无法补救。

本书中的理论认为，只有在社会控制高度集中时，一个强而有力的国家才能出现。而如果没有外部因素首先制造一个灾难性局面，然后迅速而深刻地破坏旧有的生存策略——社会控制的基础，这样一个社会控制的重新分配是不可能发生的。源自欧洲的世界市场的扩张导致了旧体系的土崩瓦解，（社会控制）重新分配的条件具备了。然而，即使在将尊重和支持强国家视为国际准则的历史时期的今天，也只有极少数的几个新兴或复兴的国家能被归入强国家行列。那么，为什么（强国家如此之少）呢？

我们的答案是旧的社会控制崩溃本身并不会给摔下墙头的蛋形人该如何重新组合描绘出一个蓝图。重新集中社会控制并不会自动来临。亚非拉在"一战"前的半个世纪中仅仅产生了一个强国家——日本。存在几个条件使得促使强国家最终形成的条件难以具备。在拉美和其他脱离殖民地控制的社会中，欧洲商人和当地强人之间的联盟限制了国家领导人集中社会控制的能力。扩张的世界经济中的主要行动者们有选择性地将资源流入社会，加强酋长、老爷、军事独裁者、地主、富农、放高利贷者等群体的力量。通过现金、获取土地和水源的渠道、保护、威胁以及难以计数的其他伎俩，这些强人们具备了改变众多农民和工人们的生存策略所需的资金和手段。

我们的注意力更多地放在另一个决定社会控制重新分配的因素——西方(尤其是英国)在殖民地的政策——之上。此处,在许多社会中,(政策的)结果同样有利于新的或复兴的强人的出现。在多数情况下,殖民政策在亚洲和非洲都导致了碎片化的社会控制的重新建立,虽然在巴勒斯坦,这种碎片化并非殖民主义的必然产物。

虽然相对于强人,当今国家占有的组织资源具有绝对优势,国家统治者们还是发现这些碎片化社会控制的遗产还在严重地限制他们。一旦形成,碎片化的社会控制就很难被改变,国家领导者们将很难无视社会中相互冲突的规则的存在。他们最关心的问题是民众的政治动员。

要理解国家领导者们面临的持续的政治动员的难题,需要一个差别性更明显(differentiated)的国家观。国家并不只是简单地反映其领导者们的意志和能力。我在前文曾区分过国家组织中的三个重要层次,并分析三者相互间如何影响而决定全面的国家-社会关系。第一个层次是重要的行政领导阶层。在其自身特定的政策议程之外,他们主要关心动员支持、创造有效的组织和机构来贯彻其意志、协调其内部机构对国家优先目标认识的冲突,以及确保自身的政治生存。第二个层次是国家组织中各中央机构的领导阶层。这些大人物们有自己的个人计划和政策目标;通过运用任命权和庇护,他们能够在其组织内部形成本机构关于国家优先目标的观点和认知。第三个层次是地区和地方层次的国家官员。我们主要关注政策执行者们——那些受命在其辖区内引导民众接受国家制订的游戏规则的人。当他们寻求其职业发展时,他们面临来自包括上级监督者、庇护者、同僚以及地方强人在内的多方压力。

正如我们在第三部分所分析的那样,高层的行政领导层清楚地意识到,获得持续的政治动员的唯一手段是建立国家机构和相关的政党,从而为民众生活各方面可行的生存策略提供基本要素。然而在建立此类有效机构时却存在很大的风险:一旦领导者的平衡力或向心力削弱,每一个机构都倾向于成为一种离心力——纳赛尔称之为权力中心。建立这样的国家机构会在国家内部建立强大的亚组织,而形成政治动员的寡头垄断格局。因此,社会控制碎片化的社会的最高领导者们必须面对一个强烈的两难困境:建立有效的政治动员和安全机构可能有助于政治动员和安全,但也可能因为他们无力控制这些权力中心而给政治稳定和其自身政治生存带来危险。

正如我在第六章所勾画的那样,社会对国家的影响——也就是碎片化社会控制及其给统治者带来的困境对政治模式和国家分配资源的偏好的影响——十分深远。碎片化的社会控制和政治动员的困难导致了国家上层政治的病态模式:生存政治。弱国家的领导者们力图摧毁能够实现其政治动员目标的国家机构。其目的就是防止重要机构的领导者们运用其动员能力反对中央领导。

国家的中央领导者们同样运用各种手法来应对这些社会中的主要权力中心,诸如工业资本和组织化的劳工。这些手段包括收买、操纵分配给其的国家资源的份额、将其吸纳入国家组织、威胁等。此处,国家领导者们的行为同样是个两难悖论:削弱这些社会组织的能力,而其中一些能力是有益于社会的——国家领导者们因此也能从中间接受益。他们的目标还是阻止那些有独立思想的人领导的组织的出现。相比于国家领导者,这些有独立思想的领导者们的动员能力更强。有时候国家领导者也会允许国家机构内部或外部的权力中心的成长,因为他们意识到他们自身无力提供这些权力中心所能提供的各种服务(譬如说,安全和工业生产带来的财富)。这并不是说此时领导者们不再需要面对风险,而只是因为这些权力中心能比其他机构提供更有价值的服务。国家领导者的两难困境继续存在着,并导致针对国家机构内外的强力机构和组织的政策的摇摆不定和不可预期。

在一个社会控制碎片化分布的环境中,国家成了妥协的场所。国家领导者们不仅仅是向权力中心妥协,他们还需要和那些不那么强大的强人们进行交易。为了得到(国家)资源和国家对强人们在其控制的组织内的统治权的最小化的干涉,如果不是实行国家领导者们所希望的那种司法体系的话,这些强人们保证在城乡维持最低限度的稳定。

在地区和地方层次,官僚们同样深陷自身的妥协关系之中。① 首都的生存政治破坏了国家的内聚力,减轻了来自上面的监督和控制的压力。同时,强人们的地方性社会控制消解了这些官僚们面临的来自地方的潜在受益者们的独立的压力。在许多地方,这些压力导致了一个相互妥协的三角关系;这一结构讽刺性地将国家资源分配给了强人们及其控制的组织,而他们的游戏规则却同国家领导者们宣扬的目标和法律法规的官方语言相互冲突。民粹

---

① 关于官僚组织作为社会中寻求自身利益的团体的观点,见 Richard Kraus and Reeve D. Banneman, "Bureaucrats versus the State in Capitalist and Socialist Regimes," *Comparative Studies in Society and History* 27(January 1985): 111-22。

主义的国家领导者们通过将其雄辩、立法和官方政策加诸强人们的社会控制而维持冲突的环境。而在另一个层面,确实这些强人们依赖国家资源来维持其社会控制;他们学会了如何向民粹主义的国家领导人妥协,甚至有时候俘获了低层的国家机构。

用世界历史的周期来衡量,第三世界中的许多国家确实还仅仅处于婴儿期。许多评论认为那么多国家之所以如此弱小,其主要原因是它们还没有经历足够长的时间来成长而使得自己强大起来。但是我的解释却明确地驳斥了这一论点。我所指出的结构性环境就是可能使碎片化社会控制永远存在的条件。强人们并非是不合历史潮流的古董;在国家领导者的两难困境的帮助下,他们为自身建造了保护性的特殊生态环境。

社会科学文献中所描述的强国家的形象,主要来自亚非拉国家的国家机构在一个世代中的快速扩张,国家领导者们开始为其民众提供可行的生存策略的许多要素,并使得民众遵循国家制度的规则。同样,我们还能通过国家能毫不费力地剥夺多数个别强人的权力来印证这一观点。但是我们不能简单地将不断增长的国家机构及其除掉个别强人的能力和国家的优势地位相等同起来。作为个体的强人能随时被去除,但是社会控制的总体分布格局却可能始终是非常稳定的。国家的官僚组织可能沦为和其他组织相互妥协的场所。国家的触角可能被那些持迥异于国家法令所体现的规则和原则的人和组织所俘获,而国家资源则可能被用于加强这些国家力图消除的势力。正如阿扎亚和蔡赞所论证的那样,我们必须抛弃所有社会都是以国家为中心(他们称之为"接触范式")的想法。我们生活在这样一个世界里:环境在某些时候会导致"国家被削弱"①。

阿扎亚和蔡赞关于国家被削弱的观念来自泛撒哈拉非洲的经验,那里的国家是最弱小的。当然,一个国家能力的光谱反映了国家力量的差异。在这些个案中,塞拉利昂是能力最弱的。即使在规制钻石开采业这一领域,国家发现自己能做的也仅仅是使得"立法仅仅是一个始终被忽视的行为"②。国家领导者们所关注的仅仅是保护并维持手中的权力,阻止可怕的权力中心的产生和发展。卡特赖特这么分析国家的采矿政策所关心的问题:

> 从国家领导人和首领的观点来看,本土企业家阶层拥有自主财政资源以及不受国家和首领控制的运作基础,势力不断增长,这些将导致不确定性和挑战,与此相比,外国采矿公司交税给中央政府,且没有制造骚乱,这当然是更可取的。③

亚洲、中东和拉美的许多国家在国家能力光谱上处于高于塞拉利昂的位置。自然和历史因素减轻了这些国家中社会控制的碎片化程度,从而使其国家能力高于处于这一光谱上最低端的那些国家。譬如说,埃及的地形和人口高度集中地分布于尼罗河沿岸少量的居住地(大约 4 000 个)这两个特征,很大程度上减轻了国家

---

① Victor Azarya and Naomi Chazan, "Disengagement from the State in Africa: Reflections on the Experience of Ghana and Guinea," *Comparative Studies in Society and History* 29(January 1987):106–31.
② John R. Cartwright, *Political Leadership in Sierra Leone* (Toronto: University of Toronto Press, 1978), p. 252.
③ 前引书, pp. 252–53。

进入社会所有部分的这一难题带来的困难。印度的殖民主义虽然在许多重要方面都是碎片化的,但至少也有两个相反的结果。首先是殖民主义创造了通过改善通讯尤其是一套覆盖广泛的行政性纽带——著名的印度文官体系——而将印度人联合起来的"技术框架"。[1] 其次,甘地关于国会是和政府相并立的机构的观念赋予了国会在面对印度的极端异质性和碎片化统治时的包容性和经验。墨西哥的流血革命期间及之后的时期,包括20世纪30年代的大萧条和卡德拉斯总统采取的行动,同样使得社会控制的旧基础被摧毁。

这些因素都使得当今的埃及、印度和墨西哥的国家成了分布于其社会中的社会控制的可怕的对手。它们多少(比其他国家)更成功地监督和控制了其官僚体系。在某些政策制订领域,它们显示了比"被削弱的"国家更强的能力。我们可以举出如下例子:埃及在提取税收——尤其是从其农业中提取税收——的能力、印度在成功组织大型工业企业方面的能力,等等。尽管如此,即使在埃及、印度和墨西哥,国家行为都在某种程度上导致了一些强人被另外一些强人所替代,国家还是继续严重地依赖强人。在这些国家里,新旧强人们都遵循不同于国家法律的规则。在这些国家的高层,生存政治都是显而易见的。

这些国家对政策执行者的监督和控制,是一个需要认真应对

---

[1] Satish Saberwal, "Modeling the Crisis: Megasociety, Multiple Codes, and Social Blanks," *Economic Political Weekly* 20(February 2, 1985):203.

的问题,却变得越来越不确定,甚至反复无常。正如一个对印度泰米尔人的土地的研究显示的那样,具体的执行者们觉得自己从来都不能确切地知道他们的监督者们要求他们做什么、会如何来评估他们。同样,这些执行者们认为他们的行动不应该威胁到其监督者,因此他们需要自行处理那些敏感的局面。[1] 这些行政人员们都声称他们只服从上级交给他们的正式规则,但是研究者们在印度、墨西哥和埃及的地区和地方层面都发现了存在着相互妥协的三角关系,它们严重地修改了国家法律和政策所制订的规则。在这些国家中,国家机构和资源被注入了农村和城市,但这种注入却是基于强人们的规则和社会控制的延续之上的。虽然这些国家不能被归入塞拉利昂之类的弱国家之列,但是我们同样不能将其列入国家能力强的一端。

以色列是第三世界中为数很少的强国家中的一个,强人们失去了立足之地。缺乏难以消除的碎片化社会控制并不意味着以色列在建立一个执行法律和政策的专业化官僚体系时困难不多。[2] 然而,以色列的多数民众都认为官僚体系和议会、内阁、地方政府一道,深刻地影响了其日常生活。[3] 削弱国家能力的问题并不在于缺乏监督者对执行者的控制或过度集权化的控制,虽然这阻碍了

---

[1] 该研究引自 David C. Potter, *India's Political Administrators*, *1919—1983* (Oxford: Clarendon Press, 1986), p. 237。
[2] David Nachmias and David H. Rosenbloom, *Bureaucratic Culture: Citizens and Administrators in Israel* (New York: St. Martin's Press, 1978)。
[3] 前引书,p. 67。

政府和公众的联系、公众对政策执行的参与以及不同国家机构间的协调。① 以色列国家面临着从中央行政领导间的僵局到官僚系统中权威的渗漏等一系列问题。尽管如此,其巩固社会控制和公众动员的能力相对于亚非拉的多数国家还是比较强的。

图 8.1 中的互动、自我强化的模型概括了我关于碎片化社会控制社会的基本观点。这一模型意味着那些有着碎片化社会控制的社会中的国家在巩固社会控制上迈出质变的一步的可能性很小。城市和农村强人们所处的强势谈判地位及其对国家分支机构的俘获,使得这些社会中国家领导者拥有广泛的社会动员能力的前景看起来十分遥远。国家领导者的两难困境在许多国家都进一步加强了。由于缺乏动员(能力),国家领导者们的革新计划或协调国家机构的能力受到了极大限制,这影响其在面临其他权力中心时的重要的自主性。

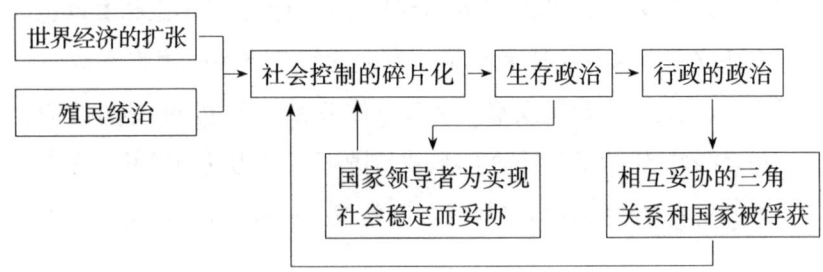

图 8.1　第三世界国家和其社会间关系的互动模型

---

① Ira Sharkansky, *What Makes Israel Tick: How Domestic Policy-Makers Cope with Constraints* (Chicago: Nelson-Hall, 1985). 例如在该书第 125 页以后的内容中,可以看到他对一个被称为复兴项目的政策的讨论。

第八章 结 论

打乱社会：建立强国家的必要条件

强国家十分罕见。事实上，著作等身的法国政治社会学家皮埃尔·伯恩鲍姆（Pierre Birnbaum）在一次演说中提出了其两分法："国家社会"或曰强国家，和"没有国家的社会"或曰弱国家。① 在演讲之后，听众们甚至怀疑世界上的国家（包括法国）有没有属于第一类的。我不会这么极端，但亚非拉地区确实只有很少的几个国家可以被列入"国家化程度"（国家能力）高的一端：以色列、古巴、中国、日本、越南、朝鲜和韩国。

是否某种共同的历史条件有利于强国家的出现？大规模的社会混乱的重要性再次得到体现。社会混乱严重削弱了社会控制，这是强国家出现的前提条件。只有当（旧）社会被削弱时，一个新的社会控制分布才可能出现。所有这些相对强的国家，其社会都在近半个世纪发生过大规模的社会骚乱，摧毁了旧的社会结构。这种快速、深刻而广泛的社会混乱伴随着近半个世纪的世界经济扩张，经济扩张导致了第一次世界大战，并导致了普遍的碎片化社会控制，而这并非是最后一次社会混乱。② 新的破坏性力量在 20

---

① Pierre Birnbaum, "End of the State?"（1985 年 12 月 25 日，耶路撒冷希伯来大学政治学研讨会论文。）
② 日本是亚非拉国家中唯一没有被欧洲国家所殖民和统治的国家，这直接来源于 19 世纪晚期其社会控制的分裂。虽然日本在"二战"中有外伤，但正是更早的分裂导致了强国家。中国的鸦片战争导致的恐惧和 1853 年佩里的登陆所导致的急剧变化深刻动摇了早已脆弱的封建结构。德川幕府制定计划改变社会政治组织以对付外部威胁。下列导致强国家的因素很多也适用于日本，但一个关键的额外因素是其独一无二的地理环境，其面积刚好大到使世界军事和经济力量在明治维新能弱化既存的社会控制，但又不足以阻碍外来势力对碎片化社会控制重新做出反应。

世纪内削弱了许多社会的社会控制的基础(当然,没有之前的扩张的世界经济所打乱的那么多),改变了土地和劳动力的比例,削弱了强人们的资源基础,并在混乱的条件下使得旧的生存策略变得无效。在这些混乱严重削弱了其他社会组织的同时,国家领导者和半国家化的组织所要应对的旧的社会控制的基础的风险也降低了。

在20世纪发生的、导致第三世界涌现强国家的社会混乱,往往是战争和(或)革命的毁灭性组合,有时还伴随大规模移民。对于中国、韩国和越南而言,始于20世纪30年代的战争和革命导致了日常生活中灾难性的组织性变革。地主们逃跑了,劳动力变得极为缺乏,这进而导致了社会中最基本的社会控制的基础的改变。① 在韩国和越南,"二战"的军事和经济影响及随后的革命之后,紧接着还发生了更具毁灭性的战争。俄罗斯在"一战"和之后的革命中有着相同的经历,之后又发生了国家对那些试图在新环境下重建或维持其社会控制势力——先是内战中的白俄部队,随后是富农——的讨伐。② 南斯拉夫在"二战"及其之后经历了相似

---

① 关于中国,见 Chalmers Johnson, *Peasant Nationalism and Communist Power: The Emergence of Revolutionary China, 1937—1945* (Stanford: Stanford University Press, 1962);关于韩国,见 Bruce Cumings, *The Origins of the Korean War: Liberation and the Emergence of Seperate Regimes 1945—1947* (Priceton, N. J.: Priceton University Press, 1981);关于越南,见 Samuel L. Popkin, *The Rational Peasant: The Political Economy of Rural Society in Vietnam* (Berkeley: University of California Press, 1979)和 John T. McAlister, Jr., *Vietnam: The Origins of Revolution* (Garden City, N. Y.: Doubleday Books, 1971)。
② Reinhard Bendix, *Kings and People: Power and the Mandate to Rule* (Berkeley: University of California Press, 1978), pp. 567ff.

的一系列事件。①

20世纪导致社会混乱、削弱旧的社会控制并允许新的社会控制出现的第二个主要原因是大规模的移民。在以色列，大规模的移民对原住民和移民的社会控制的旧基础产生了深刻的影响。犹太移民自己的组织带来的混乱比成群迁徙和驱逐阿拉伯人更为重要，摧毁了阿拉伯社会中既存的社会控制。以色列经历了战争。以色列1948年的独立战争，促进了犹太人的迁入和巴勒斯坦阿拉伯人的迁出，却是其历史上所有战争中人类牺牲最大的一次，犹太人口中有1％在战争中被杀。在古巴，革命本身可能在广泛性和残酷性上并不足以削弱旧式社会控制，但是大规模迁出使其成为可能。总人口为800万的古巴人中，将近100万——尤其是最先迁出的五分之一左右，他们掌握着古巴社会的关键资源——迁出了古巴，使得那些夺取政权的人有很好的机会来集中社会控制。被推翻的阿连德政权的一个官员强调了古巴这种大规模移民的重要性，并说智利的社会主义实验之所以失败，是因为智利不像古巴那样，在90千米以外有个佛罗里达可以移民。

概而言之，那些在"二战"后成功集中了社会控制的亚非拉国家，都是在发生了一系列社会混乱——其中许多是来自不受其官员控制的外部冲击影响的——之后才产生的。虽然最后一次全球规模的大冲击是19世纪世界市场的扩张，但还有一些单个的国家在20世纪经历了同等程度的毁灭性变革，从而削弱了其社会中的社会控制。20世纪的灾难性冲击基本上都以战争、革命或大规模

---

① Johnson, *Peasant Nationalsim*, pp. 121-22.

移民，以及某种混合的形式出现。20世纪另一个类似的削弱社会控制的力量是发生在 30 年代的大萧条及饥荒。大规模的灾难性力量是建立强国家的必要而非充分条件。下面我们将列举出既存的社会控制模式崩溃后建立强国家的四个充分条件。

建立强国家的充分条件

世界历史提供的时机

当发生于外部的政治力量有利于集中化的社会控制时，大混乱更可能引向强国家的产生。而在"一战"前半个世纪的欧洲以外地区，这个条件并不具备，这使得日本经验成为当时的例外而更引人注目。当西方国家争夺殖民地并寻求在新近取得的辽阔而异质的殖民地建立廉价而快捷的统治方式时，亚洲和非洲的旧形式的社会控制开始逐渐削弱了。这些统治方式往往涉及与广泛分布的当地强人的合作——这种合作往往和旨在阻止这些强人们之间相互协作的分而治之策略相结合。[1] 同样，工业革命期间剧烈而竞争性的对市场的争夺，使得非殖民地成为西方商人和当地强人之间的无数次的快速交易场所，这些交易往往避开正式的政治制度而进行。几个美国强盗男爵在墨西哥做交易的声名狼藉的故事现在成了北美的传奇故事之一。简而言之，在 19 世纪后期这段重要的

---

[1] 一旦日本人成为殖民主义者，他们就成为殖民力量中最极端的例子，不仅弱化既存的社会控制，而且坚持最廉价和快速的分而治之的方法。因而，日本在韩国和中国的残酷统治，就成为解释这些强国家出现原因的额外因素。

第八章 结 论

世界性历史时期,殖民政策与西方资本和当地势力之间的联盟一道,使得社会控制碎片化。

在第四章中我论证了外部政治条件是如何从反方向作用,而有利于社会控制的集中的。在紧接着"一战"的那个重要的世界历史时刻,欧洲各国采取了一套不同的做法。此时很多领导人都认为从现在开始,帝国进入了暮年。英国的战略是寻求在中东保持某种形式的稳定统治,以保持通向印度的道路,并遏制布尔什维克向南扩张;他们并未寻求在那里建立长久的统治。就巴勒斯坦的犹太人居住区而言,英国统治者们的意图是通过一个能集中社会控制的犹太人的机构来统治,因为他们认为这样的一个机构是发挥英国在当地的影响的媒介。对于犹太人而言,这就形成了许多建立机构的有利条件,这最终有助于强国家的形成。这种情况在早些时候的殖民地中是不可能出现的。

类似地,在"二战"之后和 1970 年左右开始的缓和期之间的那段时间里,出现了一个有利于社会控制集中的世界历史时期。一方面,一个新兴而活力十足的联合国,在修辞学和制度层面上,都宣告了国家作为其民众的唯一代表的目标。可能更重要的因素是苏联旗下的社会主义世界体系的巩固,为国家领导人通过社会主义原则集中社会控制提供了重要的政治支持和庇护。

军事威胁

和世界性历史时期相联系的强国家兴起的第二个"充分条件"是:存在着来自国外或国内另一群体的严重的军事威胁。这样的一个威胁改变了国家领导人的风险计算。集中社会控制包含自身

351

的风险,因为它意味着直接挑战社会中的其他权势者的特权。当其政治生存存在风险时,政治领导人们往往是风险规避者,而且一旦有可能,他们就尽量避免和那些持有特权的群体发生危险的冲突。但是以下两个因素结合在一起,即强人们普遍被削弱和来自外部的威胁,却能导致领导者们敢于采取冒风险的行动。如果领导者不能动员起那些现在被强人们所掌握的资源的话,来自外部的对其政治生命的威胁就会上升。同样,领导者们和强人们之间的以不干涉政策换取社会稳定的妥协,在稳定受到外部的威胁时,其可维持性也值得怀疑。

或许是"二战"后的政治结构使得外部威胁最小化了,因此很少有国家的统治者感到有必要和强人们冲突以提高其资源动员能力。超级大国间的两极对立格局造成了一个超乎寻常的国际稳定局势。在这个时期内,并没有一个国家因为战争而消亡,只有一个国家因为战争而分裂:巴基斯坦分成了巴基斯坦和孟加拉国。军事冲突只改变了很少很少的疆界划分;1967年的阿拉伯和以色列间的战争是一个例外,但双方都没有声称其变化是永久性的。像两伊战争以及埃塞俄比亚和索马里战争之类的侵略战争,都最终未能取得其预期目标。简而言之,即使在那些存在社会控制急速削弱的条件,并且存在类似于殖民主义之类的有利于作为重塑社会自身的集中社会控制的外部力量的地方,即使是弱国家面临的当前的国际安全形势也可能不利于领导者们集中社会控制的尝试。这种形势和17世纪欧洲各国国王们所面临的巨大威胁——如果无法通过剥夺封建主的特权而增加国家资源,那么将面临可怕的后果——相比,截然不同。迈克尔·霍华德(Michael

Howard)写道,最迟到 1945 年,国家"开始形成并开始以运用或威胁运用武力定义其疆域"①。直到"二战"后这种情况才得到改变。

因此,我们对"二战"后两极对立的相对安全形势下能在亚洲和拉美形成这么多强国家而感到惊讶,这些国家完全是例外。但仔细分析的话,这些被称为强国家的国家,包括以色列、古巴、越南、朝鲜和韩国,都在"二战"后至少经历了一次入侵。而只有日本、中国是完全的例外。日本的统治者们从其始于 1853 年的佩里远征和鸦片战争的国家巩固时期开始,便十分害怕被侵略。中国虽然实际上并没有经受过大规模攻击,但其统治者有足够的理由相信即将有大规模入侵。简而言之,战争及战争威胁促使国家领导者们冒巨大的风险去巩固社会控制,建立强大国家。

独立官僚体系的基础

建立一个强国家的第三个条件是存在一个社会群体,群体中的人们独立于既存的社会控制的基础,并能熟练地执行国家领导者们制订的宏大规划。国家的官僚体系,无论是各机构的首脑还是具体的执行者们,都必须使自身利益与作为一个自主的行动者的国家相认同。在社会变化——社会动员或社会分化——使得个体基本的利益和忠诚性不再和市民社会组织相认同时,国家统治者和官员们形成共同利益的可能性也产生了。中世纪欧洲的城镇在从封建社会框架外产生这样一个阶级——市民阶级——中扮演了重要角色。在欧洲的自由城市中,市民们在法律、行政管理和公

---

① Michael Howard, "War and the Nation-State," in Graubard, ed., The State, p. 101.

民权利等概念方面积累了重要的经验。在一个关键时刻,许多城市市民发现国家能促进他们自身的利益,因而加入了国王一边。在巴勒斯坦,来自俄罗斯的犹太移民——他们在布尔什维克革命后获得了重要的实践和意识形态的经验,在建立有效的中央政治机构时扮演了重要角色。通过多次和本-古里安的顽强冲突,他们加入了他关于巴勒斯坦和犹太人的伟大想法的队伍。①

在考虑到实际利益时,国家内部的行动者之间可能存在严重的差别,因此只有当存在一套国家自主的利益共识,而且官僚们相信这些利益和他们自身利益是一致的时,强国家才可能形成。一个像黎巴嫩这样,其基本的忠诚还是针对宗教派系、种族群体、地区组织等的社会,是很难为国家培养独立的干部的。

选拔国家官僚们的社会群体不仅仅是要独立于主要的社会控制形式,而且需要具备在一个幅员辽阔的疆域内集中社会控制的必备能力。在社会范围内建立有效的生存策略需要技术上能胜任的人员,而且需要能唤起并操纵超出生存策略的物质层面的符号资源的人。针对纳赛尔提供有效生存策略的要素的努力,一个共同批评是缺乏擅长意识形态工作的人,因而未能给他的努力贴上诸如社会主义或阿拉伯民族主义的标签。而在古巴,卡斯特罗的共产党组织委员会在他1959年夺权后马上为他提供了一个在组织工作和意识形态方面都训练有素的群体。

---

① Yonathan Shapiro, *The Formative Years of the Israeli Labor Party: The Organization of Power 1919—1930* (Beverly Hills: Sage, 1976).

第八章 结 论

出色的领导能力

建立一个强国家还需要有一个精干的高层领导群体来充分运用有利条件。统治者们必须具备多层次的能力。他们必须精心挑选并愿意按照领导者们的原则为广大民众提供生存策略。同样，领导者们还要密切关注风险的变化，懂得什么时候支持谁，什么时候反对谁，不断变化的环境要求领导者们必须是实用主义者。

由于区分出色的领导者和事后聪明的领导者远比描绘他们的特征容易，因此这种分类成了一种多余的范畴。但是我们却无法忽视其作为建立一个强国家的重要条件的作用。在历史上，诸如本-古里安、卡斯特罗、胡志明和毛泽东等人在亚洲和拉美仅有的几个强国家的形成中地位突出，而这在很大程度上是因为他们在利用环境集中社会控制时显得游刃有余。

总而言之，一个国家在强国家和弱国家的谱系中位居何处，主要取决于社会中社会控制的分布。要从根本上改变这种分布，首先需要有一个高度破坏性的力量来削弱既存的生存策略——社会控制的基础。这种力量在一个世纪前的非欧洲地区导致了大规模社会混乱。但是，那个时期的其他各种力量却在亚非拉的大多数地区重建了高度碎片化的社会控制。这一碎片化模式还影响了20世纪战后独立的国家，使得它们的能力无法增强。而这些弱国家高层的生存政治和底层的妥协的三角关系反过来强化了社会的碎片化。

第三世界中相对很少的几个强国家仅出现在这些分裂性力量再次受到冲击、社会控制的旧基础被削弱之后。但是仅靠这种混乱本身并不够。举个例子，墨西哥在残酷的革命之后紧随着是20世纪30年代大萧条带来的社会混乱，这严重地削弱了墨西哥社会中的旧的生存策略。在卡德拉斯的领导下，这些因素也在集中社会控制的过程中发挥了一些作用；然而，其他条件的不足使得他无法领导墨西哥成为强国家（仅能在国家能力的光谱中占一个居中的位置）。美国入侵的威胁在20世纪20年代后期和30年代几乎不再存在。同样，跟随卡德拉斯的领导的人都是平庸之辈。其结果是，墨西哥集中社会控制、建立强国家的努力比其他第三世界国家要早十几年。但这并不是一个好的时候，20世纪30年代不像40年代、50年代，未能为强国家的出现提供有利的国际政治环境——40年代后期以来，联合国宣扬国家作为其社会的占支配地位的规则制订者的意义，而第二个世界体系为国家领导人巩固统治提供了支持。最终，墨西哥国家未能也没有利用旧的社会控制基础削弱的有利条件来为其社会施加一套单一而有效的规则。

弱国家的政策执行能得到充分的改善么？散见于各地的材料指出，在某些时候这是有可能的。科利指出，即使在被国家领导者和强人暗地里的妥协所限制的印度，也存在成功执行改革政策的重要的地区差异。[①] 他认为地区层次的政权特征是：领导能力、意识形态和组织，以及当权者的阶级基础是影响政策能否有效执行的关键因素。

夏普（Kenneth Evan Sharpe）指出了多米尼加共和国中改变执

---

① Atul Kohli, *The State and Poverty in India: The Politics of Reform* (Cambridge: Cambridge University Press, 1987).

第八章 结 论

行者们面临的压力、从而打破妥协的三角的能力。[1] 在缺乏自上而下的监督和控制的时候,要使得政策被可靠地执行,必须有一个抵消强人和同僚们加诸执行者的压力的对抗力量。这种力量必须是固定存在于地方上的,从而使得强人们无法采取拖延战术,静候其退出——就像他们在对付获得短暂的外国支持的官员时所做的那样。这种对抗力量同时还必须是能够影响执行者们的职业前途的,譬如说直通中央的独立信息渠道,使得执行者们的徇私枉法可能受到毁灭性的惩罚。最后,这些对抗力量还必须是不受妥协的三角中的任何一方的渗透和影响的。20世纪70年代,在拉美的部分地区,天主教的主教和教区的牧师们扮演了这样一个对抗性力量的角色。在夏普的多米尼加例子中,他们的存在是建立起威胁到强人们的社会控制的新农村合作的最重要的条件。

但是,科利提出的条件和夏普提到的对抗力量都很少见,因此弱国家中阻碍改进政策执行的力量比比皆是。在缺乏强烈的社会混乱和其他有利条件的情况下,在可预期的将来,我们很难看到新的强国家的出现。无论是新政策、管理技术,还是力图革新的官僚,都不足以改变弱国家和强社会之间的结构性关系——社会中碎片化的社会控制削弱国家;而弱国家的政治和行政反过来强化社会中的碎片化社会控制。

---

[1] Kenneth Evan Sharpe, *Peasant Politics: Struggle in a Dominican Village* (Baltimore: Johns Hopkins University Press, 1977).

附录一　评估社会控制

非常不幸的是,社会科学家们评估各个国家在其社会中运用社会控制的能力的差别,几乎和这些国家领导者们确立社会控制本身一样难。社会科学家们设计的各个指标无一能够成功地揭示国家能力之间的差别。然而,许多衡量方法还是多少指出了第三世界国家和其他国家间以及第三世界国家间国家能力的一些重要差别。

两类问题使得设计各种指标困难重重。首先,它们更多地以总量来分析资源的大致支出而非其实际用途。换言之,能力的衡量指标往往更倾向于衡量"提取",而非"规制社会关系""渗透"或者国家机构和官员决定的"资源的实际利用"。举例来说,简单地告诉我们一个国家有多少警察或者军人基本上无助于我们衡量国家的社会控制。国家机构的内聚力可能非常之低,以至于大部分安全部队都听从国家(机构)之外的各种指令——这些指令往往和国家领导人的指令背道而驰。

第二类问题是，许多指标不能有效区分社会和物质资源及国家提取或使用这些资源的能力。缺乏此种区分是多数指标的问题所在，尤其是那些衡量军事潜力的指标。一个例子是雷·克莱因（Ray S. Cline）对于各国军事能力的数值评估：从最高的 523（苏联），到 128（伊朗），直至 1（新加坡），埃及得分 72，印度 58，以色列 37。① 然而，这个排名实际上并不能告诉我们国家能力——依据能源、领土、人口等等方面的差异而**运用**社会资源的能力——之间的差异。确实存在一种部分克服缺乏区分社会资源和（运用社会资源的）国家能力缺陷的直接的办法，那就是比较国家间国家部门所占用的 GDP 的百分比，或者统计数据上显示的"政府支出占 GDP 的百分比"。虽然在缺乏国家内聚力的背景资料的情况下，这些指标可能误导人，但是确实指出了国家能力之间的一些差别。不过，这种衡量方法还是无法衡量资源是如何被国家实际使用的。根据联合国的数据，1985 年，发展中国家政府平均消费 GDP 的 12％，而工业化国家则平均消费 GDP 的 17％（1965 年则为 15％）。后者比前者高了将近 50％。本书所分析的国家中，墨西哥 10％，塞拉利昂 12％，埃及 23％，以色列 31％。② 这里还存在一个问题，就是这些统计数据的可靠性值得怀疑，而且在不同国家，同样的数据往往意味着不同的状况。

---

① Ray S. Cline, *World Power Assessment 1977* (Boulder, Colo.: Westview Press, 1977). 同样参见 Wilhelm Fucks, *Foemeln sur Macht* (Stuggart: Deutsche Verlags-Anstalt, 1965); 以及 Klaus P. Heis Knorr and Oskar Morgenstern, *Long Term Projections of Power* (Cambridge, Mass.: Ballinger, 1973)。
② *World Development Report 1987* (New York: Oxford University Press, 1987), pp. 210-11.

要进行有效的比较还存在许多问题。食利国家(rentier state)可能在国家占据 GDP 比重方面排名很前,但是却缺乏实际影响其社会的能力。譬如说,沙特阿拉伯的政府消费占 GDP 比重在所有国家中排名第二,但是这只是因为从其石油资源收取税收相对很容易,而这些税收是其主要收入。同样,如果来自石油的税收占政府总收入的比例急剧上升的话,国家收入占 GDP 的比重也会马上提高。

把国家支出占 GDP 比重放到一些背景资料下来看国家能力,是另一种做法。譬如说,经济学家亚瑟·刘易斯(Arthur Lewis)试图计算出第三世界国家实现其自身确立的基本目标所需的最低公共支出。① 下表简要列出了他的计算结果:

表 1 实现发展目标的最低国家支出

目标	支出占 GDP 百分比
一般及经济管理行政支出	6
教育	3
医疗	2
福利	2
公共建设工程资本支出	3
国有企业或国家贷款企业资本支出	4
总计	20

资料来源:改编自 W. Arthur Lewis, *Development Planning: The Essentials of Economic Policy* (New York: Harper and Row, 1966), pp. 115 - 16。

---

① W. Arthur Lewis, *Development Planning: The Essentials of Economic Policy* (New York: Harper and Row, 1966), pp. 115 - 16.

换言之，一个国家至少需要花费 GDP 的 20% 才能建立和民众之间的有效联系，并为他们构建有效的生存策略提供必要的支持。这里必须加上两项刘易斯所忽略的对于第三世界国家非常重要的支出：军事支出和偿还债务支出。对于多数第三世界国家而言，从 1980 年到 1984 年，军事支出占 GDP 的比例平均超过 6%，最低的是非洲，不足 2%。① 同样，许多第三世界国家的债务及其利息支出占 GDP 的比例也急剧上升。即使不包含（对于许多国家而言数量很大的）私人债务和军购支出的债务，第三世界的非石油输出国在 1985 年平均需要支付 GDP 的 6% 来偿还债务，而这一数字在 1970 年则达到 200%。② 如果我们加上这两项支出，那么，刘易斯计算出来的 20%，就要增加到 30% 了。

一个评估国家社会控制的方法是将其实际支出和 30% 这个标准作比较。譬如说，亚历克斯·拉迪安（Alex Radian）就拿刘易斯的标准和各国的税收比例进行比较。③ 他将税收比例定义为"国家收入中被强制从私人手里转移到政府部门以用于公共支出的比例"④。1969—1971 年间，47 个第三世界国家的税收比例只有

---

① U. S. Arms Control and Disarmament Agency, *World Military Expenditures and Arms Transfers*, *1986* (Washington, D. C.: Defense Program and Analysis Division, 1987), pp. 59–62.
② *World Development Report 1982* (New York: Oxford University Press, 1982), pp. 134–35.
③ Alex Radian, *Resource Mobilization in Poor Countries: Implementing Tax Policies* (New Brunswick, N. J.: Transaction Books, 1980), p. 11.
④ Raja J. Chellia, "Trends in Taxation in Developing Countries," *International Monetary Fund Staff Papers* 18 (July 1971): 258.

15.1%，即使加上外国援助和贷款，也远未达到30%这一目标。

只有两个国家超过了刘易斯最低标准，10个国家接近了这个标准，35个则相去甚远，其中8个低于8%。甚至这两个超出最低标准的国家，扎伊尔和赞比亚，也需要慎重考虑，因为二者都是食利国家，严重依赖对矿产资源的税收。事实上，一项调查显示，许多国家通过对包括采矿业在内的大企业征税而极大地提高了税收收入。① 很少有证据显示扎伊尔和赞比亚通过税收收入增强其社会控制。世界银行的数据显示这一状况从1985年来并未能得到改善。②

简而言之，多数国家未能从私人手中获得足够资金并将其用于实现其领导人的最低目标。在一个频度分布表中，我们可以看到，20世纪60年代末，多数国家的税率为11%—15%，只达到最低标准的一半。③ 但是我们也必须指出，从20世纪50年代到70年代，通过关税收入或国内税收，多数第三世界国家还是提高了其税收比例。④

---

① Raja J. Chellia, "Trends in Taxation in Developing Countries," *International Monetary Fund Staff Papers* 18 (July 1971): 269.
② *World Development Report 1987* (New York: Oxford University Press, 1987), pp. 210-11. 世界银行和其他此类数据的提供者如联合国的联合国统计年鉴，只提供政府的一般性支出，而不涉及国内公共投资。即使我们再加上5%，这些发展中国家的公共部门开支还是达不到20%。
③ Chellia, "Trends in Taxation," p. 262.
④ 切利亚(Raja S. Chellia)的研究在几年后进行了更新，但是基本结论还是没有变化。见 Raja J. Chellia, Hessel J. Baas, and Margaret R. Kelly, "Tax Ratios and Tax Effort in Developing Countries, 1969—71," *International Monetary Staff Papers* 22 (March 1975): 187-205.

还有一种评估国家能力的办法,就是将税收的征收或国家支出放在一个更广泛的框架之下。奥甘斯基(Organski)和库格勒将国家实际税收(实际税收比例)和该国税收能力(而非一个国际标准)进行了比较。[1]

税收努力＝实际税收比例/税收能力

这个测量方法再次显示了国家能力之间存在的巨大差异。以色列和埃及这样的国家的税收能力高于一般国家,其税收努力的值大于 1,这也意味着其国家表现(performance)高于普通国家。另一方面,黎巴嫩和墨西哥等国家则低于 1,它们的税收成就低于其税收潜力。[2] 一个很有意思并极具创新能力的做法是刘易斯·斯奈德(Lewis Snider)。[3] 他发现以色列的国家能力很高,埃及的较高,印度的则是平均水平,墨西哥很低。[4] 库格勒和多姆克在一篇文章中阐释了奥甘斯基和库格勒的模型,试图将其操作化并用以衡量工业化国家的政治能力。[5] 他们采用了下面这个公式:

---

[1] A. F. K. Organski and Jacek Kugler, "Divids and Goliaths: Predicting the Outcomes of International Wars," *Comparative Political Studies* 11 (July 1978): 141–80.
[2] 前引书,p. 151。
[3] Lewis W. Snider, "Political Capacity and the Credit Worthiness of Governments: The Developemnt and Validation of a Measure" (paper, Program in Internatioanal Relations, Claremont Graduate School, Claremont, Calif.).
[4] 原文此处有一个图标,比较各个国家的税收能力。但由于缺乏原始数据,翻译过程中无法复制,故此略去。——译注
[5] Jack Kugler and William Domke, "Comparing the Strength of Nations," *Comparative Politics* 19 (April 1986): 39–69.

相对的政治能力＝实际提取的资源/预期可提取的资源

当然，所有类似的衡量方法都只能告诉我们国家动员或提取税收资源的能力，而没有涉及在其他领域建立游戏规则的问题。20世纪70年代初期的一个常识将一般性政治绩效（performance）和其中一个组成部分"决策功效"操作化衡量的尝试，最终被证明是笨拙的且未能对后来的研究带来任何实质性的影响。①

国际政治经济学中的一些评估国家能力差别的研究则和本书中的概念更为接近：通过衡量国家相对于其统治的社会的能力来衡量国家能力。彼得·卡曾斯坦（Peter J. Katzestein）试图以如下标准区分强国家和弱国家："将国家区分于社会以及二者各自的内部集中度中形成的政策工具的数量和领域。"②对于卡曾斯坦来说，一个像日本这样拥有大量且广泛的政策工具的国家，也拥有更好的"政策网络"；因此这样的国家也强于缺乏类似数量和领域的政策工具的国家，如美国。克拉斯纳则加进了一个实用的分类系统来测量国家力量。③ 下表改编自这个分类系统。

---

① Tedd Robert Gurr and Muriel McClelland, "Political Performance: A Twelve-Nation Study," Sage Professional Paper, Comparative Politics Series, Vol. 2 (Beverly Hills: Sage, 1971).
② Peter J. Katzenstein, "Conclusion: Domestic Structures and Strategies of Foreign Economic Policy," *International Organization* 31 (Autumn 1977): 892.
③ Stephen D. Krasner, *Defending the National Interest* (Princeton, N. J.: Princeton University Press, 1978), p. 57.

表2 国家相对于社会的力量

	抵制私人利益的压力		按照设想方式改变个体行为		按照设想方式改变社会结构	
	是	否	是	否	是	否
弱		X[a]	X			X
中等	X			X		X
强	X			X	X[b]	

资料来源：改编自 Stephen D. Krasner, *Defending the National Interest* (Princeton: Princeton University Press, 1978), p.57。

[a] 或者仅仅是有时。
[b] 或者经常很慢。

不幸的是,这个学派的著作在实证地区分第三世界国家间能力差别方面帮助不大。迄今为止,这个领域的多数学者只是关注和研究工业化民主国家的政策网络。然而,即使欧洲最弱小国家的政策网络都远超过大部分第三世界国家。另外,政策网络的概念必须被定性地逐个运用,而无法为较多国家比较提供简单易行的衡量方法。虽然如此,一个关于政策网络的定性研究还是揭示了塞拉利昂只拥有极少数量和领域的政策工具,因此只能被划入最弱国家之类;墨西哥、埃及和印度(由强到弱排列)拥有更多的政策工具而列入中等强度国家;以色列则拥有广泛的政策工具而位居强国家之列。

如上所述,多数衡量国家权力或社会控制的量化方法都无法有效衡量国家-社会关系。除了税收比例,还有极少的统计指标能作为衡量国家取得民众服从(姑且不论社会控制的其他方面,如

"参与"和"合法性")的指标。入学率数据是一项可用于反映国家运用社会控制动员民众进入国家机构和国家规则的指标。本书中五个国家20世纪70年代末的这类数据和定性研究政策网络得出的排名顺序相似(除了墨西哥的排名略高之外)。

附录二　关于19世纪分裂程度的争论

学界正在就第二章中所讨论的国家政策的破坏性效果到底有多大及其如何促进资本主义的渗透这个问题展开激烈的争论。莫里斯·D. 莫里斯(Morris D. Morris)是修正关于19世纪印度社会主流观点的代表人物,他认为:"总的说来,我认为传统部门很可能并未在经济上彻底崩溃,因此也并未构成19世纪经济绩效的消极因素。相反,经济极有可能是在增长的。"①类似地,米歇尔·伯奇·麦卡尔平(Michelle Burge McAlpin)反驳了印度棉花产量增加是基于棉花占用了原来用于粮食种植的土地的观点。她认为,棉花产量的增加是因为扩大了种植面积,因此这个过程的破坏性

---

① Morris D. Morris, "Toward a Reinterpretation of Nineteenth-Century Indian Economic History," *The Indian Economic and Social Review* 5 (March 1968): 9. 那些非印度研究专家都受到莫里斯著作的影响,譬如说 Tony Smith, "The Underdevelopment Literature: The Case of Dependency Theory," *World Politics* 31 (January 1979): 256。

并没有想象中的那么大。① 库马证明了没有土地且负债累累的农民在英国殖民统治之前已经在印度存在,而非是殖民统治的结果。②

这些著作都对前资本主义时期的虚构的田园牧歌式生活和19世纪后期资本主义的破坏性后果提出了质疑。毫无疑问,一些人比另一些人受环境变化的影响要小。麦卡尔平的发现指出,19世纪大部分时间,农业部门对价格的反应并不强烈,因此也较少受到市场波动的影响。然而,除了这个结论之外,我们只能得出这样的结论:在这个时期,旧式社会组织还是处于各种巨大压力之下的。即使是这些修正派的作者们也认为,世界经济的扩张使得人们的生活条件发生了巨大变化。

比如说,库马发现在一项坦加布尔七个地区的调查中,只有一个地区的工资没有下降,其他六个地区的工资下降了13%—42%。其他统计数据也印证了这个发现,在印度的出口值增加280%的时候,工人的人均实际工资(以不变价格计算)却下降了30%。③ 库马认为:"发放现金工资的趋势虽然刚刚出现,但是还是很容易辨认的。这一点在支付临时劳动和经济作物方面尤为明显。但是货币化的补发却是缓慢且不平衡的。"④然而,库马发现无地的农业劳

---

① Michelle Burge McAlpin, "Railroads, Prices, and Peasant Rationality: India 1860—1900," *Journal of Economic History* 34 (September 1974): 665.
② Kumar, *Land and Caste in South India* (Cambridge: Cambridge University Press, 1965), pp. 34, 45, 190.
③ K. Mukerji, "Levels of Living of Industrial Workers," in V. B. Singh, ed., *Economic History of India 1858—1956* (Bombay: Allied, 1965), pp. 658 - 59.
④ Kumar, *Land and Caste in South India*, p. 146.

动者急剧增加,而手工业的从业人员急剧减少。农民债务也急剧增加了。莫里斯也指出了导致生活状况改变的各种变化:棉花和黄麻加工厂以及煤矿的增加。①

拉奥(Rao)对麦卡尔平低估铁路影响的观点提出了质疑。他认为,如果我们分解统计数据,而进一步分析耕地面积增加和粮食种植面积比重不变的数据的话,我们会发现耕地面积的增加主要是资本主义经济扩张的结果:铁路建好了,人们被重新赶回土地,成为土地大量开垦进程中的贫困的农业劳动者。19世纪下半期,尤其在铁路没有到达的地方,种植经济作物的土地大量增加了,但是种植粮食作物的土地同样也增加了。② 这种结果对农民生活的破坏性作用要大于麦卡尔平不分解数据得出的结论。

即使在对资本主义扩张对农业社会影响的最为乐观的阐释中,我们也能发现一幅快速且实质性的人口、职业和生产变化的图像。各种证据都不支持那些试图描绘一幅静止不动的19世纪晚期图像的解释。随着生活状况——居住地点、工作类型、生产的产品、和土地的关系,以及和其他阶级的关系——的变化,人们的需要也发生了巨大变化。市场力量极大地削弱了人们生活中的旧式组织。

---

① Morris, "Towards a Reinterpretation," p. 10.
② G. N. Rao, "Political Economy of Railways in British India, 1850—1900," *Artha Vijana* 20 (December 1978).

译后记

20世纪80年代,摆脱了行为主义和世界体系论主导的美国比较政治学界兴起了一股研究国家的新高潮。以彼得·埃文斯(Peter B. Evans)、西达·斯考切波(Theda Skocpol)、斯蒂芬·克拉斯纳(Stephen Krasner)等人为代表的许多学者展开了许多把国家作为分析中心的杰出研究,人们将他们的研究称为"国家中心主义"。这些学者着重分析了国家自主性、国家能力等概念,并提出了一系列命题假设,有力地推动了对发展中国家政治发展的研究。然而,国家中心主义很快受到了各种挑战,因其基于发达国家经验而对国家自主性的过分强调、对国家能力的过分乐观,都使得其解释能力受到局限。其中一个重要的挑战就来自本书作者米格代尔(Joel S. Migdal)教授,而本书也正是其代表作。正如本书的标题所展示的那样,国家并不一定是强大的,相对于社会,国家可能是很弱的——看上去是庞然大物的国家,往往无力从社会中提取足够的资源,无法按照自身意志改造社会。

本书是作者反思当时流行的政治学思潮并进行创新的产物。针对之前占主导地位的现代化理论和依附论,以及当时方兴未艾的国家中心主义,作者都提出了很有见地的批评,并提出了自己"在社会中的国家"(state in society)的分析路径,强调必须平衡地看待国家和社会在发展中的作用:二者的作用并非单向而是双向的,既要看到国家对社会的影响,也不能忽视社会对国家的影响,二者处于一种相互转化(mutual transformation)的关系之中。他在1994年和科利(Atul Kohli)、许(Vivienne Shue)共同主编了《国家权力与社会势力》一书,收集了许多研究国家-社会关系的文章,其中多数文章都采用了"在社会中的国家"的分析路径;2001年,他在《社会中的国家》一书中发展并详细阐释了这一分析路径。在本书中,他侧重分析了社会结构对于国家政治的重要性。

本书侧重回答为什么第三世界国家的能力存在很大的差别,特别是为什么多数第三世界国家的国家能力很弱,无法实现许多公认为国家需要实现的目标这一问题。本书对国家能力的概念界定,对国家能力的分类及理清不同类型国家能力之间的关系,对阻碍国家提高国家能力的机制分析,都极具洞察力。其他概念如社会控制、生存政治、政策执行中的相互妥协,等等,都对我们研究发展,包括中国的政治发展,很有借鉴意义。本书面世后,一些学者提出了诸如"失败的国家"(failed state)、"无力的国家"(powerless state)、"无国家的社会"(stateless society)等概念,来描述那些未能有效完成国家建构、提高国家能力的国家。

除了提出分析框架和许多概念之外,本书还比较成功地将宏观社会结构(依附论和世界体系论的宏大背景)和理性选择的微观基础(microfoundation)结合了起来,并将其放在一个动态的过程之中,这在 20 年前的学术界是比较少见的,是站在方法论的前沿的。① 即使是 20 年后的今天,能熟练地将二者结合起来的著作还是很少。

当然,每一项社会科学的研究都是不完美的。而且,社会科学的本质是一种片面的真理,往往是矫枉过正的。因为科学需要简约化(parsimony),但是现实确实是丰富多彩的,因此我们只能努力去把握其中的一个侧面。作者关注的问题是第三世界国家的国家能力,而非作为政治制度的民主和民主化。然而二者却是紧密相关的,一个国家的制度影响其国家能力。或者,用迈克尔·曼(Michael Mann)的术语来说,国家的基础性权力和专制性权力之间相互影响。譬如,在研究非洲国家农业政策时,贝茨(Robert H. Bates)发现,肯尼亚之所以和其他非洲国家在政策制订、执行和政策绩效方面存在巨大差异,是因为肯尼亚的

---

① 在译者和作者的私下交谈中,作者认为他并没有有意识地这么做,而且他认为,他本人并不是一个理性选择主义者。但是客观上他却做到了。关于这一点,也可参见 Whiting, Susan H., *Power and Wealth in Rural China: The Political Economy of Institutional Change* (New York: Cambridge University Press, 2000)。该书的中译本已面世。

民主制度(选举)使得政策制订者(政客)为获取选举胜利而制订有利于广大选民而非小的利益集团的政策,而利益集团在其他非洲国家则成功地俘获了政策制订者。① 然而,在很大程度上,上述问题直到今天还是一个非常缺乏研究的问题。

对本书的另外一个主要批评来自彼得·埃文斯。埃文斯认为,米格代尔只看到了国家和社会间冲突的一面(零和博弈),而没能看到二者在一定条件下能够相互促进,形成双赢局面。② 或者,用帕特南(Robert D. Putnam)的话来说,可以形成"强国家,强社会,强经济"③。这一方面和两人所分析的问题性质不同有关,米格代尔关注社会控制,而埃文斯关注经济发展;另一方面,需要指出的是,在1994年米格代尔主编的一本书中,他明确提出,国家、社会之间存在相互增权的可能性。④

本书的话题和分析框架,在十几年前的美国学术界已经不再是主流话题,但近十年来学界又掀起了一股国家能力研究热

---

① Robert H. Bates, *Beyond the Miracle of the Market*: *The Political Economy of Agrarian Development in Kenya* (Cambridge; New York: Cambridge University Press,1989).
② Peter B. Evans, *Embedded Autonomy*: *States and Industrial Transformation* (Princeton, N. J.: Princeton University Press, 1995).
③ Robert D. Putnam, Robert Leonardi, and Raffaella Nanetti, *Making Democracy Work*: *Civic Traditions in Modern Italy* (Princeton, N. J.: Princeton University Press,1993). 译者认为,如果我们对社会资本进行详细分析,则会发现米格代尔对社会控制的分析包含了社会资本理论的核心概念,并对其纵向社会资本进行了比帕特南更为深刻的分析论述。
④ Joel S. Migdal, Atul Kohil, and Vivienne Shue, *State Power and Social Forces*: *Domination and Transformation in the Third World* [Cambridge (England); New York: Cambridge University Press,1993]. 本书中译本已出版。

潮。正如时尚界总是需要定期改变流行时尚一样,学者们也未能免俗。毕竟,我们生活在一个阿尔蒙德(Almond)称之为学者们都不去读十年前的著作的年代。但是,我们可以发现,许多新的著作,都有意无意地受到本书思想的深刻影响。另外,如果我们换个视角,以历史制度主义的视角看待本书,我们又能从中获得许多关于制度变迁,尤其是正式制度和非正式制度间互相影响、互相转化的启发。子曰"温故而知新",诚哉斯言!

本书作者米格代尔教授早年师从亨廷顿(Samuel P. Huntington)。在哈佛学习期间,还得到艾森斯塔特(Eisenstadt)、希尔斯(Hills)等大师的言传身教。毕业后,他曾先后任教于特拉维夫大学和哈佛大学,1980年受邀任教于西雅图华盛顿大学并参与组建亨利·杰克逊国际关系学院,现任该院的讲座教授并在政治学系兼职。他的第一本书《农民、政治与革命》已于1996年由中央编译出版社翻译出版。他的另外几本著作,《社会中的国家》和《国家权力与社会势力》,也已由江苏人民出版社陆续出版。相信这些著作对我国读者更全面地了解美国比较政治学的发展,尤其是国家-社会关系理论,会有很大的帮助。

本书的翻译,从2004年开始动笔到现在出版,因为各种原因,经历了近五年的时间。译者也由最初计划的一个,变成了现在的四个。但是译者翻译本书的原则却没有改变:保证翻译的信和达,力求雅。为此,文章的译稿也经过了多次修订,但是错误肯定还是难免的。至于效果如何，读者方家自有定论。如有建议和意见，请不吝赐教（发送到 zhangchd@gmail.com），以利于再版修订。

  翻译的分工：隋春波翻译了本书的第五章，朱海雷翻译了第二章的部分内容以及几乎全部脚注，并和陈玲（第四章前半部分）合作翻译了第四章。其余部分由张长东翻译。最后，张长东对全书文稿进行了统一校对。非常感谢米格代尔教授特别撰写了中文版序言，并非常耐心地等待了三年的时间。北京大学的袁瑞军教授从一开始就鼓励并支持翻译本书。江苏人民出版社和清华大学的曹海军博士为本书的出版花费了许多精力。再版时，石轩宁等同学帮助修订了原稿中的一些错误。在此一并感谢。

译者

2008 年秋于西雅图

2019 年修订于燕园